BASTEI
LÜBBE

G. Koopmann
K.W. Menck · S. Sandelius

WIRTSCHAFTS-GROSSMACHT EUROPA

Herausforderung für die USA?

BASTEI
LÜBBE

BASTEI-LÜBBE-TASCHENBUCH
Band 60347

Originalausgabe

Printed in Germany, Mai 1993
Einbandgestaltung: Klaus Blumenberg, Bergisch Gladbach
Satz: Fotosatz Schell, Bad Iburg
Druck und Bindung: Clausen & Bosse, Leck
ISBN 3-404-60347-8

Inhalt

1. Kapitel: USA und Europa – kulturelle und historische Verbindungen und Unterschiede

Wohin steuert die atlantische Gemeinschaft? Hat sie überhaupt eine Zukunft? Lang andauernde politische Auseinandersetzungen über unterschiedliche Förderungsformen für Landwirtschaft, Industrie und Export belasten den Handel zwischen der Europäischen Gemeinschaft und den Vereinigten Staaten von Amerika und führen die beiden Partner immer wieder an den Rand eines Handelskriegs. In der Außen- und Sicherheitspolitik hat das Ende des kalten Krieges gewiß manche Streitfrage entschärft. Es hat aber auch die Hauptstütze der transatlantischen Zusammenarbeit in der Nachkriegszeit, die Nordatlantische Vertragsorganisation (NATO), ins Wanken gebracht.

Die Gefahr eines militärischen Überfalls durch die sowjetische Supermacht, die einst die NATO-Mitglieder in ein enges Verteidigungsbündnis zusammengeschweißt hat, das nur geschlossen effektiv handeln konnte und daher bemüht war, brisante Differenzen möglichst schnell zu entschärfen, diese Gefahr gehört der Vergangenheit an. Die NATO hat ihre historische Aufgabe erfüllt. In welcher Form die militärische Zusammenarbeit zwischen Europa und Amerika fortgesetzt werden soll, steht heute zur Diskussion. Die Antwort auf diese Frage wird nicht ohne Folgen für die Zusammenarbeit auf anderen Ebenen bleiben.

Die transatlantischen Wirtschaftsbeziehungen, denen im Schatten des kalten Krieges zunächst nur zweitrangige Bedeutung zukam, stehen inzwischen im Vordergrund und sind an einen kritischen Punkt gelangt. Zwar versuchen Amerikaner und Europäer nach wie vor, strukturelle Schwächen der eigenen Volkswirtschaften durch eine Steuerung des Außenhandels auszugleichen. Doch ist indes die Botschaft auf beiden Seiten des Atlantiks gewachsen, zu neuen – allerdings unterschiedlichen – Ufern aufzubrechen.

Die Mitglieder der Europäischen Gemeinschaft streben im Anschluß an die Vollendung des EG-Binnenmarktes eine engere währungspolitische Kooperation und eine gemeinsame Außenpolitik an, nicht zuletzt um ihre Interessen gegenüber den Vereinigten Staaten und anderen Ländern effektiver vertreten zu können. Außerdem sollen weitere westeuropäische Länder in die Gemeinschaft aufgenommen und die Beziehung zu den osteuropäischen Demokratien gefestigt und ausgebaut werden. Da diese Ziele den heutigen und zukünftigen Mitgliedern ein hohes Maß an Anpassungsfähigkeit und Opferbereitschaft abverlangen wird, ist zu befürchten, daß der dazu notwendige innere Zusammenhalt auf Kosten der Flexibilität gegenüber Drittländern gesichert wird.

In den Vereinigten Staaten will ein neuer Präsident die Volkswirtschaft aus ihrem überlangen Winterschlaf wachrütteln. Das Programm Bill Clintons schreibt dem Staat eine aktivere Rolle bei der Überwindung von ökonomischen Schwächen vor, etwa bei der beruflichen Ausbildung, beim Ausbau der Infrastruktur und der Förderung von Forschung und Entwicklung. Dies könnte die Vereinigten Staaten einen Schritt näher an die politische Praxis in Europa heranbringen. Auf der anderen Seite wollen die neue Administration und große Teile des Kongresses noch energischer die Interessen amerikanischer Unternehmen und Arbeitnehmer vor den aus Washingtoner Sicht unfairen Praktiken der US-Handelspartner, darunter auch der Europäer, schützen. Während die EG die Integration eines Gesamteuropas vorantreiben will, setzt die US-Führung auf engere Wirtschaftsbeziehungen in der westlichen Hemisphäre. Zusammen mit Kanada und Mexiko wollen die Vereinigten Staaten ganz Nordamerika in eine Freihandelszone verwandeln, deren Wirtschaftsgröße die der EG übertreffen würde.

Für den Welthandel und die transatlantischen Beziehungen öffnen diese Entwicklungen neue Zukunftsperspektiven, aber auch potentielle Spannungsfelder. Die entscheidende Frage, ob sich der bisherige Kooperationsgeist unter veränderten Rahmenbedingungen auch in den kommenden Jahren gegen den auf beiden Seiten des Atlantiks gewachsenen Hang zum Merkantilismus durchsetzen kann, will dieses Buch zu beantworten versuchen.

Das Ergebnis der Überlegungen wird allerdings nicht allein von ökonomischen Faktoren abhängen. Unzählige politische, kulturelle und familiäre Verbindungen ergänzen und vertiefen das transatlantische Verhältnis. Sie sind die Bestandteile einer informellen Wertegemeinschaft, die durch eine jahrhundertelange parallele geistige und gesellschaftliche Entwicklung entstanden ist. Zur geopolitischen Relevanz gelangten diese gemeinsamen Überzeugungen freilich erst durch den Aufstieg eines gemeinsamen östlichen Feindes im Zeitalter des atomaren Vernichtungspotentials. Ohne diese Grundlage wäre das atlantische Bündnis kaum vorstellbar gewesen. Welche Rolle wird die Wertegemeinschaft nach dem Ende des kalten Krieges in den zukünftigen Beziehungen zwischen Europa und den Vereinigten Staaten von Amerika spielen?

A. Politisch-gesellschaftliche Gemeinsamkeiten und Unterschiede

Für mich verkörpert das transatlantische Verhältnis bestimmte allgemeingültige Ideale der Aufklärung. Diese Werte gründen sich auf dem Konzept der politischen Rechte und wirtschaftlichen Freiheiten des Einzelnen, die in den europäischen Ideen des 17. und 18. Jahrhunderts wurzeln und zum ersten Mal in der neuen amerikanischen Nation auf fruchtbaren Boden fielen.

James Baker, US-Außenminister 1989-1992

Ein dauerhaftes kooperatives Verhältnis zwischen mehreren Gesellschaften setzt ein Mindestmaß an Übereinstimmung voraus. Je enger die Beziehungen, je breiter die Berührungsflächen, desto mehr Grundwerte werden davon tangiert. Im Falle des transatlantischen Verhältnisses der letzten 50 Jahre handelt es sich um eine Zusammenarbeit von existentieller Dimension, die nur auf einer soliden Grundlage gemeinsamer Wertvorstellungen und Gesellschaftsziele zustandekommen konnte. Dieses Fundament, das man mit dem Begriff abendländische Zivilisation umschreiben könnte, ist durch eine jahrhundertelange Entwicklung von Kulturströmungen, Gesellschaftsstrukturen, Institutionen, Wissenschaft und Technik entstanden, deren Wiege vor allem die grie-

chisch-römische Antike ist und die die Gesellschaften Europas und Nordamerikas nachhaltig prägt.
Allen wichtigen Elementen der transatlantischen Kooperation – ob wirtschaftlicher, militärischer oder kultureller Art – liegt eine weitreichende Übereinstimmung über die fundamentalen Rechte und Freiheiten des Menschen zugrunde. Ausschlaggebend für die Gestaltung westlicher politischer Systeme war das Zeitalter der Aufklärung. Die von Holland über England und Frankreich ausgehende politische Komponente dieser Geistesbewegung erreichte im späten 18. Jahrhundert ihren Höhepunkt und setzte ihre Prinzipien im Laufe der folgenden Jahrhunderte trotz etlicher schwerwiegender Rückschläge allmählich in der politischen Praxis und in den Denkgewohnheiten breiter Teile des Westens durch. Die Amerikaner nahmen in der Zeit ihrer Staatsbildung zahlreiche Ideen aus Europa auf, entwickelten sie fort und beeinflußten damit wiederum die Denkrichtungen in Europa.
Im Mittelpunkt des aufklärerischen Denkens steht die Vernunft, die den Menschen in die Lage versetzt, mit Hilfe der Wissenschaft das Wesen der Natur und der Menschheit zu ergründen und so seine materielle und gesellschaftliche Umgebung positiv zu beeinflussen. Die Vernunft erhoben die Aufklärer zum allgemein gültigen Urteilsmaßstab menschlichen Handelns und gesellschaftlicher Institutionen. Den Reformisten lieferte die Vernunftehe einen Ansatz für ihre vernichtende Kritik an der damals in Europa vorherrschenden absolutistischen Monarchie und den vom Mittelalter überlieferten Privilegien und Herrschaftsansprüchen des Erbschaftsadels und des Klerus.

Gemeinsam ist den USA und Europa das Bekenntnis zu der aufklärerischen Staatslehre und den Naturrechten des Menschen, allen voran die individuelle Freiheit, von denen der englische Philosoph John Locke die rechtliche Grundlage der Volkssouveränität und die Grenzen der rechtsstaatlichen Gewalt herleitete.
Die Bildungselite der nordamerikanischen Kolonien war mit den Werken und Argumenten der europäischen Aufklärer gut vertraut. Auch unter dem Volk breitete sich der aufklärerische Geist durch die Schriften von Popularisten allmählich aus. Er lieferte das philosophische Ferment revolutionärer Auflehnung und republikanischer Bestrebungen. Die Unabhängigkeitserklärung von 1776 und die Verfassung von 1787 stellen eine systematische Überführung der aufklärerischen Regierungslehre in die Praxis, aber auch ein aufrüttelndes Freiheitsmanifest dar, dessen Widerhall auf dem alten Kontinent nicht ohne Folgen blieb. Im Jahre 1789 z. B. nahmen die Mitglieder der französischen Nationalversammlung zum Auftakt der französischen Revolution den US-Bürgerrechtskatalog – die »Zehn Gebote« der Verfassung – als Vorbild für ihre Erklärung der Menschenrechte.
Heute ist die Achtung der Menschenrechte zum wesentlichen Bestandteil des abendländischen Ethos geworden und gilt als eine der tragfähigsten Verbindungen zwischen Amerika und Europa. Umgekehrt hat die Mißachtung der Menschenrechte, wie zeitweilig in Spanien, Griechenland oder in der Türkei, zu erheblichen Spannungen in den atlantischen Beziehungen geführt.

Trotz der übereinstimmenden Grundvorstellungen in den USA und Europa gelangten die einzelnen westlichen Länder über verschiedene Wege und Umwege zu ihren heutigen demokratischen Strukturen. Im Falle der Vereinigten Staaten kannten die Verfassungsväter aus eigener Erfahrung die politischen Institutionen Großbritanniens, das allgemein als fortschrittlichster Staat Europas angesehen wurde. Trotz ihrer Ablehnung der kolonialen Unterwerfung wußten sie die historisch gewachsenen Rechte und Machtbegrenzungen des britischen Systems zu schätzen. So fanden im republikanischen Amerika monarchistische, aristokratische und bürgerliche Elemente ihren Niederschlag in der Präsidentschaft, dem Senat (Oberhaus) und dem Abgeordnetenhaus (Unterhaus). Weitere Elemente der Machtteilung, wie die Zweikammerlegislatur und die unabhängige Judikative, gehören mittlerweile zur Standardausrüstung westlicher Demokratien.
Die regionale Aufteilung der Regierungsmacht ist dagegen nirgendwo in Westeuropa so ausgeprägt wie in Amerika – eine Folge des konförderativen Ursprungs des US-Bundesstaates. Die Beschränkung der Präsidialkompetenzen gegenüber dem von regionalen und partikularen Interessen gelenkten Kongreß kann auswärtige Verhandlungen der Zentralregierung erschweren, wenn es beispielsweise um die Ratifizierung von Staatsabkommen durch den Senat oder um die Einschränkung der Länderkompetenzen (states' rights) geht.
Diese Aufteilung staatlicher Befugnisse erscheint den Amerikanern sinnvoll. Sie spiegelt ein tiefes Miß-

trauen gegenüber der Machtkonzentration im zentralen Staat wider. Während in Europa dem Staat, dem Schöpfer der Nation und dem Verteidiger des Volkes gegen auswärtige Feinde oder lokale Tyrannen, eine eigenständige Rolle in der Geschichte des Volkes zuerkannt wird, sieht ihn der Amerikaner in der Tradition Lockes eher als notwendiges Übel. Auch wenn er sich inzwischen mit dem Wohlfahrtsstaat arrangiert hat, verspürt er spätestens bei der Erfüllung der Steuerpflicht ein starkes, instinktives Auflehnen.

Gesellschaftliche Divergenzen

Trotz der allgemeinen Übereinstimmung gibt es bei der Gewichtung der einzelnen Bürgerrechte transatlantische Divergenzen, die gelegentlich zu Mißverständnissen führen. Die Ideologien und Sozialbewegungen, die Europa nach der Aufklärung in Atem hielten und wirtschaftliche sowie soziale Rechte in den Vordergrund stellten, fanden bei den Amerikanern weniger Beachtung. Deren Denkgewohnheiten sind noch stärker vom liberalen Gedankengut, insbesondere dem Recht auf Privateigentum, geprägt.
Der Anspruch auf Gleichheit beschränkt sich für die Amerikaner weitgehend auf juristische Gleichbehandlung und eine formelle Chancengleichheit, die nicht im Widerspruch zum Erbrecht steht. Während in Europa große Teile der Arbeiterbewegung und des Parteienspektrums lange Zeit unter dem Banner der sozialistischen »Umverteilung« marschierten, erreichten im Land der unbegrenzten Möglichkeiten

und der hohen geographischen und sozialen Mobilität Forderungen nach der Beseitigung krasser Vermögensunterschiede selbst in Krisenzeiten nur begrenzt politische Wirkung und wurden von den Gewerkschaften praktisch fallengelassen. Noch heute tut sich die europäische Linke mit der US-Gesellschaftsordnung oft schwer, während die meisten Amerikaner allergisch auf alles Sozialistische reagieren.

Merkbare Unterschiede bestehen auch hinsichtlich der Rolle der Religion im Alltagsleben. Amerika hat traditionell religiös Verfolgten die Freiheit angeboten, ihrem Glauben ohne staatliche Drangsalierung nachzugehen. Die bekannte Trennung zwischen Kirche und Staat ist nicht als Säkularisierungsgebot zu verstehen, sondern als modus vivendi, um eine friedliche Koexistenz zwischen den vielfältigen Konfessionen zu ermöglichen.

Durch diese angeordnete Toleranz und eine allgemein ethische kirchliche Orientierung entstand in Amerika eine pragmatische Symbiose zwischen civitas dei und civitas terrena. Was der französische Politologe Alexis de Tocqueville vor anderthalb Jahrhunderten feststellte, »Die Religion regelt in den Vereinigten Staaten nicht nur die Sitten; sie dehnt ihre Herrschaft auf das ganze Leben aus«, trifft auf viele Teile des Landes heute noch zu. Anders als in Europa konnte sich das liberal-demokratische Denken in Amerika weitgehend in Harmonie mit der Kirche entwickeln. Dazu trug die Basisarbeit in den Gemeinden bei sowie – laut der These des Soziologen Max Weber – eine gewisse Affinität zwischen der refor-

mistischen Botschaft der Selbstverwirklichung und dem Geist des Kapitalismus.
Rund 90 % der US-Bürger bezeichnen sich heute noch als gläubig, und fast die Hälfte besucht regelmäßig den Gottesdienst (gegenüber 10 % der Deutschen). Ein Drittel der Amerikaner hat eine christliche »Wiedergeburt« erlebt. Ein Großteil verbindet konkrete Vorstellungen mit Begriffen wie Himmelreich, Hölle, Jenseits und Teufel.
Der gemeinsame Nenner der vielen Hunderten von Kirchen und Sekten ist ein diffuses allgemeines Bekenntnis zu Gott, das das öffentliche Leben konditioniert. Politiker z. B. pflegen eine ökumenische Frömmigkeit in ihren Reden. Die öffentliche Auseinandersetzung mit Gesellschaftsfragen wie Abtreibung, Homosexualität, sexuelle Aufklärung, Pornographie, Zensur und sogar der Evolutionstheorie erfolgt meist unter religiösen Gesichtspunkten.
Das Zusammenwirken dieser Religiosität und des aufklärerischen Sendungsbewußtseins vieler Amerikaner kann zu einem übermächtigen Missionarismus führen, den viele im Ausland nicht richtig einschätzen können. Die Selbstverpflichtung, die Menschheit zur liberalen Demokratie zu bekehren, wurde am Anfang der US-Geschichte im passiven Sinne (einer leuchtenden »Stadt auf dem Berg«) wahrgenommen. Außenpolitisch verstärkte dies die Tendenz im 19. Jahrhundert zur nationalen Abschottung gegenüber der Alten Welt. Als Amerika dann später seine Möglichkeiten erkannte, auf das internationale Umfeld einzuwirken, wuchs die Neigung zur aktiven Neugestaltung der Welt.

Kultur als zwiespältiges Verbindungselement

Ein Vergleich der politischen Kultur in Europa mit der der Vereinigten Staaten weist breite Übereinstimmung auf. Eine Gegenüberstellung der gesamten Kulturlandschaft erscheint dagegen, allein wegen des Umfangs des Begriffs »Kultur«, als eine Aufgabe von nahezu unüberwindbarer Komplexität. Denjenigen, die den Mut hatten, trotzdem einen, wenn auch nur oberflächlichen Vergleich der beiden Kulturen zu wagen, sind in der Regel die Unterschiede am deutlichsten aufgefallen. Besonders die europäischen Beobachter haben diese Verschiedenheit hervorgehoben.

Seit ziemlich genau fünf Jahrhunderten versuchen Europäer, sich ein Bild von Amerika zu machen. Unter den vielen Darstellungen, die zu Papier gebracht wurden, ragen die von Alexis de Tocqueville besonders hervor, wegen ihrer Treffsicherheit und Ausgewogenheit. Die meisten anderen Beschreibungen sind eher einseitig ausgefallen – manchmal voller Lob, meistens aber kritisch. Bezeichnend dafür sind die ersten Darstellungen der Naturwelt jenseits des Atlantiks, in denen es von phantastischen – weil hoch entwickelten oder degenerierten, je nach Auslegung des Verfassers – Tier- und Menschenarten wimmelt.

Die Einstellung der Europäer zu Gesellschaft und Kultur in den Vereinigten Staaten schwankte zwischen Bewunderung und Verachtung. Schwärmer lobten die Rechte und Freiheiten der US-Bürger und die Möglichkeiten der individuellen Selbstentfaltung.

Die Vorstellung von einem demokratischen klassenlosen Amerika begeisterte Republikaner und Reformer sowie die Revolutionäre von 1789, 1830 und 1848. Skeptiker und Konservative warnten dagegen vor Exzessen, die in den Hedonismus oder die Anarchie führen könnten. De Tocqueville selbst tadelte die fehlerhafte Gesetzgebung im US-System, die willkürlichen Wünsche und die faden und den kleinlichen Geist der Wähler. Die aristokratische Kritik bemängelte den amerikanischen Materialismus und den Kult des Dollar, die Konformität und die Gleichmacherei, die Herrschaft des Pöbels und die Erhebung des Mittelmaßes zum Maßstab, die kulturelle Rohheit und die Sterilität der Künste. Für viele Europäer stellte Amerika die Welt von Morgen dar – verheißungsvoll bzw. abschreckend. Kritiker des 20. Jahrhunderts machten das Land für die Schattenseiten der Modernisierung verantwortlich, für Fließbänder und Wohnfabriken, Anonymität und Entfremdung, Sittenverfall und Kriminalität. So hart und undifferenziert diese Vorwürfe auch manchmal erscheinen mögen, machen sie immerhin deutlich, daß europäische Beobachter Gesellschaft und Kultur auf beiden Seiten des Atlantiks nach gleichen Kriterien beurteilten. Amerikaner haben ebenfalls die gesellschaftlichen und kulturellen Unterschiede zu Europa betont, denn die moralische Abgrenzung gegenüber der Alten Welt gehört zu den Grundelementen der nationalen Identität. Auch hinsichtlich der Schärfe der Kritik standen die amerikanischen Intellektuellen ihren europäischen Herausforderern keinesfalls nach. Der ausgeprägte Hang zur Fremdenangst im 19. Jahrhun-

dert richtete sich in erster Linie gegen Europäer. Amerikanische Künstler, die sich zum Kulturerbe Europas bekannten und den Dialog mit europäischen Zeitgenossen suchten, gleichzeitig jedoch eine eigene nationale Kulturidentität anstrebten, befanden sich vor einer schwierigen Gratwanderung.
Das Amerikabild der breiten Bevölkerungsschichten in Europa war dagegen weitgehend positiv. Für die Verfolgten, die Unterdrückten und die von Hunger und Armut Bedrohten war Amerika stets das Land der Verheißung. Bis zur ersten gesetzlichen Drosselung des Einwanderungsstroms in den 20er Jahren dieses Jahrhunderts nahmen die Vereinigten Staaten über 50 Millionen Immigranten auf – den überwiegenden Teil aus Europa. In ihrem »Gepäck« schleppten diese Flüchtlinge und Abenteurer die verschiedenen Gebräuche, Traditionen und Glaubensformen des alten Kontinents mit. Von diesem Kulturgut ging außerhalb der regionalen und großstädtischen Enklaven freilich ein erheblicher Teil innerhalb von wenigen Generationen verloren. Geblieben sind u. a. die religiöse Vielfalt des Landes, die zahlreichen ethnischen Elemente in der amerikanischen Sprache, der regionalen Küche und der Folklore sowie bei einem Großteil der Amerikaner das Gefühl einer mehr oder weniger entfernten Verwandtschaft mit den Menschen jenseits des Atlantiks. Immerhin bezeichnen sich die meisten dieser US-Bürger heute noch als Angehörige einer ethnischen Gruppe europäischer Abstammung.
Der zweite Weltkrieg brachte eine dramatische Wende in den transatlantischen Kulturbeziehungen.

Schon in den 30er Jahren erlebten die Vereinigten Staaten einen neuen Einwanderertypus aus Europa – den asylsuchenden Intellektuellen. Diese politisch Verfolgten vermittelten ihren Gastgebern die neuesten europäischen Entwicklungen in Wissenschaft und Kunst und lernten ihrerseits die Freiheiten, die Schaffensspielräume und nicht zuletzt die kulturellen Errungenschaften ihrer neuen bzw. vorübergehenden Heimat schätzen. In der Nachkriegszeit wurde Amerika zu einem bevorzugten Aufenthaltsort für europäische Kosmopoliten und aufstrebende Politiker.
Während des Krieges empfingen die meisten Europäer die US-Streitkräfte als Befreier. Sogar viele Deutsche erlebten die militärische Niederlage als Erlösung von der Nazidiktatur. Die meisten Westeuropäer, wegen der Kriegszerstörungen sowohl psychisch als auch materiell demoralisiert, wurden zum ersten Mal direkt mit der militärischen und wirtschaftlichen Stärke der Vereinigten Staaten konfrontiert. Durch die Kulturbotschafter in Khakiuniform gewannen sie auch Einblick in die amerikanische Lebensweise. Die Wirkung war wohl am stärksten bei den Deutschen, die nach Jahren der Entbehrung endlich Zugang zum westlichen Kulturgut erhielten. Werke neuerer amerikanischer Schriftsteller z. B. genossen enorme Beliebtheit. Vor allem waren es jedoch die Produkte der amerikanischen Massenkultur – Jazzmusik, Kinofilme und nicht zuletzt Konsumwaren –, die Europa überschwemmten und isolierte Warnungen vor einem »US-Kulturimperialismus« ertränkten. Bei Teilen der Jugendlichen mündete die

Begeisterung später in eine minuziöse Nachahmung des amerikanischen Lebensstil ein.
Eine erste Ernüchterung trat in den 60er Jahren ein, als Europa die Kehrseite von Amerika kennenlernte. Rassenunruhen in den Großstadtghettos, die Wiederentdeckung der Massenarmut sowie erste deutliche Zeichen der wirtschaftlichen Schwäche stellten die Vorbildfunktion der amerikanischen Gesellschaft in Frage. Die US-Kriegsführung in Vietnam rief antiamerikanische Gefühle hervor und trug zur Mobilisierung der Jugend gegen die etablierte Gesellschaftsordnung in vielen Ländern bei.
Der Watergate-Skandal tat ein Weiteres, das Vertrauen in das politische System der Vereinigten Staaten zu erschüttern. Die Massenkultur amerikanischer Prägung büßte allerdings ihre weltweite Popularität nicht nachhaltig ein. Sie hat sich im Gegenteil so erfolgreich eingebürgert, daß auf die nationale Herkunft, wie bei multinationalen Konzernen, mittlerweile wenig geachtet wird.
Die Einstellung der europäischen Nachkriegsgenerationen zur amerikanischen Gesellschaft und Kultur scheint sich heute normalisiert zu haben. Ausgeprägter Antiamerikanismus stellt Demoskopen zufolge kaum mehr als eine Randerscheinung dar. Die meisten Europäer mögen die Amerikaner, sind aber auch mit den Schattenseiten des American-Way-of-Life vertraut und beurteilen die amerikanische Regierungspolitik mit nüchternem Abstand. Mitte der 80er Jahre konnten 46% der befragten Bundesdeutschen »vergleichbare oder in etwa vergleichbare Werte« bei den Amerikanern feststellen. Bei den Briten waren es sogar 60%, bei den Franzosen nur 25%.

Zu einer ähnlichen Ernüchterung gegenüber ihren europäischen Partnern ist es in den Vereinigten Staaten nicht gekommen. Freilich mußten sich die US-Bürger in der Nachkriegszeit an ihre neuen Verpflichtungen gegenüber Westeuropa erst gewöhnen, denn die vorherige isolationistische Außenpolitik hatte sie nicht auf die Aufgaben einer internationalen Schutzmacht vorbereitet. Vor dem Hintergrund des kalten Krieges ist es der Washingtoner Führung jedoch gelungen, die transatlantische Solidarität als wesentlichen Bestandteil einer global ausgerichteten nationalen Sicherheitspolitik glaubhaft darzustellen. Mit der Zeit wurde das Verantwortungsbewußtsein gegenüber Europa in der amerikanischen Öffentlichkeit zu einem Hauptträger der US-Außenpolitik.
Wenn diese atlantische Orientierung in den letzten Jahrzehnten weniger exklusiv geworden ist, dann hat dies vor allem mit internen Entwicklungen zu tun. Die Verschiebung des demographischen und wirtschaftlichen Gewichts Amerikas gegen Süden und Westen, die rapide steigenden Einwanderungsströme aus Asien und Lateinamerika in diese Region hinein, die wachsende Bedeutung des pazifischen Raums für den US-Außenhandel sowie die damit verbundene Umverteilung der politischen Macht von dem einst vorherrschenden und Europa nahen Ostküsten-Establishment auf die südlichen und westlichen Bundesländer haben allesamt dazu beigetragen, den Eurozentrismus aufzulockern. Amerika hat sich nicht von Europa abgewendet; die Konkurrenz anderer Weltregionen ist lediglich stärker und das relative Gewicht Europas etwas geringer geworden.

Zukünftige Herausforderung an die Wertegemeinschaft

Daß sich diese Entwicklung in Zukunft fortsetzen könnte, ist nicht von der Hand zu weisen. Nach Meinung von Michael Vlahos, dem ehemaligen Direktor des außenpolitischen Forschungszentrums im US-Außenministerium, geht die Ära der weltweiten kulturellen Dominanz Amerikas zu Ende. Andere Kulturen oder »Kulturräume« verließen den Schatten der Vereinigten Staaten, um selbstbewußt eine eigene Identität zu suchen. Auch die Europäer. Dies entspreche im übrigen dem traditionellen Nationalbewußtsein der US-Bürger. »Vor 1945 sahen sich die Amerikaner *nie* in einer brüderlichen Umarmung mit Europa, noch sprachen sie von ›Dem Westen‹ als einer politischen und kulturellen Einheit.« [*Foreign Policy*, Frühjahr 1991] Von der atlantischen Gemeinschaft – diesem »geostrategischen Kunststück« aus der Ära des kalten Krieges – werde in Zukunft nur ein schwindender »Überrest an Kollegialität« übrigbleiben.
Zu solcher unsentimentalen Nüchternheit gibt die oft erbarmungslose Geschichte der zwischenstaatlichen Beziehungen gewiß Anlaß genug. Die Historie zeigt allerdings auch, welche dauerhafte Bedeutung den ethnischen und kulturellen Verbindungen zwischen Völkern zukommt. Man darf deshalb fragen, ob Vlahos die transatlantische Partnerschaft nicht voreilig verabschiedet, um seine These zu untermauern. Jedenfalls stellt der amerikanische Journalist William Pfaff in seinem 1989 erschienenen Buch *Die Gefühle der Barbaren: über das Ende des amerikani-*

schen Jahrhunderts das Gegenteil fest. Obwohl der Einfluß nicht-westlicher Kulturen in den Vereinigten Staaten zunehme, gehöre Amerika immer noch zum europäischen Kulturraum. »Für die amerikanische Zukunft ist Europa wichtiger als Asien oder die Sowjetunion oder Lateinamerika. Es ist wichtiger für die Kultur, in der die Amerikaner leben, weil ihre Kultur im Grunde europäisch bleibt.«
Die Bedeutung der kulturellen Verwandtschaft läßt sich auch durch einen Vergleich des US-Verhältnisses zu Ländern außerhalb der abendländischen Kultursphäre zeigen. Von allen nichtwestlichen Staaten unterhält Japan die engsten Beziehungen zu den Vereinigten Staaten. Es ist ein langjähriger Verbündeter und der zweitgrößte Handelspartner der USA. Trotzdem mißt die amerikanische Öffentlichkeit laut Umfragen den Beziehungen zu Japan erheblich weniger Bedeutung bei als denen zu Europa. Knapp 70% der befragten Eltern würden z. B. ihren Kindern einen Studienaufenthalt in Europa empfehlen, während nur jeder Siebte sie nach Asien schicken würde. Wenn das transpazifische Verhältnis heute durch Spannungen und Vorurteile belastet ist, dann liegt das in erster Linie an den unausgewogenen Handelsbeziehungen. Die langjährige, weitgehend unergiebige Suche nach Lösungen zu diesem Problem stößt jedoch immer wieder auf Hindernisse, deren Wurzeln in den unterschiedlichen Gesellschaftsstrukturen und Traditionen der beiden Länder liegen. Einige kritische amerikanische Beobachter sind sogar zum Schluß gekommen, es habe wenig Sinn, mit den Japanern über Handelsfragen zu verhandeln.

Die enormen Schwierigkeiten im transpazifischen Dialog sind für eine wachsende Zahl von Amerikanern ein Beweis dafür, daß die Grundsätze ihrer konkurrenz- und konsumfreudigen Wirtschaftskultur mit der kollektiven Arbeitsmoral und dem Harmoniebedürfnis der Japaner kaum in Einklang zu bringen sind. Nach dem Zerfall der Sowjetunion stellt die fernöstliche Wirtschaftsmacht für Amerikaner Umfragen zufolge überhaupt die weitaus größte externe Gefahr für das eigene Land dar. In Frage gestellt werden außerdem das Demokratieverständnis der Japaner und ihre Verpflichtung zu westlichen Werten und Normen. Daß Fachleute auf beiden Seiten des Pazifiks solche Unterstellungen vehement zurückweisen, ändert nichts an der Tatsache, daß ein Großteil der US-Bevölkerung die Japaner als fremdartig empfindet. Diese Einstellung ist ein reelles Hindernis für die Zusammenarbeit mit Japan.

Daß auch bei den schwierigsten transatlantischen Auseinandersetzungen die Grundprinzipien der europäischen Gesellschaft selten von Amerikanern in Frage gestellt werden, ist ein deutliches Anzeichen dafür, daß die Verbindungen zwischen Amerika und Europa über ein rein wirtschaftliches oder militärisches Zweckbündnis hinausgehen. Gemeinsame Grundwerte und kulturelle Verbindungen können Wirtschaftskonflikte und politische Auseinandersetzungen gewiß nicht verhindern. Sie können bestenfalls das Zusammenprallen von gegensätzlichen Interessen abfedern, den Dialog erleichtern und die Kompromißbereitschaft auf beiden Seiten etwas fördern. Eine Wertegemeinschaft will allerdings gepflegt werden. Fortdauernde Streitereien über Nebensächliches können den Blick auf das Gemeinsame verstellen und die Zusammenarbeit untergraben. Ende der 80er Jahre hat eine führende amerikanische Wirtschaftszeitung gemahnt, der transatlantische Handelszwist könnte die Europäer in den 90er Jahren in die Rolle der Japaner hineinpressen. Noch prägnanter hat dies der prominente US-Ökonom Fred Bergsten zum Ausdruck gebracht: Wenn die EG nicht mehr Rücksicht auf ihre Partner nehme, könnte sie zum Saddam Hussein des Welthandels werden.

B. Die Atlantische Gemeinschaft

Während die amerikanische Kultur sowohl die Grundlage einer intensiven Zusammenarbeit mit Europa wie auch Motive für die Bewahrung des Abstands lieferte, war die politische Haltung gegenüber Europa bis zum 20. Jahrhundert von isolationistischen Kräften geprägt und sogar im Falle Großbritanniens auf das praktisch Notwendige zwischen Nachbarn beschränkt.
Eine entscheidende Abkehr von dieser Linie bewirkte der erste Weltkrieg. 1917 (nach dem deutschen Angriff auf den US-Seenachschub nach Großbritannien) glaubte Präsident Woodrow Wilson, seinen Landsleuten die Beteiligung am »Großen Europäischen Krieg« abverlangen zu können. Dieser Krieg sollte nach der Vorstellung Wilsons eine Ära des gemeinsamen Eintretens aller Nationen für eine demokratische und liberale Weltordnung einleiten. In jedem Fall sollte er in den Augen der Amerikaner eine Ausnahme bleiben. Wilsons Vision von der einen friedlichen Welt, für die er die Unterstützung europäischer Politiker gewonnen hatte, scheiterte an der Ablehnung einer amerikanischen Beteiligung am Völkerbund durch den US-Kongreß.
In den Jahren danach verschanzten sich die USA hinter einer Mauer der Xenophobie und des Merkantilismus, um sich der »Normalität« wieder zu widmen,

und überließen privaten Wirtschaftsinteressen die Weltbühne. Selbst als die Alte Welt 1939 wieder in Flammen aufging, verharrte Amerika immer noch in seiner selbst gewählten Isolation. Erst die Japaner erweckten durch ihren Überraschungsangriff auf die US-Flotte auf Pearl Harbor 1941 Amerikas Kampflust. Daß dieser Krieg eine neue Epoche der Weltgeschichte einleiten und Amerika die Führungsrolle im Westen übertragen würde, war 1945 noch nicht deutlich abzusehen. Die Strukturen der Nachkriegsordnung, die die transatlantischen Beziehungen bis heute prägen, nahmen erst im Laufe der folgenden Jahre vornehmlich als Reaktion auf die sowjetische Herrschaftspolitik in Osteuropa Konturen an.
Die Europapolitik der US-Regierung während des Kriegs und unmittelbar danach wurde eindeutig von der Wilsonschen Vorstellung einer liberalen und pluralistischen Staatenordnung und dem Vertrauen in die produktiven Heilkräfte der freien Marktwirtschaft geprägt. In dieser Ordnung sollte sich die Aufgabe der Regierungen weitgehend auf die Gestaltung des gesetzlichen und institutionellen Rahmens für die Entfaltung des freien Handels und Kapitalverkehrs und die Konvertierbarkeit der nationalen Währungen beschränken; der Wiederaufbau und die laufenden Geschäfte sollten den privaten Marktkräften überlassen werden. Die Erwartung, eine solche Staatenordnung würde sich nach einer intensiven Aufbauphase selbst regulieren, spiegelte die Bedenken des US-Kongresses und der amerikanischen Öffentlichkeit gegenüber einem weitreichenden internationalen Engagement der USA wider.

Tragende Säulen dieser liberalen Wirtschaftsordnung sollten eine internationale Handelsorganisation, aus der das Allgemeine Zoll- und Handelsabkommen (GATT) hervorgegangen ist, und die Organisation der Bretton-Woods-Gruppe sein. Schon bei deren Gründung kam es allerdings zu Einwendungen bei den Westeuropäern, allen voran den Briten. Die programmatischen Ziele der neu gewählten Labour-Regierung – Vollbeschäftigung und Aufbau des Wohlfahrtsstaats – verlangten den Einsatz gewisser dirigistischer Kontrollen, die nicht in das Konzept der US-Regierung paßten. Worum es dabei ging, hatte die Londoner Times während des Krieges deutlich vorausgesagt:

> *Wir müssen uns ein für allemal mit der Einsicht abfinden, daß die Tage des laissez-faire und der uneingeschränkten Arbeitsteilung vorbei sind, daß jedes Land – einschließlich Großbritanniens – seine Produktion nach gesellschaftlichen und militärischen Gesichtspunkten plant und organisiert, und daß die Steuerung dieser Produktion mittels solcher »Handelsbarrieren« wie Zölle, Kontingenten und Subventionen ein notwendiger und integraler Bestandteil dieser Politik ist. (11. 1. 1941).*

Bei den Verhandlungen über die Spielregeln des zukünftigen Weltwährungssystems 1944 in Bretton Woods, USA, setzte sich der britische Ökonom J. M. Keynes für eine flexible und großzügige Regelung von zwischenstaatlichen Zahlungsungleichgewichten ein, um den nationalen Regierungen größeren Spiel-

raum bei der Gestaltung ihrer Wirtschafts- und Währungspolitik zu gewähren. Washington bestand dagegen auf einer strengeren, fast automatischen Zahlungsdisziplin und konnte sich mittels seiner überlegenen Finanzkraft weitgehend durchsetzen.
Bei der Festlegung gemeinsamer Regeln für den Außenhandel gab es ähnliche Gegensätze. Die europäischen Kolonialmächte wollten weiterhin privilegierte Wirtschaftsbeziehungen zu ihren gegenwärtigen und ehemaligen Kolonien aufrechterhalten. Aus amerikanischer Sicht stellten solche Präferenzen jedoch einen Verstoß gegen das Prinzip der Gleichberechtigung dar, denn sie kämen einer Diskriminierung von Drittländern (wie den USA) gleich. Angesichts der damals noch deutlichen Unterschiede in der ökonomischen Leistungsfähigkeit fürchteten die Westeuropäer, eine uneingeschränkt liberale Weltordnung würde ihre geschwächten Wirtschaften im Wettbewerb mit den USA benachteiligen und den Prozeß des Wiederaufbaus bremsen.
In der Truman-Administration traten indes Sorgen um eine weitere Ausdehnung der sowjetischen Einflußsphäre in Südeuropa in den Vordergrund. Als Reaktion auf den sowjetischen Druck auf die bürgerlichen Regierungen in Griechenland und der Türkei kündigte der US-Präsident eine Kehrtwende in der amerikanischen Außenpolitik an, die von nun an bestimmt sein sollte von der Verpflichtung, »freien Völkern bei der Erhaltung ihrer freien Institutionen und ihrer nationalen Integrität gegen Bewegungen zu helfen, die ihnen ein totalitäres Regime aufzwingen wollen«.

Diese »Truman-Doktrin«, die die globale Eindämmung der kommunistischen Expansion zum Ziel hatte, wurde vorrangig mit Blick auf Europa formuliert. Ihrer Realisierung diente die von Außenminister George Marshall eingeleitete Finanzhilfe, die die materielle Not lindern, die gesellschaftlichen Abwehrkräfte gegen den roten Bazillus stärken und Europa für eine liberale Wirtschaftsorientierung und amerikanische Exporte gewinnen sollte. Damit sollte verhindert werden, daß Europas Wirtschafts- und Militärpotential Stalin in die Hände fiel.
Nach amerikanischer Vorstellung sollten die europäischen Länder durch ihre Zusammenarbeit einen entscheidenden Beitrag zum Wiederaufbau leisten. Deshalb verlangten die US-Administration und der Kongreß eine wesentliche europäische Teilnahme an der Verwaltung des Marshall-Plans und die Schaffung eines supranationalen Verrechnungs- und Kreditsystems, das den Zahlungsverkehr liberalisierte und die organisatorische Vorarbeit für die Gründung der Montanunion leistete.
Auch nachdem die militärische Zusammenarbeit später in den Mittelpunkt der atlantischen Gemeinschaft gerückt war, setzte Washington seine offizielle Unterstützung der europäischen Integration durch Kredite an die Kohle- und Stahlgemeinschaft und durch Uranlieferungen an die Euratom fort.
Trotz Bedenken, daß die Entstehung eines westeuropäischen Handelsblocks innerhalb des GATT-Systems US-Wirtschaftsinteressen zuwiderlaufen könnte, räumte Washington der ökonomischen Stärkung der Bündnispartner in der Entwicklungsphase

der Europäischen Wirtschaftsgemeinschaft Vorrang ein. Washingtons Praxis, seine sicherheitspolitischen Anliegen über bilaterale Beziehungen zu den Verbündeten, vor allem zu Großbritannien, einzubringen, dürfte allerdings eine intensive europäische Kooperation im Sicherheitsbereich eher erschwert haben.
Den Hintergrund des Marshall-Plans bildete die Vision von einem zukünftigen Europa als einer unabhängigen, föderativen Wirtschafts- und Militärmacht, als dritter Pol in einer pluralistischen Welt. George Kennan, führender Vertreter dieser Strategie im Außenministerium und überzeugter Freund Europas, strebte einen selbstbewußten, moralisch regenerierten und eigenständigen europäischen Staatenverbund an, der die Verantwortung für die Weltordnung mit den USA teilen würde.
Trotz des Mißtrauens der Linken in Westeuropa gegen die ausgeprägt liberale Orientierung des Marshall-Plans, nahmen die westeuropäischen Regierungen die angebotene US-Finanzhilfe dankbar an. Ihr Interesse an einer europäischen Integration, gemessen an ihrer Bereitschaft, dafür Kompromisse zu schließen und Opfer zu bringen, war indes wesentlich geringer. Statt dessen forderten sie ab 1947 immer betonter ein eindeutiges militärisches Engagement seitens der USA.
Den Franzosen fiel es zwar schwer, ihre Führungsansprüche in Europa zugunsten der USA zurückzustekken. Sie erkannten aber, daß der Militärbeistand Amerikas sie vor der Bedrohung durch die Rote Armee schützen und zugleich französische Streit-

kräfte für die Aufrechterhaltung des eigenen Überseereiches freisetzen könnte. Ähnliche Großmachtgedanken pflegten viele Briten und setzten lieber auf ein Zusammengehen mit den abtrünnigen Kolonien, als sich mit dem Kontinent zu verschmelzen. Adenauer bot ein atlantischer Sicherheitspakt Aussicht auf ein schnelles Erlangen der staatlichen Souveränität für die Bundesrepublik. Schließlich erblickten die kleineren Länder in den USA ein willkommenes Gegengewicht zu ihrem mächtigen Nachbarn.

Diese Erwartungen, unter dem Schutz der USA den eigenen Interessen weiter nachgehen zu können, und die Angst vor einem Alleingang der USA, erlaubten es den Westeuropäern, die Idee eines amerikanischen »Protektorats« in Europa gelassener hinzunehmen als den Kreisen um Kennan im US-Außenministerium, die gerade diesem Ergebnis durch die Schaffung eines eigenständigen Europas vorbeugen wollten. Dem Zögern Washingtons gegenüber den Hilferufen aus Westeuropa setzten eine weitere Verschlechterung der Großwetterlage und die kommunistische Machtübernahme in der Tschechoslowakei ein Ende und bewirkten eine zweite Wende in der US-Außenpolitik, die den Weg zur Gründung der NATO freimachte. Von der liberalen Pax americana über den Marshall-Plan ist es dadurch zur Festigung einer atlantischen US-Einflußsphäre gekommen.

Durch ihren Beitritt zur NATO wurden die souveränen, selbstbewußten, manchmal rivalisierenden Nationen Westeuropas und Nordamerikas auf einmal Bündnispartner, deren gemeinsame Verteidigung auch Zusammenhalt auf unseren Gebieten verlangte. Bei Meinungsverschiedenheiten der Westeuropäer sah sich Washington berufen, eine Lösung seiner Wahl durchzusetzen. Innereuropäische Friktionen wurden indes immer häufiger in den Schatten gestellt von transatlantischen Auseinandersetzungen, denen unterschiedliche Interessen und Asymmetrien innerhalb der Allianz zugrunde lagen. Wichtige Differenzen gab es z. B. hinsichtlich der atomaren Abschreckung, der Beziehungen zum Gegner und zu Drittländern und der Verteilung von Bündnislasten. Diese Themen bildeten den Hintergrund, vor dem sich die transatlantischen Wirtschaftsbeziehungen entwickelten.

Die Abhängigkeit vom US-Atomarsenal

In der NATO, wie in jedem Bündnis, ist jedes Mitglied bestrebt, die Beistandspflicht seiner Partner möglichst bedingungslos und breit auszulegen, gleichzeitig jedoch sich selbst großen Spielraum und maximale Flexibilität zu bewahren. Als stärkstes und unabhängigstes Mitglied konnten die USA dieses Doppelziel am ehesten erreichen. Die Westeuropäer sahen sich dagegen immer wieder zwei Gefahren ausgesetzt: Auf der einen Seite befürchteten sie, im Notfall von den USA im Stich gelassen zu werden; auf der anderen Seite sahen sie die Gefahr, als Stellvertreter in einen Supermachtkonflikt auf europäischem Boden verwickelt zu werden.
Dieses Dilemma wurde für sie besonders akut in der nuklearen Abschreckungsstrategie der NATO, die

darauf abzielte, einem Überfall der sowjetischen Streitkräfte durch die Androhung vorzubeugen, notfalls mit Kernwaffen zurückzuschlagen. In den ersten Nachkriegsjahren, als die USA allein über die Atombombe verfügten, besaß diese Androhung große Glaubwürdigkeit. Diese Zeit war gleichzeitig eine Periode amerikanischer Dominanz auf wirtschaftlichem, technologischem und zum Teil auch kulturellem Gebiet. Amerika schien unschlagbar zu sein; es galt als Vorbild, insbesondere für die Westdeutschen.
Als die Sowjets in den 50er Jahren die Fähigkeit erlangten und ausbauten, mittels Kernwaffen große Teile des US-Territoriums zu vernichten, wuchsen bei vielen Europäern Zweifel an der abschreckenden Wirkung einer Strategie, die im äußersten Fall von der Bereitschaft des US-Präsidenten abhing, New York für Paris zu opfern. Das sowjetische Nachziehen auf nuklearem Feld hatte Washington gleichzeitig erkannt, und es suchte eine Lösung in der technologischen Überlegenheit. Durch forcierte Rüstungsausgaben gelang es dem Pentagon, über Jahre hinweg den Vorsprung gegenüber den Sowjets aufrechtzuerhalten. Diese Strategie führte zur Entwicklung einer breiten Skala von Kernwaffensystemen. Dazu zählen Gefechtsfeldwaffen, Kurzstreckenraketen bis hin zu Bombern und U-Booten, die im europäischen Raum eingesetzt werden konnten. Gleichzeitig pochte Washington immer stärker auf eine Aufwertung der nichtatomaren Komponente der Bündnisverteidigung.
Skeptischen Europäern erschienen beide Lösungen als ein Versuch der USA, sich von der ihr eigenes Überleben bedrohenden Nukleargarantie für West-

europa freizumachen, zumal eine nichtatomare Selbstverteidigung vor der Roten Armee, trotz aller politisch denkbaren Rüstungsanstrengungen, wenig Aussicht auf Erfolg hatte.
De Gaulle und die französischen Regierungen hatten in der Aufstellung einer eigenen, von den USA unabhängigen atomaren Abschreckung, der »force de frappe«, einen Ausweg gesucht. Für die anderen Bündnispartner hieß die Lösung, die USA noch fester an Europas Schicksal anzuketten. Dies verlangte ein hohes Maß an Vertrauen zu Amerika und erhöhte ihre eigene Abhängigkeit weiter. Als in den 60er Jahren das Vorbild Amerika an Überzeugungskraft verlor, fiel es Teilen der westeuropäischen Gesellschaft, vor allem der Jugend, zunehmend schwer, sich mit den USA und ihrer Außenpolitik zu identifizieren und damit das Vertrauen aufzubringen.

Die zweigeteilte Entspannungspolitik

Gegen Ende der 60er Jahre bot sich eine andere Sicherheitsoption an. Die Schwächung der NATO-Abschreckungsstrategie durch das nukleare Gleichziehen der Sowjets mit den USA erhöhte den Anreiz für den europäischen Juniorpartner, Sicherheitsgarantien beim östlichen Feind zu suchen. Der Zeitpunkt schien erfolgversprechend, denn es zeichnete sich bei den Supermächten infolge der Kuba-Krise eine Bereitschaft zur Zusammenarbeit in der Rüstungskontrolle, im politischen Krisenmanagement und in der Steigerung der wirtschaftlichen Leistungsfähigkeit ab. Frankreich strebte nach größerer Selbständigkeit gegenüber beiden Supermächten und die Bundesrepublik Deutschland hatte ihre strikte Ablehnung des DDR-Staates gelockert. So konnten sich die Europäer und die Amerikaner schließlich auf eine Doppelstrategie einigen, wie sie der Harmel-Bericht formulierte: Neben der nuklearen Abschreckung sollte auch die Entspannung als Strategie zur langfristigen Lösung der Konfrontation in Europa beitragen.

Obwohl es Anfang der 70er Jahre zu einer protokollarischen Annäherung der Supermächte und zu ersten konkreten Fortschritten in der Rüstungskontrolle kam, wurden die Erwartungen auf beiden Seiten enttäuscht. Die Nixon-Regierung war offensichtlich doch nicht bereit, den Sowjets die begehrte Anerkennung als gleichberechtigte Weltmacht tatsächlich zuzugestehen. Seinerseits ließ sich der Kreml außerhalb Europas nicht festlegen, zumal er sich durch hohe Rüstungsausgaben die Werkzeuge zu einer aktiveren Machtpolitik in Europa und in der Dritten Welt gerade geschaffen hatte.

Nixons Außenminister Henry Kissinger wollte die Entspannungspolitik nutzen, um durch Anreize und Bestrafungen das Verhalten des Kremls positiv zu beeinflussen. Der wirtschaftlichen Zusammenarbeit, dem Zuckerbrot, stellte jedoch der US-Kongreß Menschenrechtsforderungen für sowjetische Juden in den Weg. Auf der anderen Seite konnten Handelssanktionen, die Peitsche, nur begrenzte Wirkung haben, solange die Westeuropäer nur halbherzig mitmachten.

Aus der regionalen Perspektive der Europäer hatte sich nämlich die Entspannungspolitik durch eine Steigerung des Ostgeschäfts und eine Entkrampfung der menschlichen und kulturellen Beziehungen mit dem Ostblock ausgezahlt. Die europäischen Regierungen widersetzten sich dem Druck aus Washington, auf den sowjetischen Einmarsch in Afghanistan 1979 und die Verhängung des Kriegsrechts in Polen 1980 mit scharfen Wirtschaftssanktionen zu antworten, und sträubten sich gegen eine umfassende Einschränkung des Technologiehandels mit dem Osten. Im Gegenteil, sie setzten ihre Zusammenarbeit mit der Sowjetunion beispielsweise im Energiesektor mit dem umstrittenen Erdgas-Röhren-Geschäft fort, und zwar trotz harten Widerstands aus Washington. Das Ende des kalten Krieges hat diesen Streitpunkt weitgehend beseitigt, obwohl Washington immer noch versucht, den Transfer von Militärtechnologie stärker einzuschränken, als die meisten Europäer dies für nötig halten.

Zweierlei Beziehungen zur Dritten Welt

Transatlantische Irritationen gab es auch im Verhältnis zu den Entwicklungsländern. Diese Konflikte sind teils auf die Spannung zwischen den globalen Interessen der USA und der regionalen Perspektive der Westeuropäer, teils auf historische Unterschiede zurückzuführen. Als ehemaliges Opfer der Fremdherrschaft sahen die Vereinigten Staaten die koloniale Expansion der europäischen Staaten immer kri-

tisch an. Als aufsteigende Handels- und Finanzmacht im vorigen Jahrhundert suchten sie zusätzlich ihren Vorteil in Erschließung dieser Einflußsphären.
Nach dem zweiten Weltkrieg setzte Washington seine Kampagne gegen die exklusiven Gebietsansprüche der Kolonialmächte unter dem Mantel der liberalen Wirtschaftsordnung fort. In der NATO wurde der Einsatz gemeinsamer Streitkräfte auf das Territorium der Mitgliedsländer beschränkt, damit sie nicht zur Stützung entlegener Kolonialherrschaften durch die Europäer verwendet werden konnten.
Als in den 50er Jahren die USA den sino-sowjetischen Block mit einer Kette von Militärbasen einzuzäunen versuchten, wurden für die Eindämmungspolitik neue Gefahren deutlich, die von den nationalen Befreiungsbewegungen als Träger marxistischer Ideologien ausgingen. Damit sie nicht zu Brückenköpfen für die Sowjets wurden, versuchte Washington, diese Bewegungen durch die wirtschaftliche und militärische Unterstützung antikommunistischer Kräfte bis hin zu rechten Diktatoren zu bekämpfen.
Die Folgen dieser Strategie zeigte u. a. die Suez-Krise. Als Großbritannien und Frankreich 1956 versuchten, ihre Vormachtstellung in Ägypten gegen die nationalistischen Bestrebungen Nassers zu verteidigen, setzte US-Präsident Dwight Eisenhower die finanzielle Überlegenheit der USA ein, um eine franco-britische Militärintervention zu vereiteln. Um danach zu verhindern, daß ein durch die Diskreditierung der Europäer entstehendes Machtvakuum von kommunistischen Kräften ausgenutzt wurde, bauten die USA ihre eigene Präsenz in der Region aus.

Viele Europäer befürchteten zudem, die Positonskämpfe der Supermächte würden auch die Dritte Welt einbeziehen. Deshalb setzten die Europäer Washingtons vereinfachtem bipolaren Weltbild eine differenzierende historische und sozio-ökonomische Analyse der regionalen Konflikte in den Entwicklungsländern entgegen. Nach ihrer Sicht stellten die blockfreien Staaten eine unterstützungswürdige Macht gegen die Zwänge des kalten Krieges dar. Washington war das Ziel der Blockfreien, einen vergleichbaren Abstand von beiden Supermächten zu bewahren, von Anfang an anrüchig, zumal einige sozialistische Regierungen eine prominente Stellung in der Bewegung einnahmen.

Auf der anderen Seite profitierten die Europäer davon, daß wichtige Ziele der Kolonialpolitik, wie der Zugang zu Rohstoffquellen und Absatzmärkten in der Dritten Welt, unter dem Dach der Pax americana zu erreichen waren, zumindest bis zur ersten Erdölkrise. Da zudem die Westeuropäer und die Amerikaner als gemeinsames operatives Ziel den Aufbau der Entwicklungsländer nach westlichem Muster vor Augen hatten – die Kennedy-Regierung sprach von »nation building« –, war außerdem die Grundlage für eine Zusammenarbeit in der Entwicklungshilfe vorhanden.

Trotzdem wurden die Beziehungen zur Dritten Welt aus verschiedenen Anlässen immer wieder zum Störfaktor der transatlantischen Beziehungen. Gleich ob die Westeuropäer die Einflußnahme revolutionärer Bewegungen mit Bedauern oder Resignation oder gar mit Freude betrachteten, sie waren auf jeden Fall nach dem Korea-Krieg nicht mehr bereit, sich militärisch an der Seite der USA zu engagieren, wie Washington dies von »treuen« Verbündeten erwartete. Als die USA den Kolonialkrieg der Franzosen in Indochina unter dem Vorzeichen der Eindämmungspolitik fortsetzten, verweigerten ihnen die Westeuropäer sogar die politische Rückendeckung. Washingtons Destabilisierungspolitik gegenüber der revolutionären Regierung Nicaraguas stieß in vielen westeuropäischen Hauptstädten ebensowenig auf Verständnis.

Diese Friktionen haben sich auch nach dem Ende des Ost-West-Konfliktes nicht gelegt. Die Bekämpfung des internationalen Terrorismus ist zu einem neuen Zankapfel geworden. Während Washington mit kollektiven Sanktionen gegen die Täter vorgehen wollte, versuchten die Europäer, ihre Anliegen im Rahmen bestehender diplomatischer und wirtschaftlicher Beziehungen zur Geltung zu bringen. Wie weit die Meinungen in Europa und Amerika in dieser Frage auseinandergingen, zeigten die unterschiedlichen Reaktionen auf die amerikanische Bombardierung von Zivilobjekten in Tripolis 1986 als Vergeltung für ein – wie sich erst später herausstellte – von Libyen initiiertes Attentat auf ein Berliner Nachtlokal. Während laut Umfragen fast drei Viertel der Amerikaner hinter dem Angriff standen, verurteilten knapp zwei Drittel der befragten Europäer die Aktion. Die Reaktionen der westeuropäischen Regierungen reichten in Übereinstimmung mit der öffentlichen Meinung von offener Distanzierung bis zu verlegenem Schweigen.

Die von dem UNO-Sicherheitsrat gebilligte und von Washington angeführte militärische Zurückdrängung der irakischen Besatzungstruppen aus Kuwait 1991 demonstrierte eine seltene Einigkeit der NATO-Verbündeten in »out-of-area« Krisen und öffnete die Perspektive zu einer neuen kollektiven Sicherheitsordnung. Die mit einiger Mühe erzielte Eintracht wurde allerdings im jugoslawischen Bürgerkrieg lange Zeit vermißt. Ohne den Einigungszwang aus Amerika fällt es den Westeuropäern schwer, auf dem Weg zum gemeinsamen Handeln historische Ressentiments auszuräumen.

Lastenverteilung und handelspolitische Differenzen

Im Hintergrund dieser Auseinandersetzungen stehen nicht selten Geldfragen. Dies zeigt, wie verzwickt die ökonomischen und sicherheitspolitischen Komponenten der atlantischen Zusammenarbeit sind. Seit der Geburtsstunde des Bündnisses spielen Fragen über die Verteilung der Kosten eine erhebliche Rolle bei der Gestaltung der gemeinsamen Sicherheitspolitik. Die Weigerung der US-Parlamentarier, 1949 eine unbefristete Verantwortung für die Verteidigung Westeuropas zu übernehmen, war nicht zuletzt finanziell begründet. Auch bei der Entscheidung für die nukleare Abschreckung spielten Kostengründe eine ausschlaggebende Rolle. Trotz milliardenschwerer Anschaffungskosten war die Aufstellung von Kernwaffensystemen immer noch billiger als konventionelle Streitkräfte vom Ausmaß der sowjetischen Armee aufzubieten.

Als die atomare Rüstungsspirale und der Ausbau konventioneller Verteidigungskräfte den US-Haushalt in den 60er Jahren immer stärker belasteten, verlangten die Amerikaner, die ihren Bündnisbeitrag als Vorleistung an die Alliierten betrachten, eine Neuverteilung der gemeinsamen Verteidigungslasten. Unter Druck steigerten die Westeuropäer ihren Beitrag, bis sie Ende der 70er Jahre den Großteil der Land- und Seestreitkräfte selber stellten. Trotzdem blieb der US-Verteidigungsaufwand pro Kopf doppelt so hoch wie der westeuropäische Durchschnitt. Vielen Europäern, die sich trotz ihrer weltweiten Wirtschaftsbeziehungen als Regionalmacht sehen, schien diese Diskrepanz legitim, denn nur etwa die Hälfte des Pentagon-Haushaltes war der NATO zugeschrieben; der Rest wurde als Preis des US-Weltmachtstatus verstanden. Eine weitere Aufstockung der Militärausgaben auf Kosten von Sozialleistungen war in Westeuropa zudem nicht mehrheitsfähig.
Obwohl die Lastenfrage gelegentlich von brisanteren Auseinandersetzungen überschattet wurde, blieb sie ein Dauerstreitpunkt in den atlantischen Beziehungen. Die Kluft zwischen den Kosten für Washingtons wachsende globale Verpflichtungen und den zur Verfügung stehenden Ressourcen wurde immer größer. Das Weiße Haus hütete sich aber davor, die Lastenverteilung zur Bündnisfrage hochzuspielen, um keine weiteren Zweifel an seiner Bündnistreue in Europa heraufzubeschwören und um zu Hause kein Wasser auf die Mühle der NATO-Kritiker zu leiten. Für Washington gab es im kalten Krieg keine Alternative zum atlantischen Bündnis. Eine auch nur mini-

male Reduzierung der US-Truppenstärke in Europa hätte nämlich kontraproduktive Signalwirkung für die Beziehungen zum Kreml und zu Europa gehabt.
Anders sah es im Kongreß aus, wo einzelne Mitglieder aus verschiedenen Gründen gern mit der »Truppenkarte« spielten. Während des Vietnam-Krieges forderte der Senator Mike Mansfield wiederholt einen Teilabzug der Truppen aus Europa und warnte vor einer Überbelastung der USA im Ausland und vor einer Ausbreitung der exekutiven Einflußsphäre im Inland. In den 80er Jahren profilierte sich der Senator Ted Stevens mit dem Vorschlag, eine Umorientierung der US-Sicherheitspolitik hin zur Strategie einer Seemacht herbeizuführen. Mansfields Nachfolger als Vorsitzender des Streitkräfteausschusses im Senat, Sam Nunn, drohte mehrfach den Westeuropäern mit einer Truppenverringerung, um ihnen mehr Mittel für die konventionelle Verteidigung zu entlocken.
Solche Resolutionen fanden zunehmendes Echo in den 80er Jahren, als die amerikanischen Parlamentarier, die offensichtlich nicht in der Lage waren, die explodierenden Budgetdefizite in den Griff zu bekommen, statt dessen die europäischen »Trittbrettfahrer« als Sündenbock angriffen. Die Administration geriet unter immer stärkeren Zugzwang, entweder eine neue Lastenverteilung auszuhandeln oder einen einseitigen Truppenrückzug hinnehmen zu müssen. Dies wiederum hätte vermutlich ihre Position bei den Wiener Verhandlungen mit der Sowjetunion über gegenseitige Truppenreduzierungen in Europa geschwächt.

Die Beendigung des kalten Krieges hat indessen die »Truppenkarte« auch in den transatlantischen Beziehungen entwertet.
Alle westlichen Regierungen bemühen sich, aus der Ost-West-Versöhnung durch eine Kürzung ihres NATO-Beitrages und einen Rückzug ihrer Truppen aus Westdeutschland eine möglichst hohe Friedensdividende herauszuschlagen. Das Ziel der Bush-Administration war eine Halbierung der US-Truppenstärke in Europa auf 150.000 Mann bis 1995. Sein Nachfolger Bill Clinton hat sich vorgenommen, dieses Soll nochmals auf rund 60.000 Mann zu halbieren.
Bei voraussichtlich geringeren Bündnislasten ist die Verteilungsfrage allerdings noch nicht gelöst. Washington wird sicherlich weiterhin bestrebt sein, seine Militärausgaben von anderen mittragen zu lassen, um das Haushaltsdefizit in Grenzen zu halten. Im Notfall könnte es den Alliierten höhere »Tribute« zur Deckung der Bündniskosten abverlangen, wie es dies bereits von Japan eingefordert hat. Denkbar wäre auch ein institutionalisiertes System der Direktbezahlung für Sicherheitsleistung, wie im Falle des Golf-Krieges.
Parallel zu den andauernden Bemühungen um eine Neuverteilung der Bündnislasten waren die USA seit den 60er Jahren bemüht, Korrekturen in den transatlantischen Wirtschaftsbeziehungen auszuführen. Um ihren Vorschlägen Nachdruck zu verleihen, hoben sie gern die Verbindung zwischen Handelsbeziehungen und Verteidigungskooperation hervor, wie Präsident Kennedy in seinen Äußerungen zum Auftakt der GATT-Verhandlungen 1962:

Der Erfolg unserer Außenpolitik hängt weitgehend vom Erfolg unseres Außenhandels ab, und die Aufrechterhaltung der westlichen politischen Einigkeit hängt im gleichen Maße vom Grad der westlichen ökonomischen Einigkeit ab.

Umgekehrt, so erinnerte Washington, könnten Handelsfiktionen den Sicherheitsbeziehungen schaden. Washington betrachtete die Wirtschaftskooperation als wesentliches Element des atlantischen Bündnisses und strebte deshalb eine formelle Kopplung der beiden Sphären an. Gegen eine solche »Globalisierung« der Sicherheitsbeziehungen sträubten sich jedoch die Europäer, die darin den Versuch der USA sahen, ihre militärische Überlegenheit auch in den Wirtschaftsbeziehungen zur Geltung zu bringen. Die Europäer forderten eine Gleichstellung im ökonomischen Bereich, obwohl sie militärisch von der US-Schutzmacht immer noch abhängig waren.
Dieser Gegensatz spitzte sich 1973-1974 zu, als Kissinger versuchte, die während des Vietnam-Krieges vernachlässigten US-Beziehungen zu Westeuropa durch seine »Europa-Jahr«-Kampagne aufzuwerten. Die Nixon-Administration hatte sich nämlich Sorgen gemacht, die im entstehen begriffene Europäische Politische Zusammenarbeit könnte zum Ausgangspunkt einer sich freischwimmenden Außenpolitik mit antiamerikanischen Zügen werden. Kissinger behauptete, Washington habe aufgrund seiner Sicherheitsgarantie für Westeuropa ein Mitspracherecht bei der Gestaltung der EG-Außen- und Wirtschaftspolitik, also hätte es Anspruch auf einen Sitz am

damaligen Neunertisch der Europäischen Gemeinschaft. Diese Einflußnahme lehnte die Gemeinschaft entschieden ab.
Welche Auswirkung solche Einflußbemühungen aus Washington auf die Gestaltung der Politik in Europa wirklich hatten, ist umstritten und schwierig nachzuweisen. Da die asymmetrische Abhängigkeit Europas von den USA allen politischen Akteuren bekannt war, mußte Washington die »Truppenkarte« kaum in aller Öffentlichkeit spielen, zumal die Kongreßmitglieder im Laufe der 80er Jahre immer häufiger selber davon Gebrauch machten. In ihrer Kampagne für die Präsidentschaft 1984 z. B. forderte die demokratische Abgeordnete Patricia Schroeder, die Aufrechterhaltung der US-Militärpräsenz in Europa vom Abbau des Handelsdefizits mit den westeuropäischen Alliierten abhängig zu machen. Noch Anfang 1992 mahnten US-Parlamentarier bei der Münchner Konferenz für Sicherheitspolitik die Europäer zu größerer Kompromißbereitschaft in Handelsgesprächen mit Amerika, da sie sonst die militärische Zusammenarbeit auf das Spiel setzen würden. Die Botschaft Washingtons war unmißverständlich: »Der Handel gehört zur Sicherheitspolitik«.
Nach Meinung des Historikers Stanley Hoffmann ist die Geschichte der NATO eine Geschichte der Krisen. Die Tatsache, daß das atlantische Bündnis trotz manchmal schwerer Krisen seit mehr als vier Jahrzehnten zusammenhält, zeugt für die Bereitschaft der Partner, nationale Egoismen zu überwinden und Opfer – nicht zuletzt wirtschaftliche Opfer – im Interesse der kollektiven Sicherheit zu bringen.

Die Zukunft des atlantischen Bündnisses

Die Ereignisse in Osteuropa seit 1989 haben die transatlantischen Beziehungen auf eine neue Probe gestellt. Es geht nicht mehr lediglich um die Zahl der GIs in Europa, sondern um die Zukunft der Allianz selbst. Mit dem Zusammenbruch des Sowjetimperiums und dem Abzug von Moskaus Streitkräften aus Mitteleuropa hat die NATO ihre historische Mission erfolgreich vollendet. Die Auflösung des Warschauer Paktes und das Schwinden der Angriffsgefahr aus dem Osten nimmt dem Bündnis seine ursprüngliche raison d'être.

Es stellt sich damit die Frage, ob die NATO als Überbleibsel einer verschwundenen Machtkonstellation, als Relikt des kalten Krieges und als Symbol und Instrument der US-Vormacht in Westeuropa, ob diese NATO nicht überlebt hat, ob sie nicht anderen, den neuen geostrategischen Realitäten angepaßten Sicherheitsstrukturen Platz machen sollte. Als eine mögliche Nachfolgeorganisation wird ein europäischer Verteidigungsbund wie die Westeuropäische Union (WEU) vorgeschlagen, der gegebenenfalls die neuen Demokratien in Osteuropa mit aufnehmen könnte. Eine Alternative dazu wäre eine gesamteuropäische Gemeinschaft wie die Konferenz für Sicherheit und Zusammenarbeit in Europa (KSZE), die von vornherein auf kooperative statt konfrontative Lösungen von paneuropäischen Herausforderungen festgelegt wäre.

Viele Amerikaner und Europäer bezweifeln jedoch, daß die KSZE, die ohnehin inzwischen auf mehr als

50 europäische und mittelasiatische Mitglieder angewachsen ist und ihre Beschlüsse weitgehend einstimmig fassen muß, bei internen Konflikten oder in Krisenfällen effektiv handeln könnte. Außerdem verfügt sie über keine militärischen Kräfte, um ihre Entscheidungen gegen (gewalttätigen) Widerstand durchsetzen zu können. Dagegen stellt die WEU einen kompakten, relativ homogenen Club dar, der allerdings auch kaum eigene Streitkräfte besitzt und dessen Verhältnis zur NATO und zu den USA umstritten ist, wie Washingtons heftiger Widerstand gegen die Aufstellung des deutsch-französischen Europakorps 1992 zeigte. Beide Organisationen erfüllen in den Augen der meisten führenden Politiker wichtige Funktionen als internationale Foren und sind darüber hinaus zukünftig ausbaufähig. Bis jetzt konnten beide jedoch die NATO als Sicherheitsgarant für ihre Mitglieder nicht zuverlässig ersetzen.
Ende 1992 waren sich die westeuropäischen Regierungen darin einig, daß die transatlantische Zusammenarbeit im Rahmen der NATO weiterhin den Kern der Sicherheitsordnung für Europa bilden sollte, wobei der Schwerpunkt von militärischen Mitteln auf politische Mittel verlegt werden sollte. Entscheidend für die Entstehung dieses Konsenses war die rasche Ausarbeitung von neuen NATO-Aufgaben durch die USA. Einen Monat nach der Öffnung der Berliner Mauer im November 1989 stellte Außenminister Baker in Berlin die Bausteine eines »neuen Atlantizismus« vor, der die vorhandenen Militärstrukturen auf neue Aufgaben vorbereiten sollte. Die NATO würde nach diesen Vorschlägen weiterhin gemeinsame

Sicherheitsfragen lösen und den Abrüstungsprozeß in Europa fördern und kontrollieren. Die NATO solle die europäische Integration durch Verflechtungen mit der WEU, der KSZE und vor allem durch engere Konsultationen mit der EG fördern. Durch die Initiative Bakers ist es Washington gelungen, die konzeptionelle Diskussion zur Gestaltung eines neuen Europa in Richtung auf Kontinuität zu lenken und dadurch die eigene Stellung im europäischen Machtgefüge zu festigen. Die NATO-Führung selbst benannte später zusätzliche Aufgaben, die das Bündnis unentbehrlich machen sollten, wie die Bekämpfung des Terrorismus und des Drogenhandels, die schrittweise Einbeziehung Osteuropas in ihre Sicherheitsstrukturen und eventuell auch friedensstiftende Missionen im Dienst der UNO oder der KSZE.
Hinter dieser von Amerikanern und Europäern getragenen Entscheidung verbergen sich Meinungsunterschiede, sowohl bei den Führungskräften wie in der Öffentlichkeit, vor allem über die langfristige Mitwirkung der USA an der Politik in Europa. In Europa sind die linken Parteien traditionell weniger amerikaniphil als ihre politischen Gegner. Auch die Erben de Gaulles – ob rechts oder links – räumen den USA ungern einen Dauerplatz und eine von diesen beanspruchte Führungsrolle in Europa ein. Mitterands Führungsriege rechnete auf einer Tagung im Hotel Matignon mit einem vollständigen Abzug der US-Truppen aus Europa bis zur Jahrhundertwende und versuchte auf gewundenen Wegen alles, um die Heimreise zu beschleunigen. Frankreich tritt für eine unabhängige europäische Verteidigungsgemein-

schaft ein, in der das Land eine führende Rolle spielen könnte. Es möchte die WEU zum militärischen Sicherheitsinstrument der EG ausbauen und nicht – wie die britische und die niederländische Regierung, mit starker Unterstützung aus Washington – zu einem zweiten Pfeiler der atlantischen Allianz.
Eine engere sicherheitspolitische Zusammenarbeit in Europa befürwortet im Prinzip auch die Bundesregierung. Außerdem weiß sie nur zu gut, daß die Zukunft eines integrierten Europas vom Zusammengehen mit Frankreich abhängt. Trotzdem zögert sie vor einer allzu engen Zusammenarbeit mit den Franzosen, weil dies einen eventuellen Bruch mit Washington nicht mehr ausschließen würde. Die Dialektik zwischen europäischer Solidarität und atlantischer Loyalität dürfte nirgendwo so hautnah zu spüren sein wie in Bonn.
Die europäischen Regierungen müssen auch berücksichtigen, wie die öffentliche Meinung die transatlantische Zusammenarbeit beurteilt. Die von Stephen Szabo Anfang der 80er Jahre herausgegebene Studie *The Successor Generation: International Perspectives of Postwar Europeans* dokumentiert an Hand von Umfragen die Meinungsvielfalt von Land zu Land und dort jeweils die Ansichten der verschiedenen Altersgruppen und politischen Richtungen. Die Beurteilung der Allianz hängt mit dem Ansehen der USA zusammen. Die Mehrheit der Westeuropäer hieß die transatlantische Verteidigungskooperation für gut.
Der Ländervergleich zeigte allerdings deutliche Differenzen. In Großbritannien gab es – wie eine spätere Umfrage zeigte – relativ großes Vertrauen

zur NATO und zu den USA in allen Altersgruppen, obwohl ein Abbröckeln im Laufe der 80er Jahre nicht zu übersehen war. Auch die Franzosen sprachen sich mehrheitlich für die NATO aus, allerdings nur als zweitbeste Lösung nach einer rein europäischen Allianz. Den USA brachten die meisten Franzosen weder starke Ablehnung noch – besonders bei den Eliten – viel Zuneigung entgegen. In Spanien dagegen war die Neigung zum Neutralismus sowohl bei linken wie bei rechten Wählern ausgeprägter als anderswo in Europa, nachdem die frühere jahrelange Zusammenarbeit Washingtons mit der Franco-Diktatur den Beliebtheitsgrad der Amerikaner auf rund ein Viertel gedrückt hatte. Deshalb mußte die Führung der spanischen Sozialisten, bis Anfang der 80er Jahre eine der stärksten antiamerikanischen Kräfte im Lande, erst eine aufwendige Kampagne durchführen, um eine Mehrheit der Wähler für einen NATO-Beitritt zu gewinnen.

Italien und die Bundesrepublik liefern Beispiele für den Wandel des Amerikabilds in den verschiedenen Generationen. In Italien sprach sich eine Mehrheit in allen Altersgruppen für das Bündnis und gegen eine neutrale Außenpolitik aus, die positive Einstellung zur NATO nahm jedoch bei den 50er und insbesondere bei den 60er Jahrgängen ab. Während ein Großteil der über 40jährigen eine positive Einschätzung zur US-Führungsrolle hatte, war das US-Bild der jüngeren Generationen vornehmlich kritisch, besonders bei den besser Ausgebildeten.

Wenn es um den Verbleib amerikanischer Streitkräfte in Europa geht, kommt der Stimmung in der deutschen Bevölkerung, die die Hauptlast der Ost-West-Konfrontation zu tragen hatte, die größte Bedeutung zu. Vor allem die Amerikaner wollten immer genau wissen, wie die Deutschen zu ihren Bündnispflichten stehen. Auf diesem Acker haben Demoskopen dann auch besonders intensiv gewühlt und manch Widersprüchliches an den Tag gelegt.

Mitte der 50er Jahre war die von den Sowjets genährte Meinung, die Bundesrepublik könne ihre NATO-Zugehörigkeit gegen eine Wiedervereinigung eintauschen, unter den Westdeutschen noch weit verbreitet. Danach stieg die Zahl der Bündnisbefürworter auf eine stabile und solide Mehrheit an. In den Jahren des Vietnam-Krieges breitete sich vor allem in der Jugend eine kritischere Haltung gegenüber den USA aus. Diese Entwicklung spitzte sich während der Nachrüstungsdebatte Anfang der 80er Jahre zu und verstärkte in erster Linie den Zulauf zu der Friedensbewegung und zu den Grünen.

Als das Feindbild Osteuropa verblaßte, schrumpfte die Bereitschaft der Westdeutschen, fremde Truppen im eigenen Land zu beherbergen. Ein Teil der Mitgift der DDR an die neue Bundesrepublik war die zwiespältige Einstellung der ostdeutschen Bevölkerung gegenüber der westlichen Supermacht. Anfang der 90er Jahre glaubte bereits eine knappe Mehrheit der befragten Deutschen, auf den Schutz amerikanischer Streitkräfte im Lande verzichten zu können.

In der amerikanischen Öffentlichkeit schien eine verstärkte Hinwendung zu inländischen Problemen zunächst kaum Auswirkungen auf die transatlantischen Beziehungen zu haben. Seit Gründung der

NATO befürwortet eine starke Mehrheit der Amerikaner die militärische Zusammenarbeit mit den Westeuropäern, einschließlich der Stationierung und des eventuellen Kampfeinsatzes eigener Soldaten in Europa. Fast ebenso zahlreich und hartnäckig werden die US-Bürger indessen vom Verdacht geplagt, von den Westeuropäern dabei ausgenutzt zu werden. Trotzdem hat ein Großteil der Bevölkerung offensichtlich die Ansicht der Führung des Landes verstanden, im Kampf gegen den internationalen Kommunismus müßten Amerika und Europa in demselben Boot sitzen. Nach dem Zusammenbruch des Sowjetreiches, in den USA als Sieg gefeiert, ist die Identifikation mit Europa in Amerika durchaus noch lebendig. Anfang der 90er Jahre bekannten sich laut Umfragen eine große Mehrheit der Amerikaner und fast sämtliche Führungskräfte zum aktiven internationalen Engagement ihres Landes und zur Verteidigung Westeuropas, allerdings mit deutlich weniger Truppen. Dieses aktive internationale Engagement haben sie der Welt durch den Feldzug gegen Saddam Hussein erneut bewiesen.
Die Euphorie nach diesem zweiten Triumph der Demokratie innerhalb weniger Jahre wurde aber überraschend schnell von einer miesen Rezessionsstimmung in den Vereinigten Staaten eingeholt. Die Botschaft der breiten Masse, die die Politiker dem Wahlkampf 1992 entnahmen, lautete, die dringlichsten Herausforderungen lägen an der Heimatfront. Die Rassenunruhen in Los Angeles und vielen anderen amerikanischen Großstädten von Juli 1992 hat dieser Botschaft noch zusätzliche Dringlichkeit verliehen.

Nach dem Abdanken seines östlichen Rivalen öffnete sich Amerika zum zweiten Mal nach dem Ende des zweiten Weltkrieges die Chance, einer sich neu gestaltenden Staatenordnung seinen Stempel aufzudrücken. Präsident George Bush schien durch seine umfangreiche außenpolitische Erfahrung dieser Herausforderung besser gewachsen zu sein als seine letzten Vorgänger. Doch die Staatskassen waren fast leer, und das Volk vermochte seinen nach innen gewendeten Blick kaum zu verbergen. Bush konnte seine Bürger zwar zu einem spektakulären Aufmarsch in der Wüste, dem vielleicht letzten patriotischen Hurra im Namen des Völkerrechts und des billigen Öls zusammentrommeln. Das Geld dazu mußte er jedoch bei seinen meist halbherzigen Mitstreitern erbetteln oder erpressen.
Vor allem bei der Neugestaltung Europas wollte die Bush-Administration eine aktive Rolle spielen. Ihr Bemühen beschränkte sich allerdings auf die militärische Kooperation, die Rüstungskontrolle und die Bekämpfung des Terrorismus. Für die Sicherung des Friedens auf dem Balkan oder den Aufbau marktwirtschaftlicher Strukturen in Osteuropa und Rußland fehlten Wille und Mittel.
Die ständige militärische Präsenz der Vereinigten Staaten in Westeuropa wird ohne Zweifel in Zukunft erheblich geringer. Dadurch werden die wirtschaftlichen Beziehungen an relativer Bedeutung gewinnen. Die sowjetische Bedrohung entfällt und damit auch der äußerliche Zwang zu Solidarität und zum Ausgleich auf anderen Feldern. Ob unter den neuen geostrategischen Bedingungen die komplementären

oder konkurrierenden Elemente der Wirtschaftsbeziehungen überwiegen, wird zum einen von der Tragfähigkeit der transatlantischen Wertegemeinschaft, zum andern vom Ausgang der Auseinandersetzungen abhängen, die in dieser Studie noch genauer analysiert werden sollen.

2. Kapitel: Grundlinien der Außenwirtschaftspolitik beiderseits des Atlantiks

A. Die USA zwischen Freihandelspolitik und Merkantilismus

Der Integration der nationalen Wirtschaften in den Welthandel und in den Kapitalverkehr haben die Industriestaaten und die meisten Schwellenländer einen Großteil ihres materiellen Reichtums zu verdanken. Dies ist die Folge einer Strategie der Handelsliberalisierung, zu der sich eine kleine Gruppe westlicher Länder unter Führung der Vereinigten Staaten nach dem zweiten Weltkrieg verpflichtet hat. Wie kein anderes Land setzten sich die USA nicht nur beharrlich und wirkungsvoll für den Abbau von politischen und kulturellen Handelshemmnissen ein. Trotz wiederholter eigener Verstöße gegen einzelne Regeln und Prinzipien haben sich die Regierungen Amerikas jahrzehntelang in Wort und meistens tatenreich als Verfechter des Freihandelsgeistes hervorgetan.
In letzter Zeit fällt es amerikanischen Befürwortern des freien Handels allerdings schwer, Zustimmung bei den Bürgern für diese Politik zu gewinnen. Im Laufe der 80er Jahre ging das Vertrauen in den Freihandel auch in Führungskreisen zurück. Einige Politiker treten offen für die Einschränkung des Gütertausches zum Schutz einheimischer Firmen und Arbeitsplätze ein; andere sehen darin nur ein Druckmittel, um gerechtere Handelsverhältnisse herbeizuführen. Vor ihnen hatten schon eine lange Reihe von ameri-

kanischen Firmen, Gewerkschaften und ganzen Branchen dem freien Handel den Rücken gekehrt. Folgen dieses Meinungsumschwungs sind die schrittweise Verschärfung der nationalen Handelsgesetze und die Proliferation zwischenstaatlicher Abmachungen zur Einfuhrbeschränkung.
Stellt diese Erscheinung lediglich eine vorübergehende Phase der nationalen Verunsicherung angesichts neuer internationaler Herausforderungen dar oder kündigt sie die endgültige Abkehr Amerikas von der Freihandelslehre und damit eine Verschärfung der transatlantischen wirtschaftlichen Auseinandersetzungen an?

Ein Spätkonvertit zum freien Handel

Eine erste ernüchternde Antwort liefert ein Rückblick auf die Entwicklung der US-Handelspolitik. Zur »angelsächsischen Tradition« des freien Handels kamen die Amerikaner erst im zweiten Drittel dieses Jahrhunderts, ungefähr hundert Jahre nachdem sich diese Lehre im Ursprungsland Großbritannien durchgesetzt hatte. Davor war der Merkantilismus als Instrument der absolutistischen Machtpolitik allgemein akzeptiert gewesen. Dieser Schule zufolge sollte die Ausfuhr eines Landes gefördert und die Einfuhr gedrosselt werden, um durch hohe Handelsbilanzüberschüsse Geld und Edelmetalle in die Staatskassen einzutreiben.
Weitsichtige Köpfe hatten schon Mitte des 18. Jahrhunderts erkannt, daß der Reichtum der Zukunft in

der technologischen Innovation und der Entfesselung unternehmerischer Kräfte lag. Die Väter der klassischen Wirtschaftslehre, der Schotte Adam Smith und die Engländer David Ricardo und John Stuart Mill, haben dem reinen Außenhandel eine zentrale Rolle bei der Förderung des Wirtschaftswachstums beigemessen. Ihre Thesen griffen die britischen Unternehmer auf, die Absatzmärkte im Ausland und billige Lebensmittelimporte für ihre Arbeitnehmer brauchten. Die Aufhebung britischer Einfuhrrestriktionen für Getreide 1846 bedeutete de facto, daß die Industrie ihre Forderungen gegenüber der Landwirtschaft durchgesetzt hatte und signalisierte die Wende in der Außenhandelspolitik gegenüber den Kolonien.
In den britischen Kolonien Nordamerikas wurde die Handelsfrage zunächst eher politisch gesehen. Dort waren die merkantilistischen Gesetze des Mutterlandes zum Symbol einer repressiven Kolonialpolitik geworden und wirkten als Katalysator auf latente Freiheitsbestrebungen in der Bevölkerung. Der Protest gegen die Einführung einer Teeimportsteuer, bei dem als Indianer verkleidete Kolonisten sich auf britischen Schiffen befindende Teekisten im Bostoner Hafen von Bord warfen, ist ein farbiges Beispiel des aufkeimenden Nationalbewußtseins. In den Jahrzehnten nach Erlangung der Unabhängigkeit führte die US-Regierung Einfuhrbeschränkungen als Hebel ein, um die europäischen Länder zur Anerkennung amerikanischer See- und Handelsrechte zu veranlassen.
Im 19. Jahrhundert dagegen sollten Amerikas Zollmauern vor allem die heranwachsende, im Norden

konzentrierte Industrie vor der ausländischen Konkurrenz schützen. Leitlinie der Handelspolitik war also nicht die klassische Freihandelslehre, sondern Friedrich Lists Prinzip des Erziehungszolls. Mäßigend auf diese Politik wirkten die Agrarinteressen, allen voran die Baumwoll- und Tabakfarmer im Süden, die ihre Exportmöglichkeiten durch allzu hohe Schutzzölle gefährdet sahen.
Waren in der ersten Hälfte des 19. Jahrhunderts die expansiven Kräfte des Landes vorwiegend auf den Westen und die Erfüllung der »manifest destiny« konzentriert, so wuchs in der zweiten Hälfte auch das kommerzielle Interesse an Überseeregionen. Da die Vereinigten Staaten hier als Spätankömmling hinter den europäischen Kolonialmächten auftraten, setzte die Führung nicht auf die Eroberung eigener Territorien, sondern forderte freien Zugang zu den schon aufgeteilten Kolonialmärkten.
Obwohl der imperiale Zeitgeist auch in Amerika prominente Anhänger fand, besaß Washingtons Strategie der »offenen Tür« den Vorteil, nicht direkt im Widerspruch zur eigenen kolonialen Herkunft zu stehen, sondern konnte aus der liberalen Tradition des Landes ideologische Rückendeckung schöpfen. Es wurden auch mehrere bilaterale Handelsabkommen ausgehandelt, die gegenseitige Tarifsenkungen vorsahen; sie scheiterten aber in der Regel am Widerstand des US-Senats. Daß die Freihandelspolitik im krassen Widerspruch zur praktizierten Einfuhrbeschränkung stand, störte wenig, denn die Zollpolitik wurde schon damals ausschließlich als innenpolitische Frage angesehen. Die Wende zur konsequenten

Freihandelspolitik kam erst im 20. Jahrhundert als Folge der großen Weltwirtschaftskrise und einer Neuverteilung der handelspolitischen Kompetenzen im föderativen System Amerikas.

Die Rolle des Kongresses in der Handelspolitik

Grundlage des amerikanischen Regierungssystems ist die Gewaltenteilung. Die Gefahren der Machtkonzentration hatten schon Philosophen der Antike dazu veranlaßt, gemischte Staatsformen zu entwickeln, in denen die einzelnen Gewaltinstanzen einander ausgleichen. Gegen Ende des 17. Jahrhunderts wies der englische Philosoph John Locke, einer der Väter des Liberalismus, auf die Notwendigkeit einer personellen Trennung der Gesetzgebung von der Gesetzvollziehung hin, um den menschlichen Hang zum Machtmißbrauch zu unterbinden. Fünfzig Jahre später entwarf der französische Staatstheoretiker Charles de Montesquieu konkrete Regierungsstrukturen, die in den Grundzügen der US-Verfassung ihren praktischen Niederschlag fanden. Neben die gesetzgebende und die vollziehende Gewalt stellte er eine richterliche Gewalt und teilte die drei Machtbereiche unter die verschiedenen Staatsorgane auf.
Die Väter der US-Verfassung haben das Prinzip der Gewaltenteilung weiterentwickelt, indem sie diese drei Gewalten (im Amerikanischen: »branches of government«) auf ihren jeweiligen Kompetenzgebieten nicht unkontrolliert walten ließen, sondern sie bestimmten Hemmnissen und Gegengewichten –

den berühmten »checks and balances« – durch die anderen Gewalten unterwarfen.

In der Teilung der außenpolitischen Kompetenzen zwischen Präsidenten und Parlament sehen allerdings manche Systemkritiker eine gefährliche Schwächung der Staatsführung. Der Komplexität der heutigen Weltpolitik und den globalen Verantwortungen der Vereinigten Staaten entsprächen die Spielregeln von 1787 nicht mehr. Eine überstarke Konkurrenz zwischen Weißem Haus und Kapitol könne die Regierung lahmlegen, wie die Zentralamerikapolitik der 80er Jahre zeige.

Da die beiden Regierungsbranchen jedoch verpflichtet sind, auf Gedeih und Verderb (bis zu den nächsten Wahlen) miteinander auszukommen, sind im Laufe der Jahre pragmatische Mechanismen entwickelt worden, um ein friedliches und produktives Zusammenwirken zu ermöglichen. In sensiblen Bereichen wie der Außenpolitik, wo der Umfang des Regierungsgeschäfts oder der Zwang zum eiligen Handeln die Fähigkeiten der Legislative übersteigt, hat der Kongreß dem Präsidenten wesentliche Kompetenzen übertragen und lediglich Kontroll- und Korrekturrechte für sich behalten. Diese Entwicklung führte allerdings zu einer schleichenden Konzentration von Befugnissen in den Händen des Staatsoberhaupts. Diese Veränderung erklärt die Sorgen vor einer »imperialen Präsidentschaft« und veranlaßte den Kongreß in den 70er Jahren dieses Jahrhunderts zur Straffung der Zügel. Nach diesem allgemeinen Muster sind auch die Entwicklungen auf dem Gebiet der Handelspolitik verlaufen.

Laut Verfassung gehört die Leitung zwischenstaatlicher Beziehungen zum Kompetenzbereich des Präsidenten. Da die Verfassungsväter lieber dem Kongreß den Umgang mit Staatsgeldern anvertrauten, wurde er allein für die Außenhandels- und Zollpolitik zuständig. (Einer der frühesten Beschlüsse des ersten Parlaments war die Verabschiedung eines nationalen Zolltarifs.)
Bis zum zweiten Drittel unseres Jahrhunderts hat sich der Kongreß tatsächlich um die Einzelheiten der Handelspolitik gekümmert. Das Prinzip des Erziehungszolls erkannten alle Parteien prinzipiell an und jede Regierung profitierte von den hohen Zolleinnahmen, die die wichtigste Finanzquelle des Staates darstellten. Umstritten war lediglich das Zollniveau, das entsprechend der Verschiebungen der regionalen Kräfteverhältnisse und des Konjunkturzyklus schwankte. Die republikanische Partei, die im industriellen Nordosten vorherrschte, galt traditionell als Hüter des hohen Zaunes. Die Demokraten und die Populisten vertraten vor allem die landwirtschaftlichen Interessen im Süden. Im Durchschnitt blieben die Zölle relativ hoch und wurden nach der Niederlage des Südens im Bürgerkrieg Mitte des 19. Jahrhunderts weiter heraufgesetzt.
Nach dem ersten Weltkrieg und dem Verfall der Weltmarktpreise für Agrarprodukte konnten die Republikaner viele Farmer mit dem Versprechen in das eigene Lager locken, ihnen durch eine Zollreform stärker unter die Arme zu greifen. Nach ihrer Machtübernahme 1921 hoben die Republikaner die Zölle nochmals kräftig an. Während dieser Periode nahm

das Gewicht aufsteigender exportorientierter Firmen und Industriegewerkschaften allmählich zu. Sie bildeten ein Interessenbündnis, das ab Mitte der 30er Jahre bis in die 60er Jahre hinein die Liberalisierung der Handelspolitik politisch mittrug.

Das Smoot-Hawley-Gesetz und seine Folgen

Die vorläufig letzte direkte Initiative des Parlaments auf diesem Feld, das berüchtigte Smoot-Hawley-Tarifgesetz von 1930, war ursprünglich als Stütze für die Landwirtschaft gedacht und artete in eine große Anzahl von Zollanhebungen aus. In der letzten Plenumsdebatte im Senat zu diesem Gesetz wurden über eintausend Zusatzanträge für Tausende von Waren angenommen. Die Unterzeichnung des Gesetzes durch den Republikaner Herbert Hoover war nach Meinung des angesehenen US-Ökonomen Richard Cooper, »der gravierendste außenpolitische Fehler, den je ein US-Präsident begangen hat«. Amerikas Handelspartner revanchierten sich mit gleichen Mitteln, und dies verschärfte erheblich die Tiefe und Dauer der anschließenden Weltdepression.
1933 eroberten die Demokraten die Mehrheit im Kongreß und zogen mit Franklin Roosevelt wieder in das Weiße Haus. Das Außenministerium übernahm der überzeugte Freihändler Cordell Hull, der seine Lebensaufgabe darin sah, Wilsons gescheitertes Ziel einer friedlichen und demokratischen Weltordnung mittels des freien Warentausches nun doch zu verwirklichen.

Hull gelang es, den Kongreß für eine Strategie der bilateralen Zollsenkungen als Notlösung zur Überwindung der Exportkrise zu gewinnen. Die Ausfuhr sollte der amerikanischen Wirtschaft auf die Beine helfen und gleichzeitig die demokratischen Staaten stärker zusammenführen. Da die Parlamentarier eingesehen hatten, welche Gefahr für den nationalen Wohlstand und die internationale Stabilität von einer protektionistischen Gesetzgebung ausgehen konnte, ermächtigten sie die Exekutive, deren bisherige Rolle auf die Eintreibung der Zölle beschränkt war, mit einzelnen Handelspartnern gegenseitige Zollsenkungen von bis zu 50 % zu vereinbaren. Die Schutzzölle von einst wurden so zum Verhandlungsgegenstand in einer Reihe von bilateralen Verhandlungsrunden.

Das Gesetz über gegenseitige Handelsabkommen von 1934 dient bis heute als Vorbild für die Arbeitsteilung zwischen Kongreß und Präsidenten. Die Exekutive durfte in bilateralen Verhandlungen, später in multilateralen Runden, verbindliche Vereinbarungen zur Liberalisierung des Warenhandels treffen. Der Kongreß behielt sich das Recht vor, die Politik der Exekutive regelmäßig zu überprüfen und zu korrigieren.

Zollsenkungen für Einzelwaren wurden in der Praxis zuerst mit dem Hauptlieferanten ausgehandelt und automatisch auf die anderen Handelspartner übertragen, denen die »Meistbegünstigung« zuerkannt worden war. Bis 1945 kamen über zwei Dutzend solcher Vereinbarungen zustande, die den Durchschnittszollsatz von knapp 60% um die Hälfte senkte.

Die Entstehung einer liberalen Weltwirtschaftsordnung

Nach dem zweiten Weltkrieg waren die Vereinigten Staaten als umstrittene westliche Führungsmacht in der Lage, mit Hilfe ihrer engsten Partner auch die internationale Wirtschaftsordnung nach ihren Vorstellungen von Effizienz und Gerechtigkeit umzugestalten.
Die damals gültigen Vorstellungen entsprachen der Wilsonschen Weltanschauung, ergänzt und konkretisiert durch die Erfahrung vom Zerfall der Weltwirtschaft in den 30er Jahren und durch die praktischen Erfolge der Hullschen Handelspolitik. Das Ziel des uneingeschränkten freien Welthandels, einschließlich des freien Zugangs zu allen Absatz- und Kapitalmärkten und Rohstoffquellen der Erde, erschien der US-Führung um so erstrebenswerter, als sie davon ausging, die weltgrößte und dynamischste Wirtschaft müßte als erste von dieser Ordnung profitieren.
Angekündigt hatten Roosevelt und der britische Regierungschef Winston Churchill diese Handelsordnung schon 1941 in der Atlantischen Charta, die u. a. die gleichberechtigte Teilnahme aller Staaten am internationalen Warentausch sichern sollte. Die Prinzipien und Ziele einer entsprechenden Weltorganisation legte eine internationale Konferenz in der Havana-Charta fest, die als Grundlage für die Welthandelsorganisation (ITO) diente.
Parallel dazu wurde das Allgemeine Zoll- und Handelsabkommen (GATT) vereinbart, das die Handels-

erleichterungen aus den bilateralen Verhandlungen der USA auf die multilaterale Ebene hob und die Spielregeln für die geplanten Handelsrunden bestimmte. Das Ergebnis dieser Gespräche war die Verabschiedung einer umfassenden ITO-Charta, die detaillierte Regeln für den Welthandel festlegte, aber auch Bestimmungen über Währungskontrollen, Rohstoffabkommen, Geschäftspraktiken und internationale Investionen enthielt.
Im US-Kongreß geriet die Charta unter den Beschuß zweier Gruppen mit gegensätzlichen Interessen. Das protektionistische, überwiegend republikanische Lager sah darin eine Teilaufgabe der nationalen Souveränität an einen dirigistischen Moloch, während die »Perfektionisten« die vorgesehenen nationalen Ausnahmeregelungen als Abweichung vom reinen Freihandelsgesetz beanstandeten. Trotz wiederholter Versuche der Administration wurde die ITO-Charta nie vom Kongreß ratifiziert. Lediglich die GATT-Regeln konnten in Form eines vorläufigen Protokolls durch die Verhandlungsvollmachten der Exekutive ohne das Parlamentsplazet in Kraft treten.
Trotz des Fehlens einer Exekutive und von Sanktionsbefugnissen hat sich das – gemessen an den ursprünglichen amerikanischen Vorstellungen – Provisorium GATT als ausreichendes Instrument zum Abbau von Zöllen für Industriewaren bewährt. Neben dem Verhandlungsverfahren sind andere Elemente der US-Handelspolitik direkt ins GATT übertragen worden, wie z. B. das Verbot von mengenmäßigen Einfuhrbeschränkungen (Kontingente) sowie eine Schutzklausel, die nationalen Regierungen eine

vorübergehende Einschränkung von Importen erlaubt, falls diese einheimischen Firmen Schaden zufügen. In solchen Fällen können die betroffenen Handelspartner vom Verursacher Entschädigung verlangen. Die wichtigste Mitgift der US-Handelspolitik an das GATT war sicherlich das Prinzip der unbedingten Meistbegünstigung. Dieses Prinzip sieht vor, daß bilateral ausgehandelte Vergünstigungen automatisch auch allen Handelspartnern, die mit diesem Status ausgezeichnet sind, zuerkannt werden müssen. Ebenfalls zur Förderung des Welthandels und um zudem dem Mißbrauch der Währungspolitik durch die Manipulation von Wechselkursen, wie in der Zwischenkriegszeit, einen Riegel vorzuschieben, vereinbarten die westlichen Industriestaaten in Bretton Woods im amerikanischen Neuengland ein System von festen Wechselkursen mit dem US-Dollar als Leitwährung und dem Internationalen Währungsfonds als währungspolitischer Weltorganisation. In diesen Punkten konnte die US-Administration ihre Vorstellungen weitgehend durchsetzen. Die Funktion und Stärke des Dollars innerhalb dieses Systems hatten erhebliche Bedeutung für die US-Handelsbilanz, und die Wechselwirkung zwischen der Handels- und der Währungspolitik der Vereinigten Staaten ist ein wesentliches Merkmal der Nachkriegszeit.

Handelspolitik im Schatten des kalten Krieges

Washingtons Außenwirtschaftspolitik in den ersten Nachkriegsdekaden diente in erster Linie dem über-

geordneten außenpolitischen Ziel, nämlich einer Eindämmung der seit Kriegsende stark ausgedehnten sowjetischen Einflußsphäre. Dazu gehörte es auch, daß Auslandshilfe vorwiegend an die Anrainerstaaten des sino-sowjetischen Blockes ging. In Westeuropa unterstützt Washington den Wiederaufbau der Volkswirtschaften und die Kooperation unter den Europäern, um den europäischen Pfeiler des Atlantikpakts zu stärken. Vier multilaterale GATT-Runden in den 50er und 60er Jahren sollten weiterhin zur Festigung des neuen Handelssystems und des westlichen Zusammenhalts beitragen. Das Durchschnittsniveau amerikanischer Zölle sank in diesem Zeitraum von 28% der Einfuhrwerte auf rund 11%, wobei schätzungsweise die Hälfte dieses Abbaus bei Festzöllen lediglich auf die allgemeine Preissteigerung zurückzuführen ist.
Im Nachhinein wird diese Aufbauphase als eine fast idyllische Periode für die atlantische Gemeinschaft angesehen. Dank seines technologischen und wirtschaftlichen Vorsprungs beherrschte Amerika den Welthandel und konnte seinen Partnern einseitige Handelsvorteile einräumen. Als Gegenleistung für Amerikas finanzielle Unterstützung und militärischen Schutz erkannten die Alliierten den Führungsanspruch der USA an und öffneten US-Exporteuren und Investoren etappenweise ihre Märkte. Der Dollar war als Reservewährung und internationales Zahlungsmittel für den rapide anwachsenden Außenhandel überall begehrt.
In dieser Phase tauchten aber auch gelegentlich die Probleme auf, die später das Bretton-Woods-System

stürzen sollten und die den heutigen Handel immer noch belasten. Sie waren zum Teil sogar die direkten Folgen der amerikanischen Strategie. Als die Gefahr eines bewaffneten Überfalls aus dem Osten allmählich in den Hintergrund trat, konnten sich die westeuropäischen Alliierten eine kritischere Einschätzung der US-Führung erlauben. Der Wirtschaftsaufstieg in Westeuropa und Japan – auch ein wichtiges Ziel Washingtons – mußte den Vorsprung der US-Wirtschaft und die Überlegenheit ihrer Erzeugnisse schmälern. Infolgedessen verringerte sich auch Amerikas Exportüberschuß. Seit 1949 reichte er nicht mehr aus, um Amerikas Ausgaben im Ausland für Investitionen und den Aufbau militärischer Stützpunkte auszugleichen.

Diese Zahlungsbilanzdefizite hatten die übrige Welt zunächst gefreut, denn sie brachten ihr die nötigen Dollars zur Ausdehnung des Welthandels. Als der Dollarmangel jedoch langsam zur Dollarschwemme wurde, fingen die Partnerländer an, sich Sorgen um die Schwäche der US-Währung und um einen eventuellen Wertverlust ihrer eigenen Dollarreserven zu machen. Nachdem die westeuropäischen Währungen Ende der 50er Jahre konvertibel wurden – auch ein lang angestrebtes Ziel Washingtons –, bestand die Gefahr, daß ein angeschlagener Dollar durch Spekulation auf den Devisenmärkten unter Abwertungsdruck geraten konnte, und dies geschah zehn Jahre später tatsächlich.

Die Schwächung der US-Handelsposition in den 50er Jahren stärkte die Neigung zum Protektionismus in der republikanischen Partei und im Kongreß. Doch

die politischen Gründe waren danach noch stark genug, um dem Freihandel zum Durchbruch zu verhelfen.
Nachdem der ehemalige Oberkommandierende der NATO-Streitkräfte in Europa, General Dwight Eisenhower, 1953 in das Weiße Haus zog, räumte er, wie seine Amtsvorgänger, den atlantischen Beziehungen Vorrang in der Außenpolitik ein und versuchte, die atlantischen Verbindungen mittels guter Handelsbeziehungen zu stärken. Er setzte die GATT-Runden in der Hoffnung fort, durch eine weitere Öffnung der Weltmärkte US-Exporte zu fördern. Außerdem wollte er zur Entlastung des Bundeshaushalts die US-Auslandshilfe stärker durch Handelsströme ersetzen nach dem Motto »trade, not aid«. Als Parteiführer der Republikaner konnte Eisenhower die protektionistische Stimmung in der eigenen Kongreßfraktion während der Sitzungsperioden mäßigen, in denen sie die Mehrheit bildete. Trotzdem wurde Ende der 50er Jahre der Druck der Freihandelsskeptiker stark genug, um die Administration zu aktiveren Schritten zugunsten der US-Exporteure zu veranlassen. Die Regierung nahm Verhandlungen mit den Europäern über die Abschaffung von Einfuhrquoten für US-Importe auf und erhöhte staatliche Kredite und Bürgschaften für Exportgeschäfte. Unter dem Druck der einheimischen Textilindustrie zwang sie ihrem japanischen Bündnispartner auch erste »freiwillige« Exportbeschränkungen auf.

Die Verschärfung der Handels- und Zahlungsbilanzkrise

Während Eisenhower durch Ausgabenkürzungen und Ausgleichszahlungen aus der Bundesrepublik versuchte, das Zahlungsbilanzdefizit in den Griff zu bekommen, ließen sich seine demokratischen Amtsnachfolger John F. Kennedy und Lyndon Johnson nicht durch außenwirtschaftliche Ungleichgewichte von ihrem innenpolitischen Programm abbringen. Sie wollten die Arbeitslosigkeit ab- und das soziale Netz ausbauen – notfalls mit Hilfe von Haushaltsdefiziten. Ihre Fiskalpolitik führte zwangsläufig zu Preissteigerungen, die wiederum die Aussichten der Exporteure auf dem Weltmarkt verdarben.

Wie sein Vorgänger setzte Kennedy auf den Abbau von Handelsbarrieren, um das Exportgeschäft anzukurbeln, und leitete 1962 eine neue GATT-Runde ein mit dem Hauptziel, den Handel mit Europa zu erweitern. Diese Absicht, wie auch die Umwandlung der Organisation für europäische wirtschaftliche Zusammenarbeit – OEEC – in ein transatlantisches Gremium – die OECD –, zeigt den hohen Stellenwert, den Washington nach wie vor einer Stärkung der atlantischen Beziehungen einräumte. Sie weist aber auch auf eine wachsende Besorgnis über die Entstehung eines geschlossenen, konkurrierenden Wirtschaftsraums in Europa hin. Der Übergang zu linearen Zollsenkungen brachte neuen Schwung in den Liberalisierungsprozeß und führte nach fünfjährigen Verhandlungen zu einer Herabsetzung der Industriezölle um durchschnittlich 35%. Washingtons

Bemühungen, auch die Agrarzölle in die Handelsliberalisierung mit einzubeziehen, konnten sich gegen den Widerstand de Gaulles jedoch nicht durchsetzen.
Inzwischen wiesen Amerikas Handelsbilanzziffern, nach vorläufiger Verbesserung in der ersten Hälfte der 60er Jahre, einen stetigen Abwärtstrend auf, der 1971 zum ersten Handelsbilanzdefizit seit 1883 führte. Der Kongreß reagierte erneut mit einer Welle protektionistischer Gesetzentwürfe, und die Johnson-Administration zwang den Japanern und neuen Konkurrenten aus der Dritten Welt weitere Selbstbeschränkungsabkommen auf. Gleichzeitig ließen Kriegsausgaben in Südostasien die Löcher in der Zahlungsbilanz immer größer werden.

Vom festen zum schwankenden Dollar

Washington war offensichtlich auch nicht bereit, dem Vertrauensverlust des Dollars durch eine Korrektur seiner inflationsfördernden Expansionspolitik entgegenzuwirken. Als Alternative hätte sich eine Dollarabwertung angeboten. Sie hätte mittelfristig dem Importdruck geschwächt, ohne den innenpolitischen Spielraum dramatisch einzuengen. Diese Lösung hätte jedoch an der festen Gold-Dollar-Parität, dem Grundstein der internationalen Leitstellung des Dollars, gerüttelt, wozu Washington nicht bereit war. Statt dessen schob die Administration den Handelspartnern den »Schwarzen Peter« zu in der Hoffnung, sie würden freiwillig ihre Währungen gegenüber dem

Dollar aufwerten, und begnügte sich mit einer Reihe von kurzfristigen Abmachungen zur Finanzierung des Zahlungsdefizits und zur Stützung des Dollarkurses.
Die Franzosen, denen die »Dollar-Hegemonie« seit je ein Dorn im Auge war, rebellierten, indem sie von ihrem Recht Gebrauch machten, durch Goldkäufe zum festen Dollarpreis Amerikas Goldreserven in Fort Knox nach Frankreich zu verlagern. Washington konnte die deutsche Bundesregierung von dieser Taktik abbringen, indem es ihr 1967 zusicherte, bei Einstellung der Goldkäufe die US-Truppenzahl in Westdeutschland nicht zu verringern. Andere europäische Staaten nahmen es Amerika übel, daß ihre Notenbanken zum Kauf teurer Dollars verpflichtet waren, um einen unangemessenen Dollarkurs aufrechtzuerhalten, während Washington ungestraft die Entwertung desselben Dollars betrieb. Zudem würden US-Konzerne mit den überbewerteten US-Dollars obendrein europäische Firmen aufkaufen, während sich die Regierung einen ideologisch bedenklichen Krieg leistete.
Als die Bundesbank, die durch ihre Dollarstützungskäufe zudem einen Inflationsschub befürchten mußte, 1971 ihre Geldmarktinterventionen einstellte, war für Washington das Spiel aus. Ohne die Verbündeten zu konsultieren schloß Präsident Richard Nixon den Goldschalter, erhob einen Zuschlag von 10% auf alle Importe und verlangte durch Wechselkursänderungen und Handelskonzessionen eine Entlastung der Handelsbilanz um 13 Milliarden Dollar. Mehrjährige Verhandlungen führten dann zur Dollarabwertung.

Der Dollar auf Achterbahnfahrt

Seit Mitte 1973 war der Dollar de facto seiner Bindung an die europäischen Währungen und an das Gold enthoben. Dadurch hoffte Washington, dem außenwirtschaftlichen Zwang zur Korrektur seiner Innenpolitik weiterhin entgehen zu können. Oft versuchten Regierung und Notenbank den Dollar mit Worten zu stützen, meistens aber schauten sie gelassen zu, wie der Kurs auf den Devisenmärkten allmählich absackte. Durch diese Politik des »benign neglect« konnte Washington die sinkende Konkurrenzfähigkeit der US-Wirtschaft ausgleichen oder zumindest übertünchen.

Da das US-Handelsdefizit auch nach der ersten Dollarabwertung zunächst weiter anschwoll, verschärfte sich der protektionistische Druck aus der Wirtschaft und dem Kongreß; dort wurden die Ursachen der Defizite in den unfairen Praktiken der Handelspartner vermutet. Hatte nicht Nixons Handelsminister selber schon festgestellt, daß der Uncle Sam »in vielerlei Hinsicht gegenüber dem Rest der Welt der Uncle Sucker« – das dumme Opfer – gewesen sei? Wieder versuchte die Exekutive dem internen Begehren nach Schutz mit einer Reihe von importbeschränkenden und marktaufteilenden Vereinbarungen mit den stärksten ausländischen Konkurrenten zuvorzukommen.

1973 erhielt die Administration vom Parlament den Segen zu einer siebten multilateralen GATT-Runde, bekannt als die Tokio-Runde, die sich neben den Industriezöllen auch der Agrarpolitik und nichttarifä-

rer Handelshemmnisse annehmen sollte. Nach fünfeinhalb Jahren einigten sich die Unterhändler 1979 auf Zollsenkungen von durchschnittlich 33%, auf Verhaltenskodizes für die staatliche Exportförderung und die Vergabe öffentlicher Aufträge sowie auf den Abbau handelshemmender technischer Produktnormen. Trotz der Breite der Vereinbarungen blieben ihre Auswirkungen hinter den Erwartungen Washingtons zurück.
Der darauf folgenden Uruguay-Runde ging wieder die bekannte Folge von legislativem Druck und exekutiver Vorbeugung bzw. Ausweichung auf die internationale Ebene voraus, diesmal allerdings auf dramatische Weise. Der Dollar erreichte 1980 einen vorläufigen Tiefpunkt bei 1,80 DM. Diese Dollarschwäche führte zwar zum Abbau des Handelsdefizits, belebte aber gleichzeitig die Inflation. Infolgedessen führte die US-Notenbank eine konsequente Stabilisierungspolitik ein, die bei gleichzeitiger Zunahme der Staatsausgaben und des Privatkonsums die Zinssätze in die Höhe trieb und den Dollar zur attraktivsten Anlagewährung für ausländische Investoren machte. Aufgrund der Auslandsnachfrage schnellte der Dollar innerhalb von wenigen Jahren auf den doppelten DM-Kurs, mit verheerenden Folgen für einheimische Produzenten.
Die Tatsache, daß die Administration nichts dagegen unternahm, im Gegenteil die Dollarhausse als Bestätigung ihrer angebotsorientierten Wirtschaftspolitik feierte, drehte sich die Wechselkursspirale bis Anfang 1985 noch schneller. Erst dann leitete die Mannschaft von Präsident Ronald Reagan eine internatio-

nal konzertierte Notenbankaktion ein, um den »Astrodollar« heil auf die Erde zu bringen.
Inzwischen hatte das Handelsdefizit das bislang unvorstellbare Niveau von 100 Milliarden Dollar überschritten und erreichte 1987 seinen Höhepunkt mit 170 Milliarden Dollar. Millionen von Industriejobs waren der Importflut zum Opfer gefallen. Neben der wirtschaftlichen Umstrukturierung fanden auch Verschiebungen in den innenpolitischen Kräfteverhältnissen mit langfristigen Folgen für die zukünftige Handelspolitik statt.

Handelspolitik in der innenpolitischen Mühle

Während das Weiße Haus mitten im Geschäftsviertel der Bundeshauptstadt steht, ruht das Kongreßgebäude am anderen Ende der Pennsylvania-Avenue wie ein Schloß auf seinem Hügelchen und überwacht Stadt und Land. In der Politik jedoch sollte das Oval-Office des Präsidenten, abseits und abgeschirmt vom Tagesgeschäft, weite Sicht über die Lage der Nation bieten, während die Bürotür des Parlamentariers jedem Besucher und Bittsteller offensteht.
Im Demokratieverständnis der meisten amerikanischen Bürger und Politiker hat der einzelne Parlamentarier in erster Linie als Deputierter und Vertreter seines Wahlkreises nach dessen Interessen im Kongreß zu handeln – eine Erwartung, die durch die Häufigkeit der Parlamentswahlen durchaus Auswirkungen auf die Politik hat. Demzufolge muß der auf politisches Überleben bedachte Parlamentarier auf Stim-

mungswechsel flexibel reagieren, ungeachtet seiner persönlichen Überzeugung oder Parteizugehörigkeit. Aus Wahlkreisen, wo stimmen- und spendenreiche Wirtschaftsinteressen durch Importe beeinträchtigt werden, ist deshalb gewöhnlich mit protektionistischen Gesetzesinitiativen zu rechnen.
Das liberale Gedankengut ist zwar in der Psyche der meisten US-Bürger fest verwurzelt. Doch wenn es um den Außenhandel geht, scheinen sie einem kollektiven Gefühl der nationalen Solidarität zu unterliegen. Von einem verbreiteten Einkaufspatriotismus oder einer ausgeprägten Konsumxenophobie ist hier gewiß nicht die Rede. Immerhin haben Meinungsumfragen wiederholt hervorgehoben, daß eine Mehrheit der Bürger prinzipiell den freien Handel dem Protektionismus vorzieht. Eine ebenso deutliche Mehrheit schreckt aber nicht vor dem konsequenten Einsatz von Zöllen oder anderen Einfuhrrestriktionen zurück, wenn es um die konkrete Bedrohung einheimischer Arbeitsplätze durch die ausländische Konkurrenz geht.
In der Regel aber interessieren sich die meisten Wähler kaum für solche Fragen und überlassen den Wettkampf um das Ohr und Herz der Gesetzgeber partikularen Interessen. Für sie stellt Washington einen Pilgerort dar, um Macht und Einfluß zu sichern. Die Zahl der Interessengruppen – Konzerne, Gewerkschaften, Berufsverbände, Industriebranchen, Koalitionen, Ländervertretungen usw. – und ihrer Vermittler – Berater, Lobbyisten und Werbungsfirmen – geht in die Tausende. Da eine günstige politische Entscheidung sehr gewinnträchtig sein kann, ist der Andrang

der Interessengruppen groß. Erfolgreiche Vermittler lassen sich entsprechend bezahlen. International gilt die Washingtoner Bürokratie als sehr offen, denn sie ist oft auf die Auskunft, die Expertise und die Argumente angewiesen, die die Vertreter von Interessengruppen gern liefern. Der gesetzlichen und bürokratischen Regelung der Exportförderung, des Importschutzes, der Anpassungshilfe und vieler anderer Einrichtungen gehen üblicherweise offizielle und andere Konsultationen, Meinungsforschung, öffentliche Anhörungen sowie Werbekampagnen voraus.
Die Interessengruppen lassen sich grob in zwei Lager aufteilen: auf der einen Seite die exporttüchtigen oder multinationalen Produzenten, Verbände und Finanzinstitute, die handelsbejahend agieren und in den 50er und 60er Jahren ihren größten Einfluß erlangten. Ihnen gegenüber stehen die Firmen und Belegschaften wettbewerbsschwacher Zweige, vor allem in den traditionellen Industrien, die den Handel lieber eingeschränkt sähen und die seit den 70er Jahren immer zahlreicher werden.

Das Tauziehen zwischen Kongreß und Präsidenten

Die Übertragung handelspolitischer Kompetenzen an die Exekutive 1934 war nicht zuletzt ein Versuch der demokratischen Mehrheit gewesen, sich dem Druck der protektionistischen Kräfte im Lande zu entziehen. Die Demokraten betrachteten das exekutive Verhandlungsmandat als befristet und bedingt und behielten sich bei dessen Verlängerung die Möglichkeit vor, die exekutive Strategie unter die Lupe zu nehmen und zu korrigieren. Die Republikaner dagegen standen der Hullschen Liberalisierungspolitik bis zum Ende des zweiten Weltkriegs überwiegend ablehnend gegenüber. Als sie in den Nachkriegsjahren gelegentlich anstelle der Demokraten die Mehrheit im Kongreß errangen und dadurch eine Teilverantwortung für die gesamte Außenpolitik auf sich nahmen, warfen sie den GATT-Prozeß jedoch nicht über Bord, sondern begnügten sich damit, das Verhandlungsmandat der Exekutive zum Schutz der einheimsichen Industrie einzuschränken. Dieser Wandel ist im wesentlichen auf den Einfluß der international orientierten Parteiführung und der Eisenhower-Administration zurückzuführen. Da das unbedingte Eintreten für den Freihandel in Teilen der Demokratischen Partei im Laufe der 50er Jahre nachließ, verringerte sich die handelspolitische Kluft zwischen den beiden Fraktionen.

Die Kongreßführung versuchte, die Freihandelspolitik der Exekutive mit Rücksicht auf Interessengruppen abzufedern, um die Parlamentarier für weitere Liberalisierungsschritte bei der Stange zu halten. Sie nutzte ihren Einfluß in den für Handelsfragen zuständigen Ausschüssen aus, um restriktive Gesetzentwürfe zu entschärfen oder auf Eis zu legen. Zu einer offenen Plenumabstimmung über einzelne Schutzanträge, wie beim Smoot-Hawley-Debakel, sollte es nie wieder kommen. Solche Verfahren ermöglichten es dem einzelnen Parlamentarier, die Gefahren der ungeregelten Einfuhr in der Öffentlichkeit laut anzu-

prangern und sich als patriotischer Verteidiger amerikanischer Arbeiter gegen unlautere ausländische Geschäftspraktiken hervorzutun, ohne die existierende Handelsordnung ernsthaft zu gefährden. Der Präsident seinerseits verstand es, mit neuen Verhandlungserfolgen den Protektionisten den Wind aus den Segeln zu nehmen. Rückschlägen und zunehmenden Friktionen zum Trotz konnte durch dieses Zweckbündnis zwischen Parlament und Präsidenten das durchschnittliche Zollniveau unter die Fünf-Prozent-Schwelle gesenkt werden.
Nach und nach wurde das Verhandlungsmandat der Exekutive erweitert, um multilaterale Verhandlungen (1945) und gleichmäßige (lineare) Zollsenkungen auf breiter Front (1962) zu ermöglichen. Im Gegenzug setzten die Parlamentarier schärfere Kontrollmöglichkeiten für sich und staatliche Anpassungs- bzw. Umschulungshilfen für betroffene Firmen und Arbeitnehmer durch. Falls die zugelassenen Importe nach Befinden der Zollkommission Schaden bei einheimischen Firmen anrichteten, durfte die Exekutive vorübergehend wieder Importbeschränkungen einführen.
Innerhalb der Exekutive sind handelspolitische Kompetenzen auf eine Vielzahl von Ministerien und Behörden verteilt. Für die Führung zwischenstaatlicher Handelsgespräche war seit den Tagen Hulls das Außenministerium zuständig, und dies zeigte die Vorrangstellung der Außenpolitik. Seine engen Kontakte zum Ausland machten das Außenministerium aber in den Augen vieler Kongreßmitglieder zu einem ungeeigneten Vertreter nationaler Anliegen in den zähen

multilateralen Handelsrunden; im Interesse der diplomatischen Harmonie sei das Ministerium oft den Verhandlungspartnern zu weit entgegengekommen.
Vor der Aufnahme der Kennedy-Runde 1962 überzeugten die Kongreßführer den Präsidenten, die Stelle eines Sonderbeauftragten für Handelsfragen innerhalb des Präsidialamtes einzurichten, der den US-Unterhändlern das Rückgrat stärken sollte. Gegen die Versuche nachfolgender Präsidenten, den »Kongreßagenten« aus ihrer Domäne hinauszukomplimentieren oder anderswo einzusetzen, reagierten die Gesetzgeber energisch: Sie zeichneten ihren Schützling mit dem Botschafterrang aus und erhoben ihn in das Kabinett. Seine eigentliche Funktion war die eines Vermittlers zwischen Weißem Haus und Kapitol.
Beim Auftakt zur Tokio-Runde 1974 weitete der Kongreß die exekutiven Verhandlungsvollmachten auf den nichttarifären Bereich aus. Die Ergebnisse der Runde mußten deshalb den Parlamentariern anschließend zur Bestätigung vorgelegt werden. Unter der Voraussetzung, daß die Kongreßführung an der Formulierung der Verhandlungsziele und -strategien mitwirken durfte, erfolgte die Ratifizierung dann aber im Schnellverfahren (»fast-track procedure«), das eine zügige Abstimmung ohne Änderungsanträge garantierte. Das Verfahren erweiterte die Verhandlungsvollmacht der Exekutive und verstärkte gleichzeitig den Einfluß des Parlaments auf die Ergebnisse.

Die Freihandelskoalition beginnt abzubröckeln

Unter dem wachsenden Importdruck Ende der 60er Jahre verschlechterte sich die Stimmung am Kapitolshügel. Die Freihandelskoalition begann abzubröckeln, die Parteien fanden sich in einer neuen, ungewöhnlichen Rolle. Ein protektionistischer Gesetzentwurf von 1970 entzweite das demokratische Lager und konnte nur mit Stimmen der Republikaner im Senat zu Fall gebracht werden. Der Dachverband der Gewerkschaften, bis dahin eher den Freihändlern zuzuordnen, wechselte die Seiten. Während Washington auf internationaler Ebene den Liberalisierungsprozeß fortsetzte, gerieten immer mehr traditionelle Industrien unter Druck. Ihnen folgten später auch moderne Hoffnungsträger im Bereich der Elektronik, der Telekommunikation, der Informatik und des Maschinenbaus.

Gedämpftes Wachstum und drei Rezessionen erschwerten die fällige strukturelle Anpassung. Nichttarifäre Handelshürden und diskriminierende Verfahren machten sich in allen Ländern breit. Wettbewerbsschwache Industrien beklagten sich über unfaire Handelsbedingungen und fanden in der Öffentlichkeit Resonanz. Politiker gingen mit Kritik an der Handelspolitik auf Stimmenfang. Der liberale Konsens wurde zum Opfer parteipolitischer Konkurrenz und geriet ins Schwanken. Angesichts starker Dollarschwankungen und chronischer Handelsbilanzdefizite mehrten sich auch bei den Führungseliten die Zweifel an der Heilkraft des freien Handels.

Im Parlament, einst die Domäne von »Parteibaro-

nen« und »Ausschußfürsten«, kehrte in den 70er Jahren ein neuer Besen. Eine junge Generation von Parlamentariern mit lockerem Bezug zur Parteihierarchie stürzte die Gerontokratie der Altgedienten und teilte die Führungsmacht auf neugebildete Ausschüsse und Unterausschüsse auf. Mit Expertenberatern und erweiterten Stäben machte sich der Kongreß selbstbewußt daran, die Prärogative des Präsidenten zu brechen. Mit dem neuen Abgeordnetentyp kamen auch die Öffentlichkeit und die Medien in das Kapitol – bis in die Arbeitsräume. Demokratisiert, dezentralisiert und durchleuchtet war der Kongreß nun stärker denn je dem Lobbydruck ausgesetzt. Allerdings konnte durch das Schnellverfahren der Einfluß protektionistischer Kräfte auf die Handelsgesetze von 1979 und 1984 begrenzt werden.
Im Laufe der Reagan-Präsidentschaft 1981 – 1988 verschlechterten sich die Beziehungen zum Kongreß dramatisch. Anstatt wie seine Amtsvorgänger der Neigung des Kongresses zu einseitigen neuen Handelsregelungen durch eine aktive multilaterale Verhandlungspolitik vorzubeugen, setzte die Exekutive die Handelsreform zunächst auf Sparflamme und predigte laissez-faire-Lösungen, währenddessen das Handelsbilanzdefizit ein atemberaubendes Ausmaß annahm. Die Parlamentarier fühlten sich verlassen und verkauft und reagierten auf die steigende Pression aus vielen Ecken der Wirtschaft mit einer Flut von restriktiven Gesetzentwürfen, die zum Teil nur als Mahnung an den Präsidenten gemeint waren. Bis die Administration den Ernst der Lage erkannte,

das Steuer herumwarf und Initiativen wie eine neue GATT-Runde in die Wege leitete, hatte die Forderung nach Protektionismus eine Eigendynamik entwickelt, die nur mit Mühe zu bremsen war. Das Weiße Haus geriet in die Defensive und mußte mit Einfuhrbeschränkungen auf breiter Front nachgeben.

Das Handelsgesetz von 1988

Unter solchen Umständen wundert es, daß das Mantelgesetz über Handel und Wettbewerbsfähigkeit von 1988, das zum ersten Mal seit 1930 wieder aus der Feder des Kongresses stammte, nicht restriktiver ausfiel. Dennoch war der Freihandel gefährdet. Das Gesetz führte die bisherige Entwicklung der Gesetzgebung nach deren innerer Logik entschlossen fort und entfernte Amerika noch weiter vom freien Handel.
Das Gesetz erweiterte die exekutiven Verhandlungsvollmachten für die 1986 angelaufene Uruguay-Runde des GATT und für bilaterale Freihandelsabkommen, erleichterte Kontrollen bei der Technologieausfuhr, stockte die Mittel für Exportförderung auf, verbesserte den Urheberschutz und dehnte die parlamentarische Aufsicht über die Währungspolitik und das Management der Schuldenkrise durch neue exekutive Berichtspflichten auf aus. Außerdem senkte es die Hemmschwelle für Anklagen gegen unfaire Handelspraktiken und überließ dem Handelsbeauftragten weitgehend die Anordnung von Vergeltungsmaßnahmen.

Weitere Bestimmungen des Handelsgesetzes zeigten neue politische Wege auf, um vom freien zum »fairen Handel« zu gelangen. Das Ziel des verschärften Retorsionsabsatzes »Super 301« war es, vermeintlich diskriminierende Handelsbarrieren durch eine strikte und einseitige Interpretation des Gleichbehandlungsprinzips zu beseitigen, um so US-Exporteuren »das Spielfeld zu ebnen«. Handelssünder sollten öffentlich angeprangert und unter Androhung von Vergeltungsmaßnahmen zu Konzessionen, einschließlich der Anpassung nationaler Gewohnheiten und Geschäftspraktiken an die amerikanische Norm, veranlaßt werden.

Diese Art von aggressiver Exportförderung stieß bei den Handelspartnern auf scharfe Kritik. Trotzdem ließ sich Japan auf Gespräche über die »strukturellen Hindernisse« im Warentausch mit den USA (SII) ein, wohl wissend, daß es von den Kongreßfalken und breiten Teilen der Bevölkerung als Handelsfeind Nummer Eins angesehen wird.

Ohne gegen die Buchstaben des Gesetzes zu verstoßen oder ihre Handelsforderungen einzuschränken, übte Reagans Amtsnachfolger und Parteigenosse George Bush lange Zeit diplomatische Zurückhaltung bei der öffentlichen Kritik an den abtrünnigen Handelspartnern, wohl um die Stimmung bei der Uruguay-Runde nicht zu vergiften. Wenige Länder wurden wegen systematischer Verstöße gegen von amerikanischer Seite als »fair« definierte Handelspraktiken mit einem scharlachroten »P« für Prioritätsfälle gebrandmarkt. Der Fall Japan zeigt, daß mancher Streitpunkt durch Verhandlungen beseitigt wurde.

Der Rückgang des US-Handelsdefizits und der Beitrag der steigenden Ausfuhr zum Gesamtwachstum und zur Beschäftigung seit dem Inkrafttreten des Handelsgesetzes haben die kritische Stimmung am Kapitolshügel und in der Öffentlichkeit gegenüber Japan und anderen erfolgreichen Handelspartnern wenig entschärft. Im Wahlkampf um die Präsidentschaft 1992 zeigten sich alle drei Kandidaten besorgt um die internationale Wettbewerbsfähigkeit der US-Wirtschaft.
Als Kandidat der Demokratischen Partei weckte Bill Clinton Erwartungen auf einen härteren Umgang mit den »unfairen« Praktiken der US-Handelspartner, ohne sich auf die Linie der Protektionisten in seiner Partei festzulegen. Er versprach, dem Staat eine größere Rolle beim Ausbau der produktiven Infrastrukturen und bei der Förderung der Ausbildung sowie der technologischen Innovation einzuräumen als sein Vorgänger.
Wie der Präsident Clinton seine Industriepolitik konkret gestalten würde und welche Korrekturen bei einem Ausbleiben des erhofften Aufschwungs in Frage kämen, war nach seinem Wahlsieg noch offen. Seine undogmatische Haltung zur Freihandelslehre, das Schielen nach unversteuerten Erträgen ausländischer Tochtergesellschaften in den USA sowie die zu erwartende Unterstützung der demokratischen Kongreßmehrheit bei einer eventuellen Verschärfung des Handelsgesetzes, das alles hat nicht nur bei Amerikas Handelspartnern schon für Unsicherheit hinsichtlich der zukünftigen US-Handelspolitik gesorgt.

Regionale Freihandelsinitiativen

Obwohl die Bush-Administration die erfolgreiche Beendigung der Uruguay-Runde zum höchsten Ziel ihrer Handelspolitik machte, hat sie auch keinen Hehl aus ihrer Verärgerung über die Unbeweglichkeit des GATT gemacht, das Spötter in das »General Agreement to Talk and Talk« umbenannten. Vor den Präsidentschaftswahlen 1992 versuchte sie die öffentliche Aufmerksamkeit auf eine zweite Gesprächsrunde umzulenken, die zum Abschluß eines nordamerikanischen Freihandelsabkommens (NAFTA) führen sollte. Mit 360 Millionen Einwohnern und einem Sozialprodukt von 6,5 Billionen Dollar wäre der gemeinsame Markt Kanada-Mexiko-USA der größte der Erde.

Stufe Eins wurde schon 1988 mit der Unterzeichnung eines Freihandelsabkommens zwischen Toronto und Washington erreicht. Das bilaterale Handelsvolumen ist schon das größte der Welt. Zwei Jahre später meldete Mexiko Interesse an einer Erweiterung des Zusammenschlusses. Die Verschärfung der protektionistischen Stimmung in den Vereinigten Staaten weckten in beiden Nachbarländern Sorgen um ihren zukünftigen Zugang zum riesigen US-Absatzmarkt, der rund 70% der Exporte Kanadas und Mexikos aufnimmt. Auch für Amerika ist Kanada mit rund 17% der Gesamtausfuhr der beste Exportkunde, während Mexiko hinter Japan an dritter Stelle mit 7% steht.

Dem mexikanischen Präsidenten Carlos Salinas de Gortari könnte der Anschluß an den »Koloß im Norden« helfen, den Mitte der 80er Jahre eingeleiteten

Übergang zur offenen Marktwirtschaft zu beschleunigen und das seit einigen Jahren zu- und zurückfließende Auslands- und Fluchtkapital, das meist in kurzfristigen Portfolioinvestitionen angelegt wurde, im Lande zu binden. Die hohe Investitionstätigkeit dürfte laut einer Studie des Washingtoner Instituts für Internationale Wirtschaftspolitik (IIE) bis 1995 dem Entwickungsland netto mehr als eine halbe Million zusätzliche Arbeitsplätze verschaffen.
An stabilen und berechenbaren Wirtschafts- und Gesellschaftsverhältnissen im südlichen Nachbarland ist auch Washington interessiert, während die verarbeitende und Schwerindustrie der USA den schnell expandierenden Absatzmarkt, zum Teil auch die erheblich billigeren Arbeitskräfte Mexikos im Visier hat. Von der NAFTA verspricht sich das IIE eine Verbesserung der US-Handelsbilanz um 10 Milliarden Dollar und einen Netto-Beschäftigungsgewinn von über 150.000 Stellen. Trotz solcher Prognosen fürchten sich schwächere Firmen und weniger qualifizierte Arbeitnehmer im Stahl-, Textil- und Landwirtschaftssektor vor einer Welle billiger mexikanischer Importe.
Kritisch sind auch US-Ökogruppen, die auf den unkontrollierten Städtebau am südlichen Ufer des Rio Grande hinweisen, wo sich die »maquiladoras« – die Veredelungsstätten von US-Konzernen – angesiedelt haben. Als Antwort auf diesen Fingerzeig und auf die Drohung der demokratischen Opposition im US-Kongreß, die NAFTA im Senat zu blockieren, haben Washington und Mexiko City bis 1995 Investitionen in Höhe von einer Milliarde Dollar

für Entsorgungsanlagen geplant und eine Verschärfung der Umweltschutzkontrollen angekündigt.
Als Präsidentschaftskandidat hatte Clinton die Sorgen der Umweltschützer und der von Entlassung bedrohten Arbeiter hervorgehoben und seine Unterstützung für den Vertrag von Verbesserungen abhängig gemacht.
Die Bedeutung der Dreiergemeinschafdt für die zukünftige US-Handelspolitik ist noch unklar. Wie sehr sich Washington auch bemüht, den relevanten GATT-Vorschriften über die Errichtung von Freihandelszonen zu folgen, so entsteht doch der Eindruck einer weiteren Distanzierung von der multilateralen GATT-Strategie. Das Prinzip der unbedingten Meistbegünstigung spielte für Washington eine zentrale Rolle bei der Entstehung des GATT. Trotzdem war es bereit, im Interesse eines starken Westeuropas Ausnahmen zu genehmigen, bis hin zu den Assoziierungsabkommen der EG. Auch Washingtons unterschiedliche Behandlung der sozialistischen Länder verstieß gegen das Nichtdiskriminierungsprinzip. Die Bevorzugung des Handels mit der Karibikregion seit 1983 sollte diese Länder gegen den Castro-Sandinista-Bazillus resistent machen. Diese Fälle zeigen noch einmal die übergeordnete Stellung des kalten Krieges für die US-Handelspolitik. Auch das erste Freihandelsabkommen mit Israel 1985 war primär politisch bedingt.
Für die Beziehungen mit Kanada und Mexiko sprechen dagegen eindeutig ökonomische Gründe. Es entsteht zusätzlicher Handel, und alle drei Teilnehmer dürften davon profitieren. Mit der Unterzeich-

nung des NAFTA-Abkommens im Sommer 1992 konnte Washington aber auch seine Karten in der laufenden GATT-Runde aufwerten. Es zeigte seinen Gesprächspartnern, die USA hätten andere Eisen im Feuer, sie könnten ohne einen Abschluß sehr wohl weiterleben. Washingtons wiederholt geäußerte Mahnung, die USA würden lieber kein Abkommen unterzeichnen als ein für sie schlechtes, gewann dadurch an Überzeugungskraft. In Hinblick auf die GATT-Verhandlungen stellt die NAFTA deshalb mehr Taktik als Strategie dar, denn sie wäre bestenfalls ein armer Ersatz für eine erfolgreiche Uruguay-Runde. Auch im Hinblick auf langfristige GATT-Ziele dürfte die NAFTA noch keine US-Abkehr vom Multilateralismus signalisieren. Eher stellt sie eine zusätzliche, zukunftsträchtige Option für die Vereinigten Staaten in einem Wirtschaftsraum dar, wo sie – mit 90 % der gesamten Produktion – weitgehend das Sagen haben dürften.

B. Europäische Außenwirtschaftspolitik auf dem Wege der EG zur Wirtschafts-, Währungsunion und Politischen Union – Implikationen für Amerika

Die Idee eines einheitlichen europäischen Binnenmarktes hat dem wirtschaftlichen und politischen Einigungsprozeß in Europa neue Schubkraft verliehen. Das ehrgeizige Vorhaben zwingt zugleich zu einer Neubestimmung des Verhältnisses der EG zu Drittländern. Denn zum einen schränkt der Binnenmarkt den Spielraum der einzelnen EG-Mitgliedsstaaten für eine eigenständige Außenwirtschaftspolitik radikal ein; sie müssen noch bestehende Kompetenzen in diesem Bereich an die Gemeinschaftsorgane abtreten, denen ihrerseits die schwierige Aufgabe zufällt, die nationalen »Restbestände« und unterschiedlichen Interessen in einer einheitlichen Strategie zu »bündeln«. Zum anderen wird erwartet, daß der Binnenmarkt die Wirtschaftskraft Europas und die internationale Wettbewerbsfähigkeit seiner Unternehmen nachhaltig stärkt. Dies sollte es der Gemeinschaft erleichtern, auch gegenüber Nichtmitgliedern Handelsschranken abzubauen, ganz im Sinne von Artikel 110 des EWG-Vertrages (EWGV), wo es im zweiten Absatz heißt, daß »bei der gemeinsamen Handelspolitik die günstigen Auswirkungen

berücksichtigt (werden), welche die Abschaffung der Zölle zwischen den Mitgliedsstaaten auf die Steigerung der Wettbewerbsfähigkeit der Unternehmen dieser Staaten haben kann«.
Mit der Vollendung des Binnenmarktes und der Weiterentwicklung zur Wirtschafts-, Währungs- und Politischen Union wächst der EG zugleich beträchtliche Verhandlungsmacht auf internationaler Ebene zu. Eine funktionstüchtige supranationale Wirtschaftseinheit EG wird, so sieht es der Amerikaner Daniel Burstein in seinem 1991 erschienen Buch »Weltmacht Europa«, »einen neuen und möglicherweise unverhältnismäßig großen Einfluß auf die weltweiten Diskussionen über so heikle Themen wie Handel, grenzüberschreitende Investitionen, Patente und geistiges Eigentum oder das globale Finanzsystem gewinnen.« Lestor Thurow, Professor am renommierten Massachusetts Institute for Technology (MIT) und scharfer Kritiker des bestehenden Weltwirtschaftssystems, erklärt die EG in seinem neuesten Werk (»Head to Head«, 1992) zum klaren Sieger in der »kommenden Wirtschaftsschlacht zwischen Japan, Europa und Amerika«, denn: »Mit dem Glockenschlag zur Mitternacht des 31. Dezember 1992 wird die Europäische Gemeinschaft ... umgehend zum größten Wirtschaftsmarkt der Welt.«
Wie wird sich die Außenwirtschaftspolitik der Zwölf vor diesem Hintergrund in Zukunft darstellen? Wie werden die unterschiedlichen außenwirtschaftlichen Interessen der Mitgliedsstaaten auf einen gemeinsamen Nenner gebracht, damit die Gemeinschaft in der Lage ist, kollektiv mit einer Stimme auf der inter-

nationalen Bühne zu sprechen? Welche Konsequenzen ergeben sich für das transatlantische Verhältnis?

Ein Blick zurück

Um diese Fragen zu beantworten, ist es sinnvoll, zunächst den Blick zurück auf die Gründungsphase der EG zu richten. In der ehemaligen Sechsergemeinschaft – bestehend aus der Bundesrepublik Deutschland, Frankreich, Italien, den Niederlanden, Belgien und Luxemburg – wurden die Handelshindernisse schnell abgebaut. Die Mengenbeschränkungen waren bei Industriegütern schon nach vier Jahren (im Januar 1962) vollständig beseitigt, zum 1. Juli 1968 fielen auch die letzten Zölle zwischen den Mitgliedsstaaten. Zum gleichen Zeitpunkt hatten die Sechs ihre Außenzölle gegenüber Nichtmitgliedern vereinheitlicht. Mit der Zollfreiheit im Inneren und dem Gemeinsamen Zolltarif (GZT) nach außen waren die Voraussetzungen für die Zollunion erfüllt – eineinhalb Jahre früher als im EWGV vorgesehen.
Der Abbau der internen Zoll- und Mengenschranken verlieh dem Handel zwischen den EWG-Mitgliedern kräftige Impulse. Zwischen 1958 und 1972 wuchsen die innergemeinschaftlichen Warenströme nahezu um das Zehnfache von 6,8 auf 61,4 Milliarden Dollar. Im Verhältnis zur gesamten Wirtschaftsleistung der EWG, der Summe aus den Sozialprodukten ihrer Mitgliedsstaaten, stiegen sie von 4,3 auf 9,1%. Die Verdoppelung dieser Relation spiegelt deutlich wider, daß sich bis zur ersten Erweiterung der Gemein-

schaft im Jahre 1973 Arbeitsteilung, Spezialisierung und Wettbewerb zwischen ihren Mitgliedern dynamisch entfaltet hatten.

Durch die Etablierung des GZT wurde die Industrie der Mitgliedsstaaten jedoch gleichzeitig vor ausländischer Konkurrenz geschützt, und es war damit zu rechnen, daß bestehender Handel zwischen EWG-Mitgliedern und Drittstaaten nunmehr auf die EWG umgelenkt oder gänzlich unterdrückt würde. Vor allem die USA fürchteten, in wichtigen Branchen vom Gemeinsamen Markt ausgeschlossen zu werden und vorhandene Marktanteile zu verlieren. Sie waren daher brennend an einer baldigen Senkung der EG-Außenzölle interessiert. Tatsächlich ist der GZT gar nicht erst in voller Höhe, als Mittelwert aus den am 1. Januar 1958 bestehenden nationalen Zöllen der EWG-Mitglieder, verwirklicht worden. Denn bereits zu Beginn der 60er Jahre wurden in der Dillon-Runde des Allgemeinen Zoll- und Handelsabkommens (GATT) multilaterale Zollsenkungen vereinbart, welche die EWG-Staaten, allesamt Mitglieder des GATT, bei der Berechnung des GZT berücksichtigen mußten.

Damals wurde den USA auch eine Kompensation für die Zollerhöhungen der Bundesrepublik Deutschland und der Beneluxstaaten angeboten, die vor der EWG-Gründung nur relativ niedrige Zölle erhoben hatten. Die tatsächlichen Zollerhöhungen dieser Länder blieben aber begrenzt, denn auf die Dillon-Runde folgte bereits ein Jahr später – 1963 – die Kennedy-Runde, in der die Verhandlungspartner, voran die »dominant suppliers« USA und EWG, einen

Abbau der Industriegüterzölle um etwa ein Drittel vereinbarten. Für die Hochzolländer der Gemeinschaft – Frankreich und Italien – bedeutete dies, daß sie einen doppelten Zollabbau in beachtlicher Höhe zu verkraften hatten, nämlich die Absenkung der nationalen Zölle auf das GZT-Niveau und die Senkung des GZT selbst.

Die handels*schaffenden* (trade creation) Wirkungen der EWG-Bildung und die *Ausweitung* (trade expansion) des Handels infolge gestiegener Einkommen waren daher um ein Vielfaches größer als die von der Integration bewirkte Handels*umlenkung* (trade diversion) und *-unterdrückung* (trade suppression). Schätzungen zufolge belief sich die Handelsschaffung in der EWG gegen Ende der 60er Jahre auf mehr als 8 Milliarden US-Dollar, während die Handelsumlenkung nur etwa 1 Milliarde Dollar betrug. Die Importe der EWG aus Drittländern stiegen zwischen 1958 und 1972 von 16,2 auf 57,8 Milliarden Dollar, weniger eindrucksvoll als der innergemeinschaftliche Handel, aber annähernd so stark wie das zusammengefaßte Bruttosozialprodukt der EWG-Mitglieder, das von 160,4 auf 675,6 Milliarden Dollar hinaufschnellte. Dies zeigt, daß die Arbeitsteilung zwischen den EWG-Staaten und der Außenwelt in der Gründungs- und Aufbauphase der Sechsergemeinschaft zumindest keinen schwerwiegenden Schaden genommen hat.

Die damalige Entwicklung wird daher häufig auch als Vorbild für die zukünftige Gestaltung des Verhältnisses der Gemeinschaft zu Nichtmitgliedern gepriesen. Für eine fundierte Einschätzung der Zukunft ist es jedoch notwendig, auch die Ereignisse nach 1972 zu analysieren. Denn die zwei Jahrzehnte, die seit dem Ende der Übergangszeit und der erfolgreichen Konsolidierung der Gemeinschaft vergangen sind, waren durch zahlreiche Widersprüche geprägt. Betrachtet man die Außenwirtschaft, so fällt ins Auge, daß hier eigenartigerweise eine Ambivalenz vorhanden ist. Um dies zu verdeutlichen, sei dies hier stark vereinfacht dargestellt:

- Einerseits ging der Zollabbau gegenüber Drittländern weiter voran.
- Andererseits wurden immer häufiger Handelsschranken nichttarifärer Art errichtet; sie trafen nicht nur Anbieter aus Drittländern, sondern haben auch den Handel innerhalb der Gemeinschaft erheblich beeinträchtigt.

Bilateraler und multilateraler Zollabbau

Auch in den krisengeschüttelten 70er Jahren senkte die EG ihre Außenzölle beträchtlich. Waren es zuvor vor allem die befürchteten Abschließungseffekte der Zollunion gewesen, die bei den Handelspartnern für Unruhe sorgten und so den multilateralen Zollabbau forcierten, bildete nunmehr die Vorzugsbehandlung, welche die Gemeinschaft bestimmten Ländergruppen gewährte, die Zielscheibe internationaler Kritik; erneut lieferte die EG-Politik den entscheidenden Anstoß für allgemeine Zollsenkungen.
Die EG war seinerzeit intensiv mit dem Bau ihrer handelspolitischen »Pyramide« beschäftigt:

- Nach dem Wechsel Großbritanniens, Irlands und Dänemarks von der Europäischen Freihandelsassoziation (EFTA) zur EWG am 1. Januar 1973 befreite die nunmehr auf neun Mitglieder erweiterte Gemeinschaft innerhalb von viereinhalb Jahren, bis zum 1. Juli 1977, die Industriegütereinfuhren aus den verbliebenen sieben EFTA-Ländern (Österreich, Schweiz, Portugal, Finnland, Norwegen, Schweden und Island) weitgehend von Zöllen und mengenmäßigen Beschränkungen und erlangte ihrerseits freien Zugang zu den EFTA-Märkten. Zum 31. Dezember 1983 fielen auch die letzten bedeutenden Zollschranken zwischen den beiden Ländergruppen. Die Spitzenposition der EFTA in der EG-Präferenzpyramide wurde am 2. Mai 1992 eindrucksvoll unterstrichen, als die Freihandelsabkommen der Gemeinschaft mit den einzelnen EFTA-Staaten in den gemeinsamen Vertrag über die Schaffung eines sich vom Nordkap bis nach Sizilien erstreckenden Europäischen Wirtschaftsraumes (EWR) einmündeten. (Die Bürger der Schweiz entschieden sich indes am 6. Dezember 1992 in einer Volksabstimmung gegen den Beitritt ihres Landes zum EWR.)
- Zollfreiheit für fast alle Produkte räumte die EG im Jahre 1973 in der Konvention von Lomé auch den ehemaligen Kolonien Frankreichs und Großbritanniens sowie einigen anderen, besonders armen Entwicklungsländern mit ähnlicher Wirtschaftsstruktur ein. Gegenleistungen mußten diese Länder aus dem afrikanisch-karibisch-pazifischen Raum, daher auch AKP-Staaten genannt, nicht erbringen. In der Zwischenzeit ist die Gruppe der so – und auch in ande-

rer Weise – von der EG begünstigten AKP-Ländern auf 69 Mitglieder angewachsen.

• Im Jahre 1972 ging die Gemeinschaft daran, das Mosaik ihre Beziehungen zu den Mittelmeerländern in einem »globalen Ansatz« neu zu ordnen. Die Mittelmeeranrainer von Marokko bis zur Türkei sollten besser gestellt werden als gewöhnliche GATT-Mitglieder, und die Vorzugsbehandlung sollte möglichst einheitlich sein, da die Exportstrukturen der Länder einander ähnelten. Sämtliche Industrieprodukte der Mittelmeerländer und ein Großteil ihrer Agrarerzeugnisse dürfen seither zollfrei oder zu wesentlich ermäßigtem Zoll in die EG exportiert werden.

Von einigen Staaten (Jugoslawien sowie den Mahgreb-Ländern Algerien, Marokko und Tunesien und den Mashrek-Ländern Ägypten, Jordanien, Libanon und Syrien) verlangte die EG keine Gegenleistungen, während andere Länder (Israel, Malta, Zypern und die Türkei) sich verpflichteten, auch die eigenen Märkte für EG-Produkte zu öffnen. Weitere Vergünstigungen stellte die Gemeinschaft einigen Mittelmeeranrainern im Zuge ihrer Öffnung gegenüber Osteuropa in Aussicht; denn die Liberalisierung der Ostimporte, die einen steilen Aufstieg der östlichen Länder in der Handelspyramide der EG signalisiert, bedeutet für die südlichen EG-Nachbarn potentiell eine erhebliche Verschärfung des Wettbewerbs und eine relative Schlechterstellung.

• Noch vor der »globalen« Mittelmeerpolitik etablierte die EWG im Jahre 1971 das Allgemeine Präferenzsystem (APS) für Entwicklungsländer. Darin gewährte sie den Ländern der Dritten Welt für eine

Vielzahl von Halb- und Fertigwaren zollfreien Zugang zum europäischen Markt, ohne von den Entwicklungsländern ihrerseits reziproke Zollsenkungen zu fordern. Einige »sensible« Produkte und die meisten Agrarerzeugnisse blieben freilich von der Zollfreiheit ausgenommen. Außerdem stehen die Vergünstigungen jährlich zur Disposition. Folglich waren – und sind – die allgemeinen Zollerleichterungen für Entwicklungsländer deutlich geringer als die speziellen Handelsvorteile für die AKP-Staaten, die Mittelmeeranrainer und neuerdings auch die Länder Osteuropas. Die EG mußte sich daher vor allem von ihren lateinamerikanischen Handelspartnern und einer Reihe asiatischer Entwicklungsländer trotz der auch diesen Staaten eingeräumten Vergünstigungen den Vorwurf der handelspolitischen Diskriminierung gefallen lassen.

Die bilateralen und einseitigen Zollsenkungen der EG bewirkten, daß die Gemeinschaft bald nur noch gegenüber einer Minderheit ihrer Handelspartner die vollen, in der Kennedy-Runde ausgehandelten Meistbegünstigungszölle erhob. Diese Länder, an erster Stelle die USA, erhielten daher faktisch von der EG nicht die in Artikel 1 des GATT verbriefte Meistbegünstigung, sondern mußten sich mit einem Platz auf den unteren Rängen der EG-Zollhierarchie begnügen; allein die ehemaligen Ostblockstaaten, soweit sie nicht dem GATT angehörten, standen seinerzeit zollpolitisch noch schlechter da.
Für amerikanische Anbieter ergab sich ein doppelter Nachteil: Sie wurden auf dem europäischen Markt

selbst diskriminiert, und sie standen auch auf den Märkten der EG-Partnerländer schlechter da, wenn diese mit der Gemeinschaft Gegenseitigkeit oder diskriminierende Ursprungsregelungen vereinbart hatten. So durften etwa EG-Zulieferungen in einige Partnerländer dort wie einheimische Erzeugnisse angesehen werden und wurden deshalb von den Exporteuren dieser Länder gegenüber nichteuropäischen Vorprodukten bevorzugt, da sie den für zollfreie Exporte in die EG notwendigen Ursprungsnachweis erleichterten. In den USA wurden zudem Befürchtungen geäußert, daß amerikanischen Unternehmen durch die (über den Zollabbau hinausgehende finanzielle, wirtschaftliche und industrielle) Zusammenarbeit der EG mit den karibischen AKP-Staaten lästige Konkurrenz »vor der eigenen Haustür« entstünde, so etwa im Tourismusgewerbe oder in arbeitsintensiven Branchen wie der Textil- und Bekleidungsindustrie.

Es verwundert daher nicht, daß die EG-Politik der Präferenzen und Gegenpräferenzen zu einem ständigen Zankapfel in den transatlantischen Beziehungen wurde. Vor allem die Mittelmeerpolitik enthielt gefährlichen Zündstoff, hat sie doch unter anderem dazu geführt, daß die Zitrus-Bauern aus Florida und Kalifornien auf den europäischen Märkten weitgehend von ihren mediterranen Konkurrenten verdrängt wurden. Die USA haben auf diese Diskriminierung verschiedentlich mit handelspolitischen Strafaktionen gegen die EG reagiert, die ihrerseits Rückvergeltung übte. Gleichzeitig drängten die Amerikaner auf eine Fortsetzung des multilateralen Zoll-

abbaus, um so der europäischen Präferenzpolitik den Boden zu entziehen. Wenn nämlich das allgemeine Zollniveau gesenkt wird, schrumpft automatisch auch der Spielraum für die Gewährung von Vorzugszöllen; die Präferenzpolitik wird ausgehöhlt.
Diese Doppelstrategie der USA war insgesamt durchaus erfolgreich. Washington erlangte von Brüssel bilaterale Zugeständnisse, so zum Beispiel eine Liberalisierung der Futtermitteleinfuhren. Vor allem aber verpflichteten sich die Neun in der Tokio-Runde des GATT (1973-79), den gemeinsamen Zolltarif für Industriegüter in sieben jährlichen Schritten um ein weiteres Drittel zu kürzen. Tatsächlich erfüllte die Gemeinschaft ihre Schuldigkeit bereits ein Jahr früher als vereinbart, zum 1. Januar 1986. Zollpolitisches Entgegenkommen bewies die EG ebenfalls in den Verhandlungen der Uruguay-Runde, die im September des gleichen Jahres in Punta del Este eingeläutet wurde.
Im Zangengriff des bilateralen und multilateralen Zollabbaus tendiert daher der EG-Zolltarif allmählich gegen Null. Nur bei wenigen Produkten genießt die europäische Industrie noch einen nennenswerten Zollschutz. Die Zollunion der EG stellt deshalb für ihre Handelspartner, einschließlich der USA, keine ernsthafte protektionistische Bedrohung dar.
Während einerseits die traditionellen Schutzzölle fast zur Bedeutungslosigkeit herabsanken, breitete sich andererseits eine Fülle nichttariflicher Handelsschranken in der EG aus. Gleichzeitig verlagerte sich der Schwerpunkt handelsverzerrender Maßnahmen von der Grenze auf das Inland. An die Stelle der

»klassischen« Zölle und Quoten traten verstärkt neue Formen des Protektionismus, die eng mit der Entwicklung des modernen Wohlfahrtsstaates und einer wachsenden Regulierungsdichte zusammenhängen. Vom neuen Protektionismus der EG und ihrer Mitgliedsstaaten waren auch die USA in erheblichem Maße betroffen.

»Grüner« Protektionismus

Bereits in den frühen 60er Jahren entwickelte die EG ihre hoch protektionistische Gemeinsame Agrarpolitik (GAP) und schuf damit eine Quelle dauernder scharfer Auseinandersetzungen mit den USA. Den ersten großen »Sündenfall« im internationalen Agrarhandel der Nachkriegszeit hatten freilich zuvor die Amerikaner begangen. Sie hatten im März 1955 gemäß Artikel 25 des GATT für ihre Bauern eine Ausnahme (»waiver«) von den multilateralen Handelsregeln erwirkt, die es ihnen erlaubte – und heute noch erlaubt –, Teile des Agrarsektors, vor allem die Milchwirtschaft, mit Hilfe von Kontingenten und Sonderzöllen vor ausländischer Konkurrenz zu schützen; die internen Stützungsmaßnahmen zugunsten der Bauern wurden so nach außen abgesichert. Auf dieses »Vorbild« hat sich die Gemeinschaft immer wieder berufen, wenn ihr von amerikanischer Seite der Vorwurf des »grünen« Protektionismus entgegengeschleudert wurde. Der europäische Agrarschutz war – und ist – indes wesentlich breiter angelegt als der amerikanische. Neben der Milchwirtschaft werden auch die Getreideerzeuger, Geflügelzüchter, Schweine- und Rindermäster, Obstbauern, Winzer und Zukkerproduzenten geschützt. Das Arsenal der Schutzmaßnahmen umfaßt

- eine Fülle direkter und indirekter interner Subventionen, bestehend aus Finanzhilfen, Steuererleichterungen und – vor allem – garantierten Erzeugerpreisen, die alljährlich in nächtlichen Marathonsitzungen in Brüssel ausgehandelt werden;
- eine Vielzahl von Einfuhrhindernissen: Zölle, Kontingente, Selbstbeschränkungsabkommen mit ausländischen Erzeugern, Mindestpreise und – in erster Linie – variable Abgaben (»Abschöpfungen«), die dazu dienen, die Einfuhrpreise bestimmter Erzeugnisse (»Marktordnungsgüter«) wie Getreide, Rindfleisch, Geflügel, Olivenöl, Milch und Zucker so weit anzuheben, daß ausländische Anbieter ihre Kostenvorteile einbüßen;
- umfangreiche Exportsubventionen, mit deren Hilfe die aus überhöhten Inlandspreisen resultierende Überschußproduktion auf den Weltmarkt gedrückt und die exportierende inländische Ernährungsindustrie für überteuerte Vorprodukte entschädigt wird.

Mit solchen Mitteln wird der Inlandserzeugung Vorrang vor dem ausländischen Angebot eingeräumt. Diese »Gemeinschaftspräferenz«, neben der Einheitlichkeit des Marktes und der finanziellen Solidarität zwischen den Mitgliedsstaaten eine der drei tragenden Säulen der GAP, erregte von Anfang an den Unwillen der Amerikaner, gehörte doch die Landwirtschaft zu jenen Sektoren des internationalen Handels, in denen die USA komparative Vorteile für sich reklamierten, die ihnen nunmehr, so schien es, von den Europäern verwehrt wurden.

Für Zündstoff sorgte zunächst vor allem das System der variablen Einfuhrabschöpfungen. Bald nach seiner Etablierung im Januar 1962 kam es hierüber zu einem harten Schlagabtausch, der als »Hähnchenkrieg« in die Wirtschaftsgeschichte eingegangen ist. Denn zu den ersten Opfern der neuen EG-Regelung zählten die Erzeuger tiefgefrorener »Kentucky chikken«. Nachdem bilaterale Einigungsversuche fehlgeschlagen waren und ein GATT-Ausschuß (»panel«) im September 1963 den USA Anspruch auf Schadensersatz zuerkannt hatte, verhängten die Amerikaner auf eine Reihe europäischer Produkte hohe Strafzölle. Diese werden zum Teil noch heute erhoben, so zum Beispiel der Zoll auf kleine Lastkraftwagen, der mit 25 Prozent um ein Vielfaches höher liegt als der normale Automobilzoll der USA, der nur etwa drei Prozent beträgt. Dieser Zoll ist daher auch unter dem Namen »Hähnchen-Steuer« bekannt.

Von dem variablen Abschöpfungssystem ließen sich die Europäer auch in den GATT-Runden der 60er und 70er Jahre nicht abbringen. In der Kennedy- ebenso wie in der Tokio-Runde wurden sie deshalb von den USA hart bedrängt. Doch die Amerikaner ließen es wegen dieser Differenzen nicht zum Bruch kommen, zumal ihr Agrarexport seinerzeit trotz des europäischen Protektionismus blühte. Begünstigt durch einen schwachen Dollar erzielte die amerikanische Landwirtschaft von 1970 bis 1981 jährlich wachsende Handelsüberschüsse. Im Jahre 1981 betrug der Überschuß annähernd 25 Millionen Dollar – gegenüber weniger als 1 Milliarde Dollar im Jahre 1970 –, während die gesamte Handelsbilanz der USA, die 1970 noch ein leichtes Plus von 3 Milliarden Dollar aufwies, 1981 mit einem Defizit von fast 30 Milliarden Dollar abschloß. Der US-Anteil am Getreideexport der Welt verdoppelte sich in dieser Zeit von 35 auf 70%.

Im weiteren Verlauf der 80er Jahre trat hier jedoch eine radikale Änderung ein. Unter dem Einfluß der kräftigen Dollaraufwertung in der ersten Hälfte des Jahrzehnts – gegenüber der DM erhöhte sich der Wert der US-Währung um mehr als das Doppelte: von 1,71 DM im August 1980, seinem bis dahin tiefsten Punkt, kletterte der Dollar bis auf 3,49 DM im Oktober 1985 – schrumpfte der amerikanische Agrarüberschuß bis 1988 auf nur noch 7,5 Milliarden Dollar. Unterdessen stieg die EG bei Getreide zum Nettoexporteur auf: Mit jährlich rund 160 Millionen Tonnen übertraf die Getreideerzeugung in der Gemeinschaft deutlich den Eigenverbrauch, der sich auf rund 130 Millionen Tonnen belief; da aufgrund des Abschöpfungssystems Getreideeinfuhren praktisch nicht stattfanden, ergab sich ein Exportüberschuß von etwa 30 Millionen Tonnen. Neben der Einfuhrabschottung über die variablen Abgaben gerieten daher nun vor allem die wachsenden Exportsubventionen der EG in die Schußlinie der Kritik.

Die erste große Auseinandersetzung zwischen Amerika und Europa auf diesem Gebiet fand in den frühen 80er Jahren im Nahen Osten statt, wo die EG sich anschickte, den USA ihre angestammten Märkte für Weizenmehl abspenstig zu machen. Die Amerikaner riefen wegen der EG-Praktiken sogleich das GATT an, denn in der Tokio-Runde hatten die Handelspartner soeben verschärfte Bedingungen gegen Subventionen vereinbart.

Das GATT-Panel, das die Angelegenheit prüfen sollte, befand jedoch im Frühjahr 1983, daß der neue Subventionskodex nicht hinreichend »operational, stringent und effektiv« sei, um die Exportpraktiken der EG zu verurteilen. Die USA beschlossen daraufhin, mit gleicher Münze heimzuzahlen und ihrerseits den Weizenmehlexport kräftig zu subventionieren. Bei seinem Besuch in Australien im Januar 1992 bekräftigte Präsident Bush diese grundsätzliche Position: Solange die EG an ihrer massiven Exportförderung weiterhin festhalte und den »Eisernen Vorhang« des Protektionismus nicht hebe, werde Amerika sein eigenes Unterstützungsprogramm – bekannt als Export Enhancement Program (EEP) – fortführen und notfalls forcieren. Doch der transatlantische Agrarkonflikt sollte in noch viel stärkerem Maße angeheizt werden, als George Bush Anfang September 1992 während einer Wahlkampfveranstaltung mit Farmern ankündigte, den Export von 30 Millionen Tonnen Weizen in 28 Staaten mit rund 1 Milliarde Dollar zu unterstützen. »Die Ankündigung ist ziemlich kriegerisch und nicht hilfreich für fruchtbare Beziehungen zwischen der EG und den USA«, erklärte hierzu lakonisch ein Sprecher der EG-Kommission.

Der transatlantische Agrarkonflikt überschattet die Uruguay-Runde

Die Uruguay-Runde sollte mit diesem agrarpolitischen Rüstungswettlauf endlich aufräumen, greifen doch die Matadoren beiderseits des Atlantik nicht nur ihren eigenen Steuerzahlern tief in die Tasche, sondern fügen auch anderen Ländern schweren Schaden zu, die an sich über international wettbewerbsfähige Agrarprodukte verfügen, aber beim subventionierten Preiskampf der Giganten nicht mithalten können. Diese Länder, deren Wortführer sich in der »Cairns Group of Free Traders in Agriculture« zusammengeschlossen haben, attackierten daher gleichermaßen die USA wegen ihrer »räuberischen« Exportsubventionen und die EG ob ihres »totalen« Protektionismus. (Die Cairns Group – benannt nach dem australischen Ort Cairns, wo die Gruppe gegründet wurde – umfaßt neben drei Industrieländern mit starker Landwirtschaft – Australien, Neuseeland und Kanada – ein ehemaliges Ostblockland – Ungarn – und zehn Entwicklungsländer – Argentinien, Brasilien, Chile, Kolumbien, Uruguay, Indonesien, Malaysia, die Philippinen, Thailand und die Fidschi-Inseln –, die vor allem auf die Deviseneinnahmen aus dem Agrarexport angewiesen sind.)
Die Amerikaner traten daraufhin die Flucht nach vorne an und forderten einen Totalabbau handelsverzerrender Agrarinterventionen an allen drei Fronten: neben Importrestriktionen und Exportsubventionen sollten auch interne Stützungsmaßnahmen zugunsten der Landwirtschaft bis zum Jahre 2000 radikal

beseitigt werden. Nicht noch einmal wollten sie sich mit halbherzigen Teillösungen für einzelne Produktionsbereiche (Weizen in der Kennedy-Runde, Rindfleisch und Molkereiprodukte in der Tokio-Runde) abspeisen lassen. Neben den »neuen« Themen (Dienstleistungen, Schutz des geistigen Eigentums und Investitionen) genoß die Agrarfrage für die USA höchste Priorität. Wiederum war die EG jedoch keinesfalls gewillt, ihre gemeinsame Agrarpolitik preiszugeben, und verlegte sich auf die bewährte Taktik des Mauerns. Die Halbzeitkonferenz der Uruguay-Runde, die im Dezember 1988 in Montreal tagte, mußte deshalb um vier Monate verschoben werden. Erst als die Amerikaner von ihrer Maximalforderung abrückten, verpflichtete sich die Gemeinschaft zu einer »substantiellen und progressiven« Reduktion ihrer Subventionen.

Es dauerte weitere eineinhalb Jahre, bis die Europäer diese vage Formel in ein konkretes Verhandlungsangebot umsetzten, das die unterschiedlichen Interessen der einzelnen EG-Mitglieder auf einen Nenner brachte. Für die Handelspartner war das Ergebnis des EG-internen Abstimmungsprozesses freilich enttäuschend. Der Berg hatte gekreißt und eine Maus hervorgebracht: Die EG war lediglich dazu bereit, die internen Subventionen bis 1995 auf der Basis des Jahres 1986 um 30% zu vermindern; effektiv bedeutete dies nur einen Abbau um 15%, da die Gemeinschaft hier seit 1986 bereits die Subventionen um 15% gekürzt hatte. Bei den Importrestriktionen und, was für die USA und andere Agrarexportländer das Hauptärgernis bildete, den Exportsub-

ventionen wollten die Europäer sich hingegen nicht auf bestimmte Kürzungssätze festlegen. Damit war die Brüsseler Konfrenz vom Dezember 1990, die eigentlich die Uruguay-Runde hatte abschließen sollen, zum Scheitern verurteilt.
Um die Verhandlungen aus der Sackgasse herauszuführen und doch noch zu einem guten Ende zu bringen, schlug Arthur Dunkel, der Generaldirektor des GATT, im Dezember 1991, ein Jahr nach der mißglückten »Abschluß«-Konferenz, den Kontrahenten einen Kompromiß vor:

- Binnen sechs Jahren sollte die interne Preisstützung um 20% abgebaut werden, ausgehend vom Durchschnittsniveau der Jahre 1986 bis 1990.
- Im gleichen Zeitraum und auf gleicher Basis wären Zölle, Abschöpfungen und andere Einfuhrbarrieren um 36% zu senken.
- Ebenfalls nach sechs Jahren sollten die Ausfuhrhilfen der öffentlichen Haushalte um 36% unter dem Niveau der Jahre 1988 bis 1990 liegen und die Menge der subventionierten Exporte um 24%.

Während die USA nach einigem – taktisch bedingten – Zögern dem Vorschlag zustimmten, lehnte die EG ab. Eingeschüchtert von der mächtigen Agrar-Lobby, die ihre Klientel mit Traktoren in Brüssel auffahren und Kampfbereitschaft demonstrieren ließ, befand der Rat der Handels- und Agrarminister im Januar 1992, das Dunkel-Papier sei nicht akzeptabel und müsse insoweit modifiziert werden, als es »die Grundlagen der gemeinsamen Agrarpoltik in Frage

stelle«. Die Uruguay-Runde drohte so am Partikularinteresse eines Berufsstandes, dessen 11 Millionen Mitglieder in der EG nur etwa drei Prozent des Sozialprodukts der Gemeinschaft erwirtschaften, endgültig zu zerbrechen. Die in einem fünfjährigen Verhandlungsmarathon mühsam erzielten Ergebnisse bei einer Vielzahl kontroverser Themen – vom Textil- und Bekleidungshandel bis zum Dienstleistungsaustausch und dem Schutz des geistigen Eigentums – standen wieder zur Disposition.
Im Mai 1992 rang sich die EG dann endlich zu einer Reform der GAP durch, die mehr als nur ein Kurieren an den Symptomen – Produktionsüberschüsse und überbordende Ausgaben der öffentlichen Hand – einer im Ansatz verfehlten Politik darstellt. Erstmalig in der Geschichte der GAP beschloß der EG-Ministerrat deutliche Preissenkungen: Getreide soll um 30%, Rindfleisch um 15% billiger werden. Transferzahlungen sollen den durch die Preissenkung entstehenden Einkommensverlust kompensieren. Um in den Genuß der Ausgleichszahlungen zu gelangen, müssen alle Landwirte ab einer bestimmten Größe 15% ihrer Anbaufläche stillegen.
Mit der skizzierten Agrarreform kam die Gemeinschaft ihren Handelspartnern – und speziell den USA – in preislicher Hinsicht entgegen. Auf Widerstand stießen aber insbesondere die geplanten Transferzahlungen zugunsten der europäischen Bauern, seien sie doch keineswegs produktionsneutral; sie gehörten deshalb nicht in die »green box« der auch in Zukunft vom GATT zu duldenden Agrarsubventionen, sondern in die »yellow box« der abbau-

pflichtigen Beihilfen. Die EG war jedoch nicht dazu bereit, ihre Ausgleichszahlungen einer verbindlichen multilateralen Abbaudisziplin zu unterwerfen (und verwies nebenbei genüßlich darauf, daß die USA ihrerseits seit langem eine Getreidemarktpolitik mit flächengebundenen Transferzahlungen – »deficiency payments« – betrieben).
Wie hartnäckig sie an produktionssteigernden Subventionen festhielt, demonstrierte die Gemeinschaft am Beispiel der Ölsaaten, deren Erzeugung in Europa seit einiger Zeit durch umfangreiche (zunächst produkt-, später flächengebundene) Beihilfen unterstützt wird. (Die Subventionierung bewirkte u. a., daß die von der EG den GATT-Partnern – vornehmlich den USA – bereits zu Beginn der 60er Jahre eingeräumte Zollfreiheit für Ölsaaten und Futtermittel wie Maiskleber und Maiskeimschrot, Maniok und Tapioka faktisch zum Teil wieder aufgehoben wurde. In der Uruguay-Runde wollte die Gemeinschaft diese Altkonzession im Zuge einer Neugewichtung [»rebalancing«] ihrer Einfuhrmaßnahmen auch explizit wieder einbeziehen, um so die negativen Wirkungen sinkender Getreidepreise abzumildern. Die amerikanischen Unterhändler wiesen ein solches Ansinnen jedoch entschieden von sich, sollte doch die in der Dillon-Runde des GATT erstmals gewährte und in der Kennedy-Runde bekräftigte Liberalisierung der europäischen Futtermitteleinfuhren ursprünglich die USA für die Benachteiligung ihrer Zitrusbauern in Florida und Kalifornien durch die Mittelmeerpräferenzen der EG entschädigen; da diese Diskrimienierung fortbestehe, sei auch der Grund für die Konzes-

sion nicht entfallen, und man sei keinesfalls gewillt, die vor 30 Jahren wohlerworbene Rechtsposition wieder zu räumen und auf den lukrativen Futtermittelmarkt zu verzichten.) Obgleich ein auf Antrag der USA eingesetztes GATT-Schiedsgericht das europäische Ölsaatenregime zweimal für nicht vereinbar mit dem Allgemeinen Zoll- und Handelsabkommen befunden hatte, beharrte die EG im Kern auf ihrer Regelung und wollte allenfalls über Entschädigungszahlungen mit sich reden lassen.

Wie hoch diese Kompensation sein sollte, darüber gingen die Vorstellungen aber weit auseinander. Einig wurde man sich auch nicht über das Ausmaß einer Produktionsbegrenzung für Ölsaaten in der EG; in dieser Frage blieb freilich zuletzt nur noch eine Differenz von 500.000 Tonnen zu überbrücken, bei einer gesamten EG-Erzeugung von etwa 12 Millionen Tonnen. Bei den entscheidenden Verhandlungen in Chicago sah sich der EG-Chefunterhändler, Agrarkommissar MacSharry, indes nicht nur von amerikanischer Seite bedrängt, sondern mußte auch erleben, daß ihm die nötige Rückendeckung aus Brüssel fehlte. Angesichts eines solchen Durcheinanders kündigten die Amerikaner am 5. November 1992 an, auf EG-Produkte mit einem Exportwert von 300 Millionen Dollar ab dem 5. Dezember prohibitive Strafzölle (in Höhe von 200%) zu verhängen. Diese hätten vor allem französische Erzeugnisse getroffen, neben Weizenkleber und Rapsöl in erster Linie Weißwein.

In der EG drängte daraufhin Frankreich sogleich auf die Aufstellung einer Rückvergeltungsliste, die ihrerseits wiederum, so wurde von US-Seite bedeutet, eine Eskalation der amerikanischen Sanktionen ausgelöst hätte. Im EG-Ministerrat gerieten die Franzosen jedoch – für sie ganz ungewöhnlich – mit ihrer harten Linie zunehmend in die Isolation. Insbesondere die deutsche Regierung war dieses Mal nicht zum »Schulterschluß« mit dem französischen Partner bereit, sondern ging, Seite an Seite mit Großbritannien, auf Distanz. Französische Rechenkunststücke, die beweisen sollten, daß eine Einigung mit den Amerikanern im Ölsaatenstreit den Rahmen der EG-Agrarreform sprengen würde, überzeugten nicht. Vielmehr wurden die Verhandlungen mit den Amerikanern wieder aufgenommen und am 20. November in der US-Hauptstadt auch mit Erfolg abgeschlossen. Ein Handelskrieg war noch einmal verhindert worden.

Transatlantisches Einvernehmen wurde in Washington nicht nur bei den Ölsaaten erzielt – hier soll statt der Produktionsmenge nunmehr die Anbaufläche in der EG begrenzt werden –, sondern auch in den eigentlichen Streitfragen des Agrarkapitels der Uruguay-Runde: Die von der EG subventionierten Exportmengen (insbesondere bei Getreide, Rindfleisch und Molkereiprodukten) werden generell um 21% (statt der von Arthur Dunkel vorgeschlagenen 24%) gekürzt, bei den Ausgleichszahlungen für die EG-Bauern drücken die Amerikaner beide Augen zu, und die Gemeinschaft verzichtet ihrerseits auf eine Wiedereinführung von Zöllen auf Futtermittel. Damit war der Weg für die Schlußphase der Uruguay-Runde endlich frei, wenn auch begleitet von massiven

Bauernprotesten in einer Reihe europäischer Länder und versehen mit dem Damoklesschwert eines möglichen französischen Vetos im EG-Ministerrat.
Nicht weniger komplex als in der Landwirtschaft sind die Verzerrungen des internationalen Handels, die im Industriesektor entstanden sind. Hier manifestiert sich der neue EG-Protektionismus im wesentlichen in

- einer wachsenden Zahl »freiwilliger« Selbstbeschränkungsabkommen mit Japan und einer Reihe junger Industrieländer;
- einschneidenden Antidumpingmaßnahmen gegen dynamische Exporteure;
- einer Diskriminierung ausländischer Unternehmen bei öffentlichen Aufträgen;
- technischen Standards und Normen, die zur Fragmentierung der Märkte führen;
- einer »strategischen« Industrie- und Wettbewerbspolitik.

»Freiwillige« Selbstbeschränkungsabkommen und andere »Grauzonenmaßnahmen«

Die in der Kennedy-Runde beschlossenen Zollsenkungen waren gerade durchgeführt – die letzte »Rate« wurde im Jahre 1972 entrichtet –, da stürzte die europäische Wirtschaft, forciert durch den Ölschock von 1973, in eine tiefe Rezession, den »klassischen« Nährboden für eine protektionistische Politik. Immer mehr Branchen suchten – und erhielten – in mengenmäßigen Einfuhrbeschränkungen Schutz

vor der ausländischen Konkurrenz. Das bevorzugte Instrument waren Selbstbeschränkungsabkommen. Darin verpflichten sich die Exporteure eines Landes – vertreten durch die Regierung oder den jeweiligen Branchenverband –, die Ausfuhren in das Partnerland »freiwillig« zurückzuschrauben oder ihren Anstieg zu begrenzen. Solche Arrangements haben aus der Sicht des Importlandes zum einen den Vorteil, daß sie den politischen Schaden von Handelsinterventionen begrenzen, denn diese richten sich nur gegen bestimmte Länder und verschonen andere, mit denen man es sich nicht verderben möchte. Zum anderen muß der intervenierende Staat nicht fürchten, vor dem GATT zur Rechenschaft gezogen zu werden: Wo kein Kläger ist, ist auch kein Richter. Schließlich hat das – meist kleinere – Exportland der Regelung – unter mehr oder minder sanftem politischen und wirtschaftlichen Druck – zugestimmt, und es wird durch erhöhte Stückgewinne für seine Produkte – in der Fachsprache »Quotenrenten« genannt – zum Teil entschädigt. Opfer dieser Handelsbeschränkungen, die wegen ihres unklaren GATT-Status auch Grauzonenmaßnahmen heißen, sind die inländischen Verbraucher, Abnehmer und Anwender, die nicht über eine schlagkräftige Lobby verfügen und mit erhöhten Preisen, verminderter Qualität und reduzierter Auswahl für den Produzentenschutz bezahlen müssen.
Selbstbeschränkungsabkommen und sonstige Grauzonenregelungen haben sowohl die EG insgesamt als auch ihre einzelnen Mitglieder auf staatlicher und privater (Verbands-)Ebene in großer Zahl mit ande-

ren Ländern vereinbart, vorwiegend mit den dynamischen Exportnationen Ostasiens: Japan, Südkorea, Taiwan, Hongkong, Singapur, Malaysia und Thailand. Fast ein Drittel aller vom GATT-Sekretariat zu Beginn der 90er Jahre im Industriesektor registrierten 225 Grauzonenmaßnahmen entfiel auf die EG – 44 auf die Gemeinschaft und 22 auf einzelne Mitgliedsstaaten –, wohingegen für die USA 43 Maßnahmen verbucht waren. Während die US-Aktionen sich gegen eine Vielzahl von Handelspartnern richteten und vor allem der Stahlindustrie sowie den Herstellern von Werkzeugmaschinen dienten, waren von den EG-Restriktionen in erster Linie japanische Exporteure betroffen, und die Maßnahmen verteilten sich über ein breites Branchenspektrum, von der Schuhindustrie über die Haushaltselektronik bis zum Automobilsektor. (Nicht berücksichtigt sind die Schutzmaßnahmen, die zugunsten der Textilindustrie im Rahmen des Multifaserabkommens ergriffen wurden, da diese Maßnahmen formal dem GATT unterstehen. Faktisch handelt es sich jedoch auch hier um Grauzonenmaßnahmen.) Die wesentlichen Facetten dieses neuen Protektionismus der EG – und seine Implikationen für die transatlantischen Beziehungen – werden deutlich, wenn wir die Entwicklung in der Textil-, Stahl- und Automobilindustrie betrachten.

Das Beispiel der Textilindustrie

In der Textil- und Bekleidungsindustrie wurde im Jahre 1973 das Multifaserabkommen (MFA) vereinbart, das die bereits seit Anfang der 60er Jahre bestehende Protektion der Textilfabrikanten in den westlichen Ländern vervollständigte; neben Baumwollerzeugnissen waren von nun an auch Wolltextilien und die immer stärker vordringenden Chemiefaserprodukte geschützt. Später, mit wachsender Nachfrage nach »alternativen« Naturfaserprodukten, wurde der Schutz auch auf diesen Bereich ausgedehnt. Er bestand im wesentlichen darin, daß Billiganbieter aus Entwicklungsländern (und einigen osteuropäischen Staaten) in bilateralen Abkommen unter dem Dach des MFA verpflichtet wurden, den Zuwachs ihrer Textilexporte »freiwillig« zu begrenzen.

Initiator und »spiritus rector« des MFA waren die Vereinigten Staaten, doch schlossen die Europäer sich dem amerikanischen Vorstoß bereitwillig an, mußten sie doch damit rechnen, daß bilaterale Schutzmaßnahmen der USA die betroffenen Entwicklungsländer dazu veranlassen würden, ihre Exporte in Richtung Europa zu lenken. Vier Jahre später waren die Rollen vertauscht: Nun drängte die EG, mit Erfolg, auf eine Verlängerung – und wesentliche Verschärfung – des MFA (das eigentlich nur als vorübergehende, auf vier Jahre befristete Behelfslösung konzipiert war, um einer traditionsreichen Branche in den westlichen Ländern den unvermeidlichen Rückzug und die notwendige Umstrukturierung zu erleichtern), die Vereinigten Staaten zogen – keinesfalls widerwillig – mit.

In Europa erhielt der Textilprotektionismus überdies noch eine besondere Note: Die von der EG mit den Exporteuren ausgehandelten gemeinschaftlichen

Einfuhrkontigente wurden nach einem bestimmten Schlüssel auf die einzelnen EG-Mitglieder verteilt. Dadurch war es einerseits möglich, daß liberale Mitgliedsstaaten mit den ihnen zugeteilten Quoten großzügig verfuhren; andererseits konnten aber die Entwicklungsländer in Europa, anders als in den USA, nicht die Vorteile eines einheitlichen Marktes nutzen. Insgesamt bewirkte die nationale Unterkontingentierung der EG-Textileinfuhren, daß die protektionistischen Schrauben kräftig angezogen wurden.
Erst mit dem Start in den EG-Binnenmarkt am 1. Januar 1993 wurde diese Praxis hinfällig. Etwa zur gleichen Zeit haben die westlichen Länder auch damit begonnen, das MFA nach zwanzigjährigem Bestehen allmählich, innerhalb von zehn Jahren, wieder aufzulösen und den internationalen Textil- und Bekleidungshandel den allgemeinen GATT-Regeln zu unterwerfen. Die EG hat ihre Bereitschaft zur Marktöffnung gegenüber den etwa 20 Entwicklungsländern, mit denen sie Handelsbeschränkungen vereinbart hatte, indes mit einer Reihe von Forderungen an die Adresse dieser Staaten (Bekämpfung der »Produktpiraterie«, Verbesserung der Subventionsdisziplin, Schaffung »operationeller« Antidumpingregeln usw.) verknüpft und sich so das Tor zu einer restriktiven Einfuhrpolitik offengehalten.

Protektionismus im Stahl- und Automobilsektor

Die Stahlindustrie ist mehr noch als die Textilherstellung ein Beispiel dafür, wie Außenhandelsmaßnah-

men und industriepolitische Aktionen ineinandergreifen. In diesem Sektor trat 1978 der Davignon-Plan in Kraft, der den europäischen Stahlkochern Produktionsquoten und Mindestpreise vorschrieb. Es war indes klar, daß eine so einschneidende Beschränkung des innergemeinschaftlichen Wettbewerbs ihre volle Wirkung nur entfalten konnte, wenn auch an den Grenzen der EG der Wettbewerb ausgeschaltet wurde. In den vorangegangenen Jahren hatte nämlich die Durchdringung des europäischen Stahlmarktes mit Importprodukten bereits kräftig zugenommen: Der Einfuhranteil an der gesamten Stahlnachfrage war von 6% (1974) auf 11,3% (1977) gestiegen, hatte sich also nahezu verdoppelt. Dies hatte wesentlich dazu beigetragen, daß alle Versuche, die Stahlpreise in der EG auf erhöhtem Niveau zu stabilisieren, fehlgeschlagen waren. Um Ähnliches in Zukunft zu verhindern, schloß die Gemeinschaft mit ihren wichtigsten Stahlhandelspartnern Selbstbeschränkungsabkommen, die den Marktanteil der Einfuhren auf 10 bis 12% begrenzten.
Gegen Ende der 80er Jahre, als der Konjunkturhimmel sich über der Stahlindustrie wieder aufhellte und bei den Stahlverbrauchern Versorgungsengpässe eintraten, lockerte die EG ihr strenges Importregime zunehmend. Wie empfindlich sie aber nach wie vor auf ausländische Konkurrenz im Stahlsektor reagiert, haben zuletzt die Assoziierungsabkommen mit einigen europäischen Ländern vom 16. Dezember 1991 gezeigt. In diesen Vereinbarungen ist vorgesehen, die Stahleinfuhren der EG aus der ehemaligen

CSFR, Polen und Ungarn nur allmählich von Zöllen zu befreien; im Bedarfsfall können Handelsschranken wieder errichtet werden. Dieser Fall könnte schnell eintreten, werden doch Billigeinfuhren aus Osteuropa von der EG-Stahlindustrie als eine ihrer größten zukünftigen Bedrohungen angesehen. Im November 1992 verhängte die EG bereits kräftige Antidumpingzölle – in Höhe von 11 bis 30% – auf Stahleinfuhren aus den drei Ländern (und aus Kroatien).
Gegenüber den USA, wo die Stahlindustrie stärker noch als in Europa immer wieder gegen lästige Importkonkurrenz zu Felde zieht, hat die EG-Stahlpolitik einen umgekehrten Effekt erzielt wie gegenüber anderen Ländern: Um amerikanische Strafmaßnahmen gegen subventionierte EG-Stahlexporte abzuwenden, willigte die Gemeinschaft ihrerseits – ein ungewöhnlicher Schritt – als Exporteur in ein Selbstbeschränkungsabkommen ein; sie verpflichtete sich im Oktober 1982, die Stahlausfuhren in die Vereinigten Staaten in Zukunft auf etwa 5% des dortigen Marktes zu begrenzen. Nach dem Auslaufen dieser – mehrmals verlängerten – Regelung im März 1992 und erfolglosen Versuchen, einen multilateralen Stahlhandelskodex zu vereinbaren, war erneut von einem drohenden Stahlhandelskrieg zwischen Europa und Amerika die Rede. In der Tat ergriffen die Amerikaner bereits im November 1992 – zwei Wochen nach der erwähnten EG-Aktion gegen osteuropäische Stahlexporteure – erste Strafmaßnahmen: Auf angeblich unfair subventionierte Walzstahlprodukte aus Belgien, Deutschland, Frankreich, Großbritannien, Italien und Spanien erhoben sie vor-

läufige Ausgleichszölle (countervailing duties) von bis zu 59%. Die EG-Kommission reagierte schokkiert: Die USA mißbräuchten ihre handelspolitischen Instrumente, um ausländische Konkurrenten abzuschrecken, Handelsströme umzulenken und die internen Probleme der US-Stahlindustrie zu vertuschen.
Anders als in der Stahlindustrie wurden in der europäischen Automobilindustrie handelspolitische Verteidigungsmaßnahmen nicht von der gesamten EG geschlossen, sondern im Alleingang von einzelnen ihrer Mitglieder ergriffen, und alle Aktionen richteten sich gegen ein einziges Land: gegen Japan. Den Anfang machte im Jahre 1975 Großbritannien. Der britische Automobilverband schloß damals mit seinem japanischen Gegenüber ein Gentlemen's Agreement, das in der Folgezeit Jahr für Jahr einträchtig erneuert wurde; gegen hohe Quotenrenten begnügten sich darin die fernöstlichen Autofabrikanten im Vereinigten Königreich mit einem Marktanteil von höchsten 10 bis 11%. Frankreich folgte zwei Jahre später mit einer informellen Regelung auf diplomatischer Ebene, die den Japanern lediglich 3% des französischen Automobilmarktes überließ. Offiziell war von einer »Prognose« des Marktanteils die Rede. Für den Fall aber, daß der Prognosewert in der Realität übertroffen zu werden drohte, waren administrative Gegenmaßnahmen vorgesehen, insbesondere eine Verzögerung der Zollabfertigung und Zulassung japanischer Automarken.
Auch die Bundesrepublik Deutschland und die Beneluxländer trafen »marktregulierende« Vereinbarungen mit Japan. Demnach durften die japanischen

Automobilausfuhren nach Deutschland im Jahre 1981 nicht stärker als 10% gegenüber dem Vorjahr ansteigen, während sie in den drei Nachbarländern der Bundesrepublik auf dem Niveau von 1980 »eingefroren« wurden. Zur Rechtfertigung dieser Restriktionen – und so schließt sich der Kreis zu den transatlantischen Beziehungen – wurde auf die amerikanisch-japanische Automobilabsprache vom April 1981 verwiesen, die mit einer Obergrenze von 1,68 Millionen Fahrzeugen der Exportoffensive Japans in den USA ein Ende setzte; für die Europäer galt es daher, so die offizielle, vom damaligen deutschen Wirtschaftsminister Graf Lambsdorff verbreitete Version, eine Umlenkung der japanischen Exportströme von Amerika nach Europa – und hier insbesondere auf die noch offenen Märkte in der EG – zu verhindern.
Mit dem EG Beitritt Spaniens und Portugals wurde der Automobilprotektionismus in der Gemeinschaft um weitere Varianten »bereichert«. Spanien erlaubte jährlich nur eine direkte Einfuhr von 1.000 PKWs aus Japan, und Portugal begrenzte den Autoimport aus Nicht-EG-Ländern auf maximal 20.000 Stück. Italien, Gründungsmitglied der EG, hatte bereits im Jahre 1958 eine Autoimportquote (in Höhe von jährlich etwa 2.500 Fahrzeugen) gegenüber Japan in die Gemeinschaft »eingebracht«, an der das Land mit nur wenig erhöhten Mengen bis 1992 festhielt.
Da ein solches Potpourri aus nationalen Protektionismen offensichtlich nicht mit einem einheitlichen EG-Binnenmarkt zu vereinbaren war, eine völlige Liberalisierung der Automobilimporte aber wegen des Widerstandes der betroffenen Mitgliedsstaaten

ebenfalls nicht in Frage kam, entschloß man sich, eine gemeinschaftliche Einfuhrregelung mit Japan auszuhandeln. An diesen Verhandlungen waren indirekt auch die Vereinigten Staaten beteiligt. Denn es ging den Europäern, besser: großen Teilen der europäischen Automobilindustrie, nicht allein darum, den direkten Autoimport aus Japan in Schranken zu halten, sondern insgesamt den Vormarsch japanischer Marken in der EG zu bremsen, gleich wo die Fahrzeuge gebaut wurden. Damit standen unversehens auch die japanischen Automobilfirmen (»transplants«) in Amerika zur Debatte, zumal sich diese nicht mehr auf das Inlandsgeschäft beschränkten, sondern – begünstigt durch den schwachen Dollar – verstärkt zum Export übergingen. Insbesondere Frankreich wollte die »transplants« einer strengen Ursprungskontrolle unterziehen und gegebenenfalls dem mit Japan auszuhandelnden Importkontingent zuschlagen. Für die Amerikaner wäre dies jedoch der »casus belli« gewesen, so daß die EG schließlich zurücksteckte und die US-Produkte der Japaner ungeschoren ließ.
Mit Japan, d. h.: zwischen der EG-Kommission und dem japanischen Industrie- und Handelsministerium (Miti), wurde schließlich im Sommer 1991 vereinbart, den Direktimport bis zum Jahre 1999 auf 1,2 Millionen Fahrzeuge zu begrenzen, was dem Niveau von 1990 entspricht. Die gleiche Anzahl von Automobilen, und damit etwa das Fünffache des Ausstoßes von 1990, wird gegen Ende des Jahrzehnts auch aus den hauptsächlich in Großbritannien errichteten »transplants« der Japaner in die EG rollen, so vermutet die

Kommission in einer einseitigen Erklärung gegenüber Japan. Tatsächlich könnte die Zahl noch deutlich höher liegen, so daß Japan sie auch nicht als verbindliche Größe anerkennt. Die »Trojanischen Pferde« der Japaner in Europa enthalten daher beträchtlichen Konfliktstoff für die Zukunft, zumal sich mit ihnen allgemein die Frage möglicher Produktionsauflagen für ausländische Investoren in der EG verknüpft. Die EG-Beschränkungen gegenüber japanischen Autos – importiert oder in Europa gebaut – können überdies die Japaner dazu veranlassen, ihre Verkaufsanstrengungen in anderen Regionen der Welt zu verstärken. In den USA würde dies mit Sicherheit Gegenreaktionen provozieren, die sich ihrerseits auf das transatlantische Verhältnis auswirken könnten.

»Transplants« und »Schraubenzieherfabriken«

Parallel zu den Automobilfabriken haben ausländische Investoren in Europa verstärkt »Schraubenzieher«-Betriebe errichtet, in denen sie vornehmlich hochwertige Gebrauchsgüter wie elektronische Schreibmaschinen, Computerdrucker, Chips und Kopiergeräte zusammenbauen. Da die Gemeinschaft solchen Produkten das Gütezeichen »EG-Erzeugnis« verweigert, wenn sie nicht einen bestimmten europäischen Wertschöpfungsanteil (»local content«) enthalten, erschwert sie ihre Vermarktung ganz erheblich. Von US-Seite haben die Europäer sich deshalb den Vorwurf der Investitionserzwingung (»forced invest-

ment«) eingehandelt. So sahen sich etwa die Hersteller von Mikroprozessoren aus dem Silicon Valley in Kalifornien veranlaßt, ihre Investitionen in Europa kräftig auszuweiten, nachdem die EG im Februar 1989 beschlossen hatte, Mikroprozessoren nur dann noch als europäisches Produkt anzuerkennen, (und damit beispielsweise bei der Bestimmung des »local content« eines Computerdruckers, in den sie eingebaut werden, zu berücksichtigen), wenn die technisch anspruchsvollste Fertigungsstufe – das Aufbringen der Schaltkreise auf Siliziumplättchen (»Diffusion«) – in Europa stattfindet. Für Amerika bedeutet dies weniger Export und weniger Arbeitsplätze im Hochtechnologiesektor.
Für die EG hingegen ist die Errichtung ausländischer Montagebetriebe in der Gemeinschaft vielfach nichts weiter als verkapptes Dumping; das »Verramschen« ausländischer Produkte in Europa – mit oftmals tödlichen Folgen für heimische Hersteller – werde, so lautet der Vorwurf, lediglich von der Endprodukt- auf die Vorproduktebene verlagert (»Komponenten-Dumping«). Um einer solchen Umgehung ihrer Antidumpingvorschriften zuvorzukommen, schuf die EG im Juni 1987 die »Schraubenzieher«-Regelung. Demnach liegt Komponenten-Dumping dann vor – und der betreffende Montagebetrieb in der EG kann entsprechend mit einer Sonderabgabe belegt werden –, wenn mindestens 60% der Teile eines in Europa zusammengesetzten Produktes aus dem Land stammen, gegen das beim Export des fertigen Erzeugnisses bereits ein Antidumpingzoll erhoben wird.
Von der neuen EG-Regelung waren bisher direkt vor

allem japanische Hersteller betroffen, und sie hat zu einer neuen Variante von Selbstbeschränkungsabkommen geführt: Ausländische Investoren in der Gemeinschaft verpflichten sich, den »local content« ihrer Produkte zu erhöhen und so den Export von Vorerzeugnissen durch Zukäufe vor Ort oder einen erhöhten Eigenfertigungsanteil in Europa zu ersetzen.
Indirekt sind aber darüber hinaus auch die USA davon tangiert. So könnten japanische Unternehmen etwa die 60%-Regel der EG dadurch zu umschiffen versuchen, daß sie den Export von Vorprodukten nach Europa auf Tochtergesellschaften in Amerika übertragen. Aber auch ein anderer Weg ist möglich. Sie könnten nämlich ihrerseits die US-Töchter mit Teilfabrikaten beliefern und ihnen die Ausfuhr der Enderzeugnisse in die EG überlassen, wenn der Direktexport aus Japan in der Gemeinschaft auf Antidumpingmauern stößt. In diesem Fall müssen sie sich aber über ein gewisses Risiko im klaren sein. Sie müssen dann nämlich gewärtigen, daß ihre Produkte von den europäischen Zöllnern einer strengen Ursprungskontrolle unterworfen und zurückgewiesen werden, wenn der tatsächliche Warenursprung in Japan lokalisiert wird. So widerfuhr es im Jahre 1989 etwa dem fernöstlichen Hersteller von Fotokopiergeräten RICOH, der in der EG aufgrund von Antidumpingzöllen erhebliche Marktnachteile erlitt und diese durch verstärkte Ausfuhren seiner kalifornischen Tochter nach Europa wieder wettzumachen suchte.

Zwiespältiges Antidumping

Relativ selten nur sind amerikanische Unternehmen unmittelbar in Antidumpingverfahren der EG verwikkelt. Im Zeitraum von 1980 bis 1991, als das Antidumping sich zu einem der wichtigsten Instrumente der EG-Handelspolitik entwickelte (in den 70er Jahren war die im Jahre 1968 erlassene erste Antidumpingverordnung des EG-Ministerrates eher sporadisch angewendet worden), wurden lediglich 26 (von insgesamt 447) Verfahren gegen US-Hersteller angestrengt, von denen allein 21 auf die Rezessionsjahre 1980-82 entfielen. In 15 (von insgesamt 134) Fällen endeten die Verfahren mit der Verhängung von Antidumpingzöllen, 8mal (von insgesamt 198mal) verpflichteten sich die Exporteure zur Einhaltung von Mindestpreisen und brauchten deshalb keine Strafzölle zu entrichten; wiederum lag der Schwerpunkt, mit 10 bzw. 6 Fällen, eindeutig in der Periode 1980-82. Überdies waren meist relativ einfache Produkte betroffen, deren Handelsvolumen zudem, gemessen am gesamten transatlantischen Warenaustausch, nur eine »quantité negligeable« darstellt. Den Löwenanteil bildeten chemische Substanzen und Produkte wie Phenol, Natriumkarbonat, Harze, Polyesterspinnfäden, Acrylfasern und Düngemittel.

Demgegenüber zielen die Antidumpingmaßnahmen der EG insgesamt verstärkt auf Hochtechnologieprodukte mit bedeutenden und wachsenden Handelsanteilen, und hier sind vor allem Unternehmen aus Japan und vermehrt auch aus anderen ostasiatischen Ländern die Adressaten der europäischen

Abwehrpolitik, wie sich besonders eindrucksvoll am Beispiel einer Reihe von Produkten mit hohem Elektronikanteil (Halbleiter, Computerdrucker, elektronische Schreibmaschinen und Waagen, Videorecorder und -kassetten, CD-Spieler und Farbfernseher) zeigen läßt. Das Gewicht dieser industriepolitisch »sensiblen« Erzeugnisse in der Antidumpingpolitik der EG hat kräftig zugenommen. Im Jahre 1991 waren sie bereits Gegenstand eines Viertels aller von der EG-Kommssion in dieser Periode eingeleiteten Verfahren – gleichauf mit »klassischen« Antidumpingwaren wie Chemie- und Stahlprodukten –, während sich für den gesamten Zeitraum von 1980 bis 1991 lediglich ein Anteil von drei Prozent errechnet. Und sämtliche Abwehrmaßnahmen der EG gegenüber den genannten Produkten, die am Jahresende 1991 in Kraft waren, richteten sich allein gegen die ostasiatischen Hersteller. Mit dem Antidumping errichtet die EG daher in erster Linie, so scheint es, Dämme gegen die »Einfuhrflut« aus dem Fernen Osten.
Dabei hat die Gemeinschaft ihr Abwehrinstrumentarium immer mehr verfeinert. Neben der bereits beschriebenen Schraubenzieherregelung wurde insbesondere auch eine Zusatzzollbestimmung in das Antidumpingrecht eingefügt. Diese erlaubt es den EG-Behörden, weitere Strafzölle zu verhängen für den Fall, daß ein ausländischer Anbieter den Erstzoll gleichsam »wegsteckt«, ohne den Absatzpreis in der EG zu erhöhen.
Bei alldem ist fraglich, ob das Antidumping tatsächlich, so wie in der Theorie konzipiert, der Sicherung eines echten Leistungswettbewerbs durch Abwehr

unfairer und »räuberischer« Handelspraktiken dient, oder ob nicht eher einheimische Branchen geschützt werden, die den notwendigen Strukturwandel »verschlafen« haben. Empirisch ist diese Frage bisher noch wenig erforscht. Einzelne Fallstudien, so über Fotokopiergeräte und verschiedene chemische Produkte (PVC und Polyäthylen), deuten indes daraufhin, daß Antidumpingmaßnahmen einerseits wettbewerbsschwache inländische Unternehmen nicht auf Dauer zu retten vermögen (weil zum Beispiel die betroffenen ausländischen Anbieter die Produktion in andere Länder oder in das Inland selbst verlagern), andererseits aber zu Lasten des Verbrauchers die internationale Arbeitsteilung reduzieren und den Wettbewerb oft erheblich einschränken, indem sie die Kartellbildung im In- und Ausland fördern und absichern.

In der Uruguay-Runde hat sich die Gemeinschaft einer grundlegenden, den Wettbewerb betonenden Reform des Antidumping hartnäckig widersetzt, in »unheiliger« Allianz mit den USA. Diesen beiden (zusammen mit Kanada und Australien) Hauptanwendern von Antidumpingmaßnahmen ging es in den multilateralen Verhandlungen vor allem darum, »grünes Licht« für Maßnahmen gegen eine Umgehung von Antidumpingzöllen zu erhalten. Das EG-Modell der Schraubenzieherregelung kam hierfür freilich nicht mehr in Frage, nachdem Japan im März 1990 – es war die erste GATT-Klage des fernöstlichen Landes – die EG-Bestimmungen erfolgreich angefochten hatte; sie wurden von einem GATT-Panel für unvereinbar mit dem GATT-Prinzip der

Gleichstellung in- und ausländischer Waren (»national treatment«) befunden.
Als GATT-konforme Alternative schlug der Generaldirektor des GATT, Arthur Dunkel, daraufhin einen Kompromiß vor, der sich an eine in den USA seit langem geübte Praxis anlehnt. Nach seinen Vorstellungen sollte es erlaubt sein, auf Vor- und Zwischenprodukte, die aus einem des (Endprodukt-)Dumping »überführten« Lande bezogen werden, bereits an der Grenze einen Strafzoll zu erheben, wenn die importierten Komponenten einen Anteil von mindestens 70% am Gesamtwert aller in dem inländischen Montagebetrieb des ausländischen Unternehmens verwendeten Teile repräsentieren.
Das Dunkel-Papier vom 20. Dezember 1991 kam auch den ostasiatischen Widersachern der EG und Amerikas in der Antidumping-Frage entgegen. Insbesondere sollten in Antidumpingverfahren die Modalitäten der Dumping-Messung so geändert werden, daß tendenziell die Dumpingspanne – und dementsprechend auch der Antidumpingzoll – deutlich sinkt.
Aufgrund des amerikanisch-europäischen Widerstandes blieb die in der Uruguay-Runde erzielte Modifizierung der Antidumpingbestimmungen jedoch halbherzig. Den Beteiligten gelang es nicht, das Antidumping von einem Zufluchtsort für schwache, an überholte Strukturen sich klammernde Wettbewerber in ein effektives Instrument zum Schutz des Wettbewerbes und der Verbraucher – seiner eigentlichen, ursprünglichen Zweckbestimmung – zu verwandeln.

Öffentliches Auftragswesen – ein Reservat für Lokalmatadoren

Zu einem Hort des Protektionismus wurde in Europa auch das staatliche Auftrags- und Beschaffungswesen. Den Verwaltungsstellen auf Bundes-, Landes- und Gemeindeebene ebenso wie den öffentlichen Unternehmen boten sich ungezählte Möglichkeiten, heimischen Lieferanten den Vorzug vor ausländischen Konkurrenten zu geben und bestimmte – vornehmlich technologieintensive – Branchen gezielt zu fördern. Daß der Staat sich damit letztlich selbst schadete, indem die öffentlichen Ausgaben – und Defizite – unnötig aufgebläht wurden, steht auf einem anderen Blatt.

In der Tat ist das öffentliche Auftrags- und Beschaffungswesen in der EG weitgehend eine Domäne nationaler »Hoflieferanten« gewesen. Der Zutritt zu diesen Reservaten blieb sowohl ausländischen Unternehmen aus Übersee wie aus anderen EG-Ländern versperrt. Schätzungen besagen, daß gegen Ende der 80er Jahre die grenzüberschreitenden Staatskäufe in der EG nur einem Bruchteil (0,15%) des gemeinschaftlichen Sozialproduktes entsprachen, während der Anteil aller öffentlichen Bau- und Lieferaufträge sich auf etwa 15% belief. Anbieter aus Drittstaaten kamen nur dann zum Zuge, wenn in den europäischen Ländern die erforderliche Technologie nicht zur Verfügung stand. So wurden etwa digitale Vermittlungssysteme in der Telekommunikation überwiegend von amerikanischen Gesellschaften und ihren Töchtern in Europa geliefert, die hier ihre Grö-

ßenvorteile in Produktion und Forschung ausspielen konnten.
Mit dem europäischen Binnenmarkt soll hier gründlich Abhilfe geschaffen werden. Alte Richtlinien wurden überholt und neue erlassen. In der Neufassung der Richtlinien über öffentliche Bau- und Lieferaufträge von 1971 und 1976, die seinerzeit wirkungslos verpufften, ist vorgesehen, die Transparenz der Ausschreibungsverfahren zu erhöhen und abgewiesenen Bewerbern verbesserte Widerspruchsmöglichkeiten einzuräumen; gemäß dem Meistbegünstigungsgrundsatz sollen Drittlandunternehmen hier die gleiche Behandlung erfahren wie EG-Anbieter. Neue Richtlinien wurden für die öffentlichen Dienstleistungsmärkte und vier weitere Sektoren von zentraler Bedeutung geschaffen: Energie- und Wasserversorgung, Verkehr und Telekommunikation. In diesen Bereichen, die bis 1992 völlig von der Liberalisierung ausgeklammert waren und auch vom (alten) GATT-Kodex über das öffentliche Auftragswesen nicht erfaßt sind, werden etwa vier Fünftel aller öffentlichen Aufträge in der EG vergeben; die Mehrzahl staatlich kontrollierter und regulierter Unternehmen, Betriebe und Anstalten (Bahn, Post, Flughäfen, Rundfunk, Fernsehen, Versorgungseinrichtungen, Kraftwerke usw.) ist hier vertreten.
Freien Zugang zu den vier Sektoren erhalten indes vorerst nur EG-Anbieter, denn die Sektorenrichtlinie des Ministerrates vom 17. September 1990 enthält den Pferdefuß des »local content«: In den Genuß der Gleichbehandlung sollen nur solche Angebote gelangen, bei denen der europäische Wertschöp-

fungsanteil mindestens 50% beträgt; Offerten, die diese Bedingung nicht erfüllen, können generell zurückgewiesen werden; sie müssen zurückgewiesen werden, wenn sie nicht mindestens 3% billiger sind als »gleichwertige« europäische Angebote. Insgesamt bedeutet dies, daß ein weiterer Ermessungsspielraum besteht, der etwa industriepolitisch zur Förderung von Hochtechnologiebranchen genutzt werden könnte.
Mit dem Einbau einer Local-content-Klausel in die Sektorenrichtlinie konnten sich die handelspolitischen »Falken« in der Gemeinschaft, mit Frankreich und Italien an der Spitze, gegenüber den »Tauben« aus Deutschland, Großbritannien und den Niederlanden durchsetzen. Letztere hatten großzügig für Meistbegünstigung plädiert, doch konnten die »Hardliner« darauf verweisen, daß die Gemeinschaft mangels einer GATT-Regelung hier nicht zur Meistbegünstigung verpflichtet ist.
Indessen kann der Local-content-Vorbehalt in bi- und multilateralen Verhandlungen wieder aufgehoben werden, wenn die Handelspartner der EG sich ihrerseits verpflichten, europäischen Unternehmen einen »vergleichbaren und tatsächlichen Zugang« zu den eigenen Märkten in den vier Sektoren zu gewähren. Mit ihrer Forderung nach Reziprozität hat die Gemeinschaft jedoch außerhalb Europas, vor allem in den USA, scharfen Protest hervorgerufen. Die Amerikaner fürchten vor allem eine Diskriminierung ihrer leistungsfähigen Hersteller von Telekommunikations- und Kraftwerksausrüstungen, wohl wissend, daß sie die von der EG verlangte Gegenleistung kaum

erbringen können. (Die USA tun sich, vornehmlich aus verfassungspolitischen Gründen, insbesondere mit einer Liberalisierung der öffentlichen Auftragsvergabe auf der Ebene der Einzelstaaten und Kommunen schwer). Die EG konterte denn auch sogleich mit dem Hinweis auf eine noch stärkere Diskriminierung europäischer Anbieter in Amerika, als die USA im Februar 1992 mit Vergeltungsmaßnahmen gegen die Sektorenrichtlinie drohten.

Normenprotektionismus

Neben der Abgeschlossenheit der »öffentlichen« Märkte in der Gemeinschaft bot die Fülle unterschiedlicher technischer Normen, Gesundheits-, Sicherheits- und Umweltvorschriften, Arbeits- und Verbraucherschutzbestimmungen in Europa reichlich Stoff für Konflikte in den Außenbeziehungen der EG-Mitglieder und speziell in ihrem Verhältnis zu den USA. Der Schutz, den solche »technischen Handelshindernisse« inländischen Unternehmen vor ausländischen Anbietern verschaffen, ist zwar weniger augenfällig als die Protektion durch öffentliche Aufträge, er muß aber deshalb nicht minder wirksam sein, entstehen den Konkurrenten doch oftmals gravierende Kostennachteile: Massenproduktionsvorteile können wegen zu geringer Losgrößen nicht genutzt werden, es müssen eigene Exportserien aufgelegt oder Änderungen am Produkt vorgenommen werden, um den unterschiedlichen Anforderungen zu genügen, es fallen Umrüstkosten in der Produktion an.

Der Weg zu einheitlichen europäischen Normen war in der Vergangenheit äußerst steinig. Hierüber mußte im EG-Ministerrat einstimmig entschieden werden, und häufig waren von den Ministern Regelungen bis in das kleinste Detail zu treffen (wie zum Beispiel die körpergerechte Sitzeinstellung bei landwirtschaftlichen Zugmaschinen). So hat es beispielsweise Jahrzehnte gedauert, bis alle technischen Richtlinien für Automobile (vom Radstand bis zur Scheinwerferfarbe) verabschiedet und damit die Voraussetzungen für eine einheitliche europäische Typenzulassung in diesem Sektor geschaffen waren. Es ist deshalb auch nicht verwunderlich, daß die Entwicklung europäischer Einheitsnormen bei weitem nicht mit der Schaffung immer neuer nationaler Standards in den einzelnen EG-Ländern Schritt halten konnte. Mitte der 80er Jahre etwa standen eher kümmerlichen 1.250 Euronormen rund 20.000 deutsche DIN (Deutsches Institut für Normung) –, 13.000 britische BSI (British Standards Institute) –, und 10.000 französische AFNOR (Association Francaise de Normalisation) – Normen gegenüber. Für die Exportfirmen in der EG stellte diese Normenvielfalt die größte aller noch vorhandenen Behinderungen des innergemeinschaftlichen Handels dar, so der Cecchini-Report über die »Kosten der Nichtverwirklichung Europas«. Daß außereuropäische Unternehmen einer solchen Beurteilung zustimmen, versteht sich fast von selbst.
Zur Bekämpfung des wachsenden Normenwirrwarrs schlug die EG-Kommission 1985 in ihrem Weißbuch zum europäischen Binnenmarkt einen »neuen Ansatz« vor, der in den Mitgliedsstaaten – und

außerhalb Europas – viel Beifall fand und bisher auch erfolgreich war. Demzufolge legt der Ministerrat nur noch Mindestanforderungen fest, die bei der Standardisierung zu beachten sind und über die in mehrheitlicher Abstimmung – mit qualifizierter Mehrheit – entschieden wird; die Detailarbeit bleibt den europäischen Normungsorganisationen CEN (Comité Européen de Normalisation), CENELEC (Comité Européen de Normalisation Electrotechnique) und ETSI (European Telecommunications Standards Institute) überlassen. Soweit die einzelnen EG-Mitglieder weiterhin ihre eigenen Normen schaffen oder behalten wollen, gilt das Prinzip der gegenseitigen Anerkennung. Gleichzeitig sollen die Verfahren der Konformitätsprüfung, mit denen die Übereinstimmung der tatsächlichen mit den normierten Produkteigenschaften kontrolliert wird, vereinheitlicht werden, so daß auch hier gegenseitige Anerkennung möglich wird.

Der neue Ansatz der EG erleichtert auch Unternehmen aus Drittländern den Zugang zum europäischen Markt; sie müssen nunmehr nur noch eine Norm (statt bisher maximal zwölf verschiedener Standards) erfüllen, und sie können sich das EG-Land mit der ihnen am günstigsten erscheinenden Regelung aussuchen, um von dort aus die gesamte Gemeinschaft zu beliefern. Trotz dieser Vorteile wurde aber in überseeischen Ländern, und namentlich von amerikanischer Seite, auch harte Kritik an der europäischen Normungspolitik geäußert. Die USA rügten den Informationsvorsprung, den europäische Unternehmen bei Standardisierungsvorhaben erhielten, und verlangten einen »Platz am Verhandlungstisch« der Normungsorganisationen; sie fürchteten um Marktanteile in Niedrigstandardländern der EG, wenn dort künftig, etwa im Bereich der Telekommunikation, strenge Euronormen anzuwenden wären; sie forderten von der EG die Anerkennung amerikanischer Labortestate, um nicht Produkte ohne Konformitätszusicherung nach Europa verschiffen zu müssen; und nicht zuletzt witterten sie den Verdacht, zu erhärten etwa durch das Beispiel des hochauflösenden Fernsehens, daß Euronormen als industriepolitische Waffe im Kampf um die Märkte der Zukunft eingesetzt werden sollten, gemäß der Devise: wer die Norm hat, hat den Markt.

Einen Vorgeschmack auf die Konflikte, die anspruchsvolle Normen verursachen können, hat der transatlantische Streit über den Handel mit hormonbehandeltem Rindfleisch geliefert. Ein entsprechendes Einfuhrverbot der EG beantworteten die USA im Januar 1989 mit prohibitiven Strafzöllen (in Höhe von 100%) auf Fruchtsäfte, löslichen Kaffee, Schaumwein, Tomatenpräparate und Tiernahrung aus Europa. Brüssel drohte daraufhin mit Rückvergeltungsmaßnahmen gegen amerikanische Walnüsse und Trockenfrüchte, was die Handelspolitiker in Washington wiederum dazu veranlaßte, ein Embargo gegen Fleischeinfuhren aus Europa in Aussicht zu stellen. (Dieser Fall ist auch deshalb interessant, weil das Hormonverbot auf eine Initiative des Europäischen Parlaments zurückgeht, das insoweit indirekt auf die Außenbeziehungen der Gemeinschaft Einfluß nehmen kann.)

Wie bereits angedeutet, könnten technische Normen und Standards auch als industriepolitisches Instrument eingesetzt werden. Ähnliches gilt für das öffentliche Auftragswesen. In der Einheitlichen Europäischen Akte (EEA) von 1986, dem Grundgesetz für den EG-Binnenmarkt, wird die »Öffnung der einzelstaatlichen öffentlichen Beschaffungsmärkte« ausdrücklich mit dem Ziel verknüpft, »die wissenschaftlichen und technischen Grundlagen der europäischen Industrie zu stärken und die Entwicklung ihrer internationalen Wettbewerbsfähigkeit zu fördern«. Von verschiedener Seite werden umfangreiche Ausgabenprogramme der öffentlichen Hand gefordert, um die »technologische Kompetenz« europäischer Unternehmen gegenüber ihren amerikanischen und japanischen Rivalen zu erhöhen. In den Dienst der Industriepolitik werden vielfach auch Antidumpingmaßnahmen und Selbstbeschränkungsabkommen sowie gelegentlich auch althergebrachte Schutzzölle gestellt. (In den Jahren 1984 und 1985 etwa erhöhte die EG den gemeinsamen Einfuhrzoll auf CD-Geräte von 9,5 auf 19% und auf Videorecorder von 8 auf 14%, um so den europäischen Herstellern dieser Produkte eine »Atempause« in der Auseinandersetzung mit Japan zu verschaffen. Zu einer oder mehreren dieser Maßnahmen treten als zentrales industriepolitisches Instrument häufig Subventionen verschiedener Art und Form hinzu, von direkten Finanzhilfen bis zu Steuererleichterungen, von Produktions- bis zu Exportsubventionen und von allgemeinen Investi-

tionszuschüssen bis zu Forschungs- und Entwicklungsbeihilfen.
Gemeinsames Ziel solcher industriepolitischer Maßnahmenbündel ist die Steigerung der internationalen Wettbewerbsfähigkeit bestimmter Branchen oder auch Unternehmen. Handelte es sich dabei früher vorwiegend um schrumpfende Traditionsbranchen (»Schornsteinindustrien«), so sind heute eher wachstumsträchtige Zukunftsindustrien die Empfänger staatlicher Zuwendungen. Konkret geht es darum, Abhängigkeiten zu vermeiden (etwa bei der Belieferung mit Halbleitern, die verspätet, mit überholter Technologie oder zu überhöhten Preisen erfolgen könnte), Technologieketten aufzubauen (etwa vom Chip über die elektronische Steuerung bis zur Werkzeugmaschine), externe Effekte (das Ausbreiten des technischen Fortschritts über die Branchen- und Unternehmensgrenzen hinaus) zu realisieren und Synergien freizusetzen. Da in den Zielbranchen unvollkommene Konkurrenz vorherrscht – die Märkte sind typischerweise oligopolistisch strukturiert, mit einer Handvoll großer Anbieter, die sich ihrer wechselseitigen Abhängigkeit bewußt sind –, winken den Unternehmen beträchtliche Gewinne. Inländische Anbieter an diesen auf internationalen Märkten erzielten Gewinnen teilhaben zu lassen, oder es ihnen zu ermöglichen, als erste (»first mover«) am Markt aufzutreten und so die »Pionierrenten« zu kassieren, wird als die eigentliche Triebfeder – und das »strategische« Moment – der Industriepolitik angesehen. Vor diesem Hintergrund wird zugleich deutlich, daß Industriepolitik der beschriebenen selekti-

ven Art erhebliches internationales Konfliktpotential in sich birgt, im Unterschied zu einer branchenübergreifenden Industriepolitik, die allgemein auf eine Stärkung der Marktkräfte abzielt, etwa durch Verbesserung der Rahmenbedingungen für wirtschaftliche Aktivitäten, Förderung der Infrastruktur, des Ausbildungswesens, der Grundlagenforschung, des Technologietransfers, der Kooperation von Industrie und Wissenschaft etc.

Ein spektakuläres Beispiel für konfliktgeladene Industriepolitik sind die jahrelangen transatlantischen Auseinandersetzungen in der Flugzeugindustrie. Mit ihrem im Jahre 1970 gestarteten Airbus-Projekt ist es den Europäern zweifellos gelungen, die amerikanische Monopolstellung bei großen Zivilflugzeugen zu brechen. Das Airbus-Konsortium hat den »anderen« großen US-Hersteller, McDonnell Douglas, vom zweiten Platz verdrängt und ist immer näher an Boeing herangerückt. Ob dieser von den Steuerzahlern ermöglichte einzelwirtschaftliche Erfolg den europäischen Ländern aber auch gesamtwirtschaftlichen Nutzen eingetragen hat – oder eintragen wird –, bleibt dahingestellt. Soweit hierzu Modellrechnungen durchgeführt wurden, war das Ergebnis eher negativ: Die hohen fiskalischen Kosten werden nicht durch niedrigere Flugtarife – aufgrund verschärften Wettbewerbs – kompensiert, zumal der Markteintritt des Airbus bewirkt hat, daß Massenproduktionsvorteile nicht mehr im vollen Umfang genutzt werden können. Der erbitterte Streit über die Flugzeugsubventionen hatte mehrmals nahe an den Rand eines Handelskrieges zwischen Europa und Amerika geführt, bevor am 1. April 1992 ein Waffenstillstand vereinbart wurde: Man einigte sich darauf, die direkten Subventionen auf 33% der Entwicklungskosten eines Flugzeuges und die indirekten (zum Beispiel aus militärischen Projekten herrührenden) Beihilfen auf 4% des gesamten Umsatzes der begünstigten Unternehmen zu begrenzen. Folglich geht die Subventionierung auch in Zukunft weiter, und der Zeitpunkt, an dem der Airbus die Gewinnschwelle, den »break-even point«, überschreitet, ist nicht in Sicht.

Die Airbus-Subventionen, die bisher, so wird geschätzt, insgesamt etwa 25 Milliarden Dollar verschlungen haben, werden im wesentlichen von vier europäischen Ländern – Deutschland, Frankreich, Großbritannien und Spanien – finanziert. Involviert ist aber auch die EG-Kommission, die gemäß Artikel 93 des EWG-Vertrages die Beihilfepraxis in den Mitgliedsstaaten überwacht und allzu subventionsfreudige Regierungen vor den Europäischen Gerichtshof zitieren kann. Vor allem in traditionellen und »reifen« Branchen wie dem Kohlenbergbau, dem Automobil- und Schiffbau, der Stahl- und Textilindustrie pochen die Kommissare, voran das für die Wettbewerbspolitik zuständige Kommissionsmitglied, verstärkt auf strikte Subventionsdisziplin. Großzügiger verfahren sie hingegen im Hochtechnologiesektor. Hier engagiert sich die Gemeinschaft zudem immer häufiger mit eigenen Förderprogrammen, zumal die Einheitliche Europäische Akte ihre Kompetenz im Bereich der Forschung und Technologie deutlich gestärkt hat. Einen wesentlichen Schritt weiter noch geht der Uni-

onsvertrag von Maastricht, in dem für die Gemeinschaftsorgane auch eine industriepolitische Kompetenz verankert wird. Auf Vorschlag der Kommission kann der Ministerrat, so heißt es in dem neu in den EWG-Vertrag eingefügten Artikel 130, »spezifische Maßnahmen«, beschließen, die dafür sorgen sollen, »daß die notwendigen Voraussetzungen für die Wettbewerbsfähigkeit der Industrie der Gemeinschaft gewährleistet sind«. Dieser Passus führte in der EG sogleich zu scharfen Auseinandersetzungen zwischen »Marktwirtschaftlern«, die grundsätzlich »keinen Unterschied zwischen der Herstellung von Computer- und Kartoffelchips« erkennen und »Interventionisten«, für die ohne staatliche Lenkung die Gemeinschaft zur »technologischen Kolonie« Japans und der Vereinigten Staaten zu werden droht.
Eine ähnlich gelagerte ordnungspolitische Kontroverse brach in der EG im Herbst 1991 aus, nachdem die Kommission die Übernahme des kanadischen Flugzeugbauers DeHavilland durch ein Konsortium europäischer Hersteller untersagt hatte. Nach 52 genehmigten Fusionen (mit oder ohne Auflagen) war dies die erste eindeutig negative Entscheidung, seit die EG-Kommission mit der Fusionsverordnung vom 21. September 1990 ermächtigt worden war, über große Unternehmenszusammenschlüsse von »europäischer Bedeutung« zu entscheiden. Von Frankreich und Italien, mit kräftiger Unterstützung durch das Europäische Parlament, wurde daraufhin eine »industriepolitische Vorprüfung« geplanter Unternehmensfusionen gefordert. Diese soll verhindern, daß rein wettbewerbsorientierte Verbotsentscheidungen

die europäische Industrie in der globalen Auseinandersetzung mit Japan und Amerika schwächen. Dem hielten die Anhänger einer unverfälschten Wettbewerbspolitik (Wettbewerbs-»Ayatollahs«, so der deutsche EG-Kommissar Martin Bangemann), vorwiegend in Deutschland, Großbritannien, Dänemark und den Niederlanden zu Hause, entgegen, daß Wettbewerb und internationale Wettbewerbsfähigkeit kein Gegensatzpaar bildeten; effektiver Wettbewerb sei vielmehr, wie gerade auch das japanische Beispiel zeige, der beste Garant für ökonomische Vitalität, während man mit der Zulassung monopolistischer Strukturen der Wettbewerbsfähigkeit einen Bärendienst erweise.

Wie die EG in der Handelspolitik entscheidet

Mit schwindender nationaler Entscheidungsautonomie in außenwirtschaftlichen Angelegenheiten wird die externe Orientierung Europas in Zukunft entscheidend vom Kräftespiel innerhalb der Gemeinschaft bestimmt. Dies gilt gleichermaßen für die vertragliche und autonome Handelspolitik der EG. (Die vertragliche Handelspolitik betrifft Abkommen mit handelspolitischem Inhalt, welche die Gemeinschaft mit Drittländern schließt. Mit autonomer Handelspolitik sind dagegen einseitige handelspolitische Maßnahmen der EG gemeint, so etwa die Verhängung von Antidumpingzöllen). In beiden Fällen wird im Prinzip mit qualifizierter Mehrheit entschieden. Dabei werden die Stimmen der einzelnen EG-Mit-

glieder gemäß ihrer Größe und Wirtschaftskraft gewogen: Deutschland, Frankreich, Großbritannien und Italien verfügen jeweils über 10 Stimmen, Spanien über 8, Belgien, die Niederlande, Griechenland und Portugal über 5, Dänemark und Irland über 3 und Luxemburg über 2 Stimmen.
Werden 54 der insgesamt 76 Stimmen erreicht, so kommt ein Beschluß zustande; entsprechend sind umgekehrt 23 Stimmen – die Sperrminorität – erforderlich, um ihn zu Fall zu bringen. So ist es in Artikel 113 (in Verbindung mit Artikel 149) des EWG-Vertrages (EWGV) vorgesehen, der das handelspolitische »Grundgesetz« der Gemeinschaft bildet. Er verpflichtet die EG-Mitglieder zu einer »gemeinsame(n) Handelspolitik nach einheitlichen Grundsätzen«. Wie die handelspolitische Willensbildung in der Praxis abläuft, wird im folgenden am Beispiel der EG-Beteiligung an den multilateralen Verhandlungen der Uruguay-Runde geschildert.
Der EG-interne Entscheidungsprozeß umfaßt Verhandlungen innerhalb der Kommission, zwischen der Kommission und den Vertretern der Mitgliedsstaaten, innerhalb der einzelnen Mitgliedsstaaten und im Ministerrat. Diese Aktivitäten werden durch Kontakte zum Europäischen Parlament, zum Wirtschafts- und Sozialausschuß, in dem die großen gesellschaftlichen Gruppen vertreten sind, und zu den Wirtschaftsverbänden ergänzt.
Die Kommission verfügt in der Handelspolitik, ebenso wie in anderen Politikbereichen auch, über das Vorschlagsmonopol, und sie führt im Auftrag des Rates die internationalen Verhandlungen. Dabei fällt

der Generaldirektion (GD) 1 (Außenbeziehungen) die Schlüsselrolle zu; sie war sowohl »spiritus rector« der EG in der Uruguay-Runde als auch ihr Verhandlungsführer in Genf. Innerhalb der Kommission muß sich die GD 1 vor allem mit den Ressorts Landwirtschaft (GD 6) und Industrie (GD 3) auseinandersetzen, die stärker sektorale und binnenwirtschaftliche Interessen berücksichtigen. Leichter fällt die Abstimmung mit der GD 4 (Wettbewerb), da außenwirtschaftliche Liberalisierung zugleich ein wirkungsvolles Mittel der Wettbewerbspolitik ist. Entschieden wird in der Kommission grundsätzlich mit einfacher Mehrheit. Daher sind 9 Stimmen erforderlich, wenn alle 17 Kommissare an der Abstimmung teilnehmen. (Bei Abwesenheit einzelner Kommissare gelten andere Mehrheitsregeln; Stimmenübertragung ist nicht möglich.) Allerdings kann die Kommission eines oder mehrere ihrer Mitglieder mit Entscheidungsvollmacht ausstatten, um in internationalen Verhandlungen die nötige Flexibilität zu gewährleisten. Der für die Außenbeziehungen zuständige Kommissar muß sich deshalb nicht ständig bei seinen Kollegen rückversichern.

Die Kommission leitet ihre Vorschläge an einen »besonderen Ausschuß« weiter, der ein einzigartiges Gebilde im Organismus der Gemeinschaft darstellt. Er wird in Artikel 113 EWGV ausdrücklich erwähnt und daher auch 113er Ausschuß genant. Der Ausschuß besteht aus hohen, mit der Außenwirtschaftspolitik befaßten Beamten der Mitgliedsstaaten und – auf niedrigerer Ebene – aus Mitgliedern der Ständigen Vertretungen der nationalen Regierungen in

Brüssel. Er ist die entscheidende Kontaktstelle der Kommission zu den Mitgliedsstaaten. Über ihn lernt die Kommission die handelspolitischen Vorstellungen der Gemeinschaftsmitglieder im Detail kennen, um sie bei der Entwicklung ihrer Vorschläge berücksichtigen zu können. (Gleichzeitig bestehen enge Kontakte zwischen den Kabinetten der Kommissare, die maßgeblich die Willensbildung innerhalb der Kommission beeinflussen, und ihren Pendants in den nationalen Regierungen.) Meist finden die Kommissionsvorschläge denn auch im »113er« Zustimmung, sie werden dann dem Ministerrat gar nicht mehr unterbreitet. (Formal ist der 113er Ausschuß ein bloßes Beratungsgremium, faktisch aber eine Entscheidungsinstanz.)
Diejenigen Vorschläge, die dem Ministerrat vorgelegt werden, passieren zunächst den Botschafterausschuß der Mitgliedsstaaten, der die Ratssitzungen vorbereitet und bereits im voraus Einigkeit über eine gemeinsame Verhandlungsposition der EG herstellen kann. In diesem Falle wird die Vorlage vom Ministerrat ohne Aussprache angenommen. In strittigen Fragen muß der Rat selbst entscheiden. In außenwirtschaftlichen Angelegenheiten ist dies im allgemeinen der Rat der Außenminister, die aber bestimmte Entscheidungen nicht ohne Zustimmung ihrer Agrarkollegen treffen. Trotz des im Vertrag vorgesehenen qualifizierten Mehrheitsverfahrens wird normalerweise verhandelt, bis Konsens erzielt ist; vor allem einflußreiche Ratsmitglieder werden selten überstimmt.
Wie zeitraubend das Konsensverfahren ist, bewies im Jahre 1990 die mühselige Suche der EG-Mitglie-

der nach einer gemeinsamen Verhandlungsposition in der Agrarfrage. Der Vorschlag des Agrarkommissars – Kürzung der internen Subventionen um 30% gegenüber dem Stand von 1986 – provozierte Widerspruch von verschiedenen Seiten. Einigen Mitgliedsstaaten, vor allem Großbritannien, ging das Liberalisierungsangebot nicht weit genug. Andere, in erster Linie Deutschland und Frankreich, hielten es für überzogen; sie wollten ihren Bauern weniger Opfer abverlangen. Nach monatelangem Tauziehen einigte man sich schließlich auf die – nur geringfügig korrigierte – Kommissionslinie, ohne damit freilich bei den Verhandlungspartnern in der Uruguay-Runde auf Gegenliebe zu stoßen.

Viel Zeit benötigte der Ministerrat ebenfalls für einen Verhandlungsvorschlag der Kommission über die – für Entwicklungsländer wichtige – Liberalisierung der Einfuhr tropischer Erzeugnisse. Da die Liberalisierung hier neben Zöllen und mengenmäßigen Beschränkungen auch die Senkung interner Abgaben (insbesondere der Verbrauchssteuern auf Kaffee, Tee und Kakao) einschließt, die vor allem in Deutschland und Dänemark erhebliche fiskalische Bedeutung haben, stellte sich Dänemark auf den Standpunkt, über diese Frage müsse im Konsens entschieden werden, da die Einheitliche Europäische Akte für die Steuerharmonisierung in der EG Einstimmigkeit vorschreibe. Es dauerte insgesamt fünf Monate, bevor das Verhandlungsangebot im Oktober 1987 in der Uruguay-Runde präsentiert wurde.

Einer der seltenen Fälle, in denen nach dem Mehrheitsprinzip verfahren wurde, betrifft die Einfuhr der

EG von Textil- und Bekleidungserzeugnissen aus Ländern der Dritten Welt. Im April 1989, als die Uruguay-Runde zum zweiten Mal – und nunmehr mit Erfolg – den Versuch einer Halbzeitbilanz unternahm und der italienische Außenhandelsminister die EG-Kommission öffentlich wegen ihres Entgegenkommens gegenüber den Entwicklungsländern zur Rede stellte, widersetzte sich Italien im EG-Ministerrat der Verabschiedung des Abschlußdokuments dieser GATT-Konferenz. Unterstützt wurde Italien dabei von Portugal, das ebenfalls in besonderem Maße von einem Abbau der Textilhandelsschranken betroffen wäre, doch die übrigen EG-Mitglieder überstimmten die beiden Dissidenten.

In den handelspolitischen Debatten des Ministerrats stehen sich häufig auf der einen Seite Deutschland, Dänemark und die Niederlande, die drei »liberalen Musketiere«, und auf der anderen Seite Frankreich, Italien und Griechenland gegenüber, die stärker dem Protektionismus zuneigen. Zum liberalen »Lager« gehört auch Großbritannien, während die übrigen EG-Mitglieder je nach ihrer Interessenslage mal hier, mal dort ihr Gewicht in die Waagschale werfen. Daß die »Lagertheorie« indes nicht unfehlbar ist, belegt u. a. der Agrarprotektionismus in Deutschland. Umgekehrt hat Frankreich etwa in der Frage der internationalen Dienstleistungsliberalisierung ein hohes Maß an handelspolitischer Offenheit bewiesen.

Ähnlich wie die europäische Kommission verschiedene Arbeitsgruppen eingerichtet hat, die sich aus Vertretern aller ihrer an den multilateralen Verhandlungen beteiligten Dienststellen zusammensetzen,

haben auch die meisten Mitgliedsstaaten der EG interministerielle Stäbe gebildet, in denen nationale Positionen zu den Verhandlungsthemen entwickelt werden. Überwiegend haben die nationalen Regierungen jedoch eher auf Vorschläge der Kommission reagiert, statt selber Initiativen zu ergreifen. Dies zeigt, wie weit die Zentralisierung der multilateralen Handelspolitik in der EG schon vorangeschritten ist. Ein Schattendasein fristet hier aber noch das Europäische Parlament. Es hat zwar verschiedentlich Interesse an den Verhandlungen der Uruguay-Runde bekundet und eine Reihe von Berichten und Resolutionen hierzu hervorgebracht (die generell die Kommissionslinie unterstützten). Die Europaabgeordneten vermochten aber keinen substantiellen Einfluß auf die Gemeinschaftsstrategie in Genf auszuüben, ganz im Gegensatz zu ihren Kollegen im amerikanischen Kongreß, der dem Präsidenten das Verhandlungsmandat erteilte, ständige Konsultationen mit der Exekutive in Washington und den Unterhändlern vor Ort unterhielt sowie in letzter Instanz über das Verhandlungsergebnis entscheidet.
Auch die Beteiligung der Privatwirtschaft an der Formulierung handelspolitischer Ziele und Initiativen ist in der EG im Vergleich zu den USA noch eher rudimentär. Die EG-Kommission verhält sich reserviert gegenüber formal strukturierten Beziehungen zu den privaten Wirtschaftsverbänden, wie sie in Amerika seit langem bestehen und hinsichtlich der multilateralen Handelsrunden auch gesetzlich verankert wurden: für die Tokio-Runde im Trade Act von 1974, für die Uruguay-Runde im Omnibus Trade and Competitiveness Act von 1988. Die Kommission möchte dem

ohnehin vielschichtigen Entscheidungsprozeß nicht noch eine weitere Dimension hinzufügen. Die Privatwirtschaft hat es ihrerseits bisher vorgezogen, sich mit den nationalen Bürokratien statt mit der Eurokratie zu verbünden. In Zukunft ist aber zu erwarten, daß Brüssel der »Grand Place« des europäischen Lobbyismus wird. Wie sich wirtschaftliche Interessen in der Uruguay-Runde auf europäischer Ebene artikulieren lassen, hat die Vereinigung der nationalen Industrieverbände in Europa (UNICE) bereits in der Frage des geistigen Eigentums demonstriert, die zusammen mit den Dienstleistungen und den Auslandsinvestitionen zu den »neuen Themen« der GATT-Verhandlungen zählt. Gemeinsam mit amerikanischen und japanischen Wirtschaftsverbänden schlug UNICE im Juni 1988 eine Rahmenregelung für den Schutz geistiger Eigentumsrechte durch das GATT vor, gerichtet vor allem gegen Produkt- und Markenpiraterie in Entwicklungsländern, und nahm so bedeutenden Einfluß auf den Gang der Verhandlungen in dieser wichtigen Arbeitsgruppe. Die Initiative zu der gemeinsamen Stellungnahme ging freilich von den USA aus, nachdem UNICE zuvor nur geringes Interesse an einer Behandlung der Eigentumsfrage in der Uruguay-Runde bekundet hatte.
Bei der Beobachtung der handelspolitischen Entscheidungsprozeduren in der EG drängt sich insgesamt der Schluß auf, daß von allen Gemeinschaftsorganen der europäischen Kommission im Laufe der Jahre die größte Machtfülle zugewachsen sind. Die Führungsrolle der Kommission hat wesentlich mit der Komplexität und technischen Natur vieler handelspo-

litischer Probleme zu tun. Nicht selten müssen die Minister in letzter Minute Entscheidungen treffen, an deren monatelanger Vorbereitung sie nicht beteiligt waren. Gleichzeitig wird es den nationalen Regierungen aber auf diese Weise ermöglicht, die Verantwortung für unpopuläre Maßnahmen auf »Brüssel« abzuwälzen. Dennoch häufen sich die Klagen über eigenmächtiges Handeln der Kommissare. So wird etwa Renato Ruggiero, der frühere italienische Außenhandelsminister und einst selbst ein Eurokrat, mit der Bemerkung zitiert, die Ratsmitglieder hätten im Dezember 1990 von einem Agrarkompromißangebot der Gemeinschaft erst durch ein drittes Land, Australien, erfahren. Gefordert wird daher, das Gewicht des Ministerrats in der Handelspolitik zu verstärken. Insbesondere soll ein eigener Rat der Handelsminister geschaffen, der Kommission in internationalen Verhandlungen ein ständiger Repräsentant der jeweiligen Ratspräsidentschaft als »Aufpasser« an die Seite gestellt und der diplomatische Apparat der Mitgliedsstaaten besser genutzt werden, um den außenwirtschaftlichen Interessen der Gemeinschaft Nachdruck zu verschaffen, nicht zuletzt gegenüber Amerika.

3. Kapitel: Amerika und Europa im Leistungsvergleich

A. Die internationale Wettbewerbsfähigkeit der USA auf dem Prüfstand

Als George Bush, seinerzeit Präsident der USA, begleitet u. a. von den Chefs der US-Automobilkonzerne, im Januar 1992 Japan besuchte, schlug ihm offene Feindseligkeit entgegen. Verächtlich schalt man ihn einen Autoverkäufer (»car salesman«) und drehte genüßlich den früher gern gegen das fernöstliche Land gerichteten Spieß um, hatte es sich doch einst unter ausländischen, namentlich amerikanischen Politikern einer gewissen Beliebtheit erfreut, japanische Ministerpräsidenten zu Transistorverkäufern (»transistor salesman«) herabzustufen. Ähnlich schrille Töne wie im ehemals amerikafrommen Japan sind in Brüssel (noch) nicht zu hören, aber sie symbolisieren doch den wirtschaftlichen Machtverfall Amerikas, und dies zu einer Zeit, da die USA aus der politischen Ost-West-Konfrontation als strahlender K.o.-Sieger hervorgegangen sind und militärisch nunmehr unumstritten die Nr. 1 in der Welt darstellen. Mit der geopolitischen Entkrampfung und Auflösung der Militärblöcke haben sich zugleich die wirtschaftlichen Auseinandersetzungen zwischen den westlichen Ländern wesentlich verschärft. Immer häufiger ist von heraufziehenden Wirtschaftskriegen die Rede, so aus dem Munde der ehemaligen französischen Premierministerin Edith Cresson und des japanischen Top-Managers Shintaro Ishihara, der in seinem Buch »The Japan That Can Say No« die Ablösung der militärischen durch die ökonomische Konfrontation (und den Sieg der Japaner in dieser Auseinandersetzung) prophezeit hat. Wie eine Ironie der Geschichte könnte es erscheinen, daß es womöglich erst des völligen Bankrotts der marxistischen Systeme bedurfte, bevor die von Marx vorhergesagten Widersprüche zwischen den kapitalistischen Staaten in voller Schärfe ausbrechen.

Das erhöhte Eigengewicht wirtschaftlicher Interessen, die aus dem Schatten der »großen Politik« herausgetreten sind, hat die Vereinigten Staaten veranlaßt, eine härtere Gangart in der Außenwirtschaftspolitik einzuschlagen. Dabei traf das »Dreinschlagen« auf wirtschaftliche Konkurrenten bisher vornehmlich Japan (und ist als »Japan-bashing« in die politischen Wörterbücher eingangen), doch blieben die Europäer keineswegs ungeschoren. Sie erscheinen regelmäßig auf verschiedenen Handelssünderlisten Washingtons, und der bedauernswerte (Eurosklerose-)Patient der frühen 80er Jahre wird nunmehr zu einem gefährlichen wirtschaftlichen Antipoden stilisiert.

Es wäre indes ungerecht, wollte man den USA vorwerfen, sie suchten die Ursachen ihrer wirtschaftlichen Schwierigkeiten allein bei anderen. Tatsächlich wird das Problem einer schwindenden internationalen Wettbewerbsfähigkeit Amerikas dort seit Jahren intensiv diskutiert, wie kaum ein anderes wirtschaftliches Thema. Die »Erosion der Wettbewerbsfähigkeit« wird als eines der größten Probleme des Landes an der Schwelle zum nächsten Jahrhundert aufgefaßt. Und man ist sich wohl bewußt, daß die Probleme in erster Linie »hausgemacht« sind. Pietro Nivola von der renommierten Brookings Institution dürfte die allgemeine Stimmung treffen, wenn er schreibt, daß »die Politiker wissen, was eine Mehrheit der Amerikaner empfindet: die Fähigkeit des Landes, im wirtschaftlichen Wettbewerb mitzuhalten, hängt stärker von der Bewahrung interner Fitneß als dem Prozeß gegen (widrige) externe Bedingen ab«.

Wettbewerbsprobleme durch unfairen Handel?

Dieser Protest ist freilich das Markenzeichen der amerikanischen Handelspolitik seit der außenwirtschaftlichen Wende in den USA vom 22. und 23. September 1985 gewesen. Damals wurde in einer konzertierten währungs- und handelspolitischen Aktion mit dem Plaza Agreement der Sinkflug des Dollar nach seinem vorangegangenen Höhenflug in der ersten Hälfte des Jahrzehnts eingeleitet und zugleich mit dem Trade Policy Action Plan restriktiven Handelspraktiken anderer Länder unerbittlich der Kampf angesagt; amerikanische Firmen sollten im Ausland die gleichen Chancen erhalten, wie sie ausländischen Firmen in den USA eingeräumt werden. Etwa zur gleichen Zeit schwoll das Außenhandelsdefizit der Vereinigten Staaten dramatisch an; im Jahre 1987 erreichte es den Spitzenwert von 160 Milliarden Dollar und entsprach damit annähernd 4% des amerikanischen Sozialproduktes. Der gigantische Fehlbetrag

im Außenhandel wurde seinerzeit als untrügliches Zeichen mangelnder internationaler Wettbewerbsfähigkeit gedeutet.
In der Öffentlichkeit mußte so der Eindruck entstehen, daß die Wettbewerbsprobleme amerikanischer Unternehmen wesentlich von unlauteren ausländischen Handelspraktiken verursacht waren, und dieser Eindruck wurde von einflußreichen Kongreßpolitikern nach Kräften gefördert.
Richard Gephardt etwa, der demokratische Mehrheitsführer im US-Repräsentantenhaus, sprach von »exzessiven« bilateralen Handelsdefiziten, vornehmlich gegenüber Japan, die von »unfairen« Maßnahmen und restriktiven Regelungen im Ausland herrührten und deshalb, notfalls mit drakonischen Mitteln, jährlich um 10% gekürzt werden müßten. In abgeschwächter Form ist das »Gephardt Amendment« als »Super 301« in das US-Handelsgesetz von 1988 eingegangen. Dieser Vorschrift zufolge waren in den Jahren 1989 und 1990 zunächst die Handelspraktiken zu identifizieren, die den amerikanischen Export vermeintlich am stärksten beeinträchtigten. Sodann wurde eine Liste der Länder aufgestellt, die sich nach den Erkenntnissen der US-Handelsbeamten dieser Praktiken hauptsächlich bedienten.
Renommierte amerikanische Ökonomen, wie zum Beispiel Robert Baldwin von der University of Wisconsin, wurden indes nicht müde, die Unabhängigkeit der Handelsbilanzentwicklung von den ausländischen Handelspraktiken zu betonen. Schließlich seien letztere nicht über Nacht hereingebrochen, sondern bereits etabliert gewesen, als die Vereinigten

Staaten noch schwarze Zahlen in ihrer Handelsbilanz schrieben. Die eigentliche Ursache der Defizite liege in der Diskrepanz zwischen Sparen und Investieren, zwischen Einkommen und Ausgaben. Anders ausgedrückt: die Amerikaner leben über ihre Verhältnisse; sie konsumieren zu viel und sparen zu wenig, und ein Großteil ihrer Ersparnisse wird effektiv vom Fiskus abgeschöpft, der mit hohen Defiziten öffentlichen Konsum finanziert und private Investoren vom inländischen Kapitalmarkt verdrängt (»crowding-out«). Das wachsende Handelsdefizit folgte dementsprechend über Jahre hinweg einem nicht minder kräftig expandierenden öffentlichen Haushaltsdefizit; die Rede war von »siamesischen Zwillingen« und dem »Zwillingsdefizit«.

Politisch war es freilich komfortabler, den Sündenbock für das Unheil im Ausland zu suchen, als der heimischen Klientel Steuerhöhungen und Ausgabenkürzungen zuzumuten. Und die Entwicklung der Handelszahlen schienen den Politikern Recht zu geben: Während das Budgetdefizit weiter anschwoll, ist das Defizit der Handelsbilanz seit 1987 wieder kontinuierlich gesunken, und im Jahre 1991 unterschritt es erstmals seit 1983 wieder deutlich die 100-Milliarden-Dollar-Grenze. (Es betrug aber immerhin noch knapp 70 Milliarden Dollar; überdies ist in jüngster Zeit wieder eine ansteigende Tendenz festzustellen.) Der Rückgang des Defizits ist indes nicht als ein Erfolg aggressiver, ausländischer Märkte mit der »Brechstange« öffnender Handelspolitik zu werten, sondern in erster Linie durch einen sinkenden Dollarkurs zu erklären, der amerikanische Exportgüter verbilligte (und die in der Exportwirtschaft erzielten Einkommen erhöhte), wohingegen er den Import verteuerte und so die Amerikaner zum Konsumverzicht zwang. Entsprechend verringerte sich die Lücke zwischen Einkommen und Ausgaben; das Handelsdefizit sank.

Die Handelsbilanz ist jedoch nicht unbedingt ein zuverlässiger Indikator für die internationale Wettbewerbsfähigkeit. Für ein hochentwickeltes Industrieland wie die USA erscheint ein »strukturelles« Handelsdefizit nicht ungewöhnlich, soweit es lediglich das Pendant zu Einkommen aus Direktinvestitionen im Ausland ist; in diesem Falle würden die das inländische Einkommen übersteigenden (Konsum- und Investitions-)Ausgaben »solide« durch im Ausland erzielte Kapitalerträge finanziert, ohne daß man sich gegenüber ausländischen Gläubigern in das Obligo begäbe. Tatsächlich wird das amerikanische Außenhandelsdefizit durch Direktinvestitionsverträge aber bei weitem nicht ausgeglichen, ebensowenig wie durch Überschüsse aus dem Dienstleistungsverkehr. Ablesen läßt sich dies daran, daß nicht nur die Handelsbilanz, sondern die gesamte Leistungsbilanz der USA gegenüber dem Ausland tief in die roten Zahlen gerutscht ist. Im Jahre 1991 betrug das amerikanische Leistungsdefizit wegen des Golfkrieges und der mit ihm verbundenen umfangreichen Transferzahlungen von seiten der Verbündeten zwar nur noch knapp 10 Milliarden Dollar – nach 92 Milliarden Dollar im Jahre 1990 –, für die folgenden Jahre wird aber mit einem kräftigen Wiederanstieg der roten Zahlen gerechnet; für 1993 etwa schätzt die OECD das Leistungsbilanzdefizit der USA auf 70 Milliarden Dollar, das dann mehr als 1% des zu erwartenden Sozialproduktes betragen würde.

Die Hypothek der Auslandsverschuldung

Was dies langfristig bedeuten könnte, zeigt ein einfaches Zahlenbeispiel. Unterstellt sei, in Anlehnung an den von Lester Thurow in »Head to Head« genannten Fall, daß die Vereinigten Staaten Jahr für Jahr ein Leistungsdefizit in Höhe von 100 Milliarden Dollar verzeichnen. Zur Finanzierung des Fehlbetrages müßten die USA im ersten Jahr in gleicher Höhe Auslandskredite aufnehmen (oder Vermögenswerte an Ausländer übertragen). Im zweiten Jahr wären außerdem, bei einem angenommenen jährlichen Zinssatz von 10%, Zinszahlungen in Höhe von 10 Milliarden Dollar fällig, so daß die erforderliche Neuverschuldung auf 110 Milliarden Dollar anstiege. Nach wenig mehr als 8 Jahren entstünde so, mit Zinsen und Zinseszinsen, ein Auslandsschuldenbetrag in Höhe von über etwa einer Billion Dollar. Die zweite Billion wäre bereits nach 4 weiteren Jahren, die dritte nur 3 Jahre später erreicht. Nach 15 Jahren beliefe sich die kumulierte externe Neuverschuldung demnach auf den gleichen Betrag wie die ausstehenden Schulden des US-Bundeshaushaltes im Jahre 1992, die ein beherrschendes Wahlkampfthema waren und zur Niederlage von George Bush beigetragen haben dürften.
Bereits im Jahre 1985 waren die USA aufgrund der wachsenden außenwirtschaftlichen Defizite vom

Nettogläubiger zum Nettoschuldner der Welt geworden. Inzwischen nähert sich die Nettoauslandsverschuldung Amerikas der Ein-Billionen-Dollar-Grenze. Diese Entwicklung weckt Erinnerungen an die Umkehrung der internationalen Kapitalbewegungen zur Zeit des Ersten Weltkrieges. Binnen drei Jahren, von 1914 bis 1917, wandelten sich die Vereinigten Staaten damals vom »jungen« Schuldner zum »reifen« Gläubiger und übersprangen damit zwei Entwicklungsstadien – »reifer« Schuldner und »junger« Gläubiger –, die normalerweise jeweils einen längeren Zeitraum in Anspruch nahmen. Die von Henry Ford kurz vor dem Krieg entwickelten Fließbandmethoden wurden nun auf die Herstellung von Ausrüstungen und Munition für die alliierten Mächte in Europa (und für die USA selbst) ausgeweitet, gegen entsprechende Kredite an die europäischen Verbündeten.
Nach Beendigung der Feindseligkeiten legten die USA mit dem Dawes-Reparationsplan im Jahre 1924 eine umfangreiche Anleihe für Deutschland auf, die großen Anklang fand; sie wurde in New York 12fach überzeichnet und gab dem amerikanischen Kapitalexport generell starken Auftrieb. Nach dem Zweiten Weltkrieg wurde US-Kapital dann hauptsächlich für den Wiederaufbau Europas exportiert, bevor sich in den 70er Jahren die Kapitalströme erneut umkehrten und im darauffolgenden Jahrzehnt bis in die 90er Jahre hinein den beschriebenen dramatischen Verlauf nahmen.
Theoretisch könnte die Auslandsverschuldung Amerikas auch in Zukunft noch erheblich wachsen. Sie

bestand bisher weniger darin, daß die USA im Ausland Kredite aufgenommen hätten, als vielmehr darin, daß amerikanisches Vermögen, wie zum Beispiel Columbia Pictures oder das Rockefeller Centre, in ausländische Hände übergangen ist; um ihren Konsum zu steigern, verkauften die Amerikaner sozusagen einen Teil ihrer kapitalistischen Erbschaft. Und hier besteht noch ein großer Spielraum. Immerhin wird das Privatvermögen der Amerikaner auf etwa 25 Billionen Dollar geschätzt. Je weiter freilich der »Ausverkauf« und die »Überfremdung« voranschreiten, um so mehr politische Widerstände bauen sich dagegen auf. Unter dem Deckmantel der nationalen Sicherheit wird bereits seit einiger Zeit gefordert, die Übernahme amerikanischer durch ausländische Unternehmen zu begrenzen. Auch könnte das Vertrauen der internationalen Kapitalanleger in den Dollar sinken. »Irgendwann« wird Amerika daher wieder Überschüsse in der Leistungsbilanz erzielen müssen, um die Gewinnüberweisungen ausländischer Investoren finanzieren und die Zinsen für die aufgelaufene Auslandsschuld begleichen zu können. Grundsätzlich kommen hierfür zwei Wege in Frage:

- Die Amerikaner reduzieren kräftig ihre Ansprüche an das ausländische Sozialprodukt.
- Sie steigern beträchtlich die Produktion von Gütern und Diensten, die im Ausland Anklang finden.

Wie bereits erwähnt, hat das Defizit der US-Handelsbilanz seit 1987 wieder abgenommen. Aufgrund des sinkenden Dollarkurses ist die preisliche Wettbewerbsfähigkeit amerikanischer Anbieter gestiegen. Volkswirtschaftlich kommt es aber nicht so sehr darauf an, die nationale Produktion möglichst billig auf ausländischen Märkten abzusetzen; entscheidend ist vielmehr, daß durch den Verkauf wachsende Realeinkommen erzielt werden. Es geht darum, so definiert der vom amerikanischen Kongreß eingesetzte Competitiveness Policy Council in seinem ersten Bericht vom März 1992 wirtschaftliche Wettbewerbsfähigkeit, Güter zu produzieren und Dienstleistungen zu erstellen, die den Test der internationalen Märkte bestehen und den US-Bürgern einen steigenden und langfristig gesicherten Lebensstandard ermöglichen. Für die Beurteilung der internationalen Wettbewerbsfähigkeit müssen deshalb weitere Maßstäbe herangezogen werden.

Verlust des Produktivitäts- und Einkommensvorsprunges

Ein umfassender Maßstab für die internationale Wettbewerbsfähigkeit ist die Produktivität: das wirtschaftliche Ergebnis bezogen auf den Einsatz von Arbeitskraft, Kapital, Wissen und anderen Produktionsfaktoren. Denn die Position der USA in der Weltwirtschaft und der Lebensstandard ihrer Bürger hängen letztlich von der wirtschaftlichen Leistungsfähigkeit ihrer Unternehmen ab. Wenn diese ihre Produktivität nicht steigern, so wird die erforderliche Verbesserung der Handelsbilanz mit dem Ausland durch eine weitere Abwertung des Dollar erzwungen, was gleichbedeutend mit einer Verschlechterung der Lebensverhältnisse im Vergleich zu anderen Ländern ist.

Für große Teile der amerikanischen Bevölkerung wird eine solche Verschlechterung in der Tat bereits seit einiger Zeit beobachtet. Von 1986 bis 1991, parallel zum Dollarverfall, sind die realen (um die Inflationsrate korrigierten) Stundenlöhne (einschließlich Sozialleistungen) in der amerikanischen Industrie und im Dienstleistungsgewerbe Jahr für Jahr gefallen. Auch das mittlere Familieneinkommen ist gesunken; zu Preisen von 1990 gerechnet, betrug es im Jahre 1989 etwa 38.000 Dollar, ein Jahr später nur noch 37.000 Dollar.

Betrachten wir die Produktivitätsentwicklung in den USA über einen längeren Zeitraum – von 1960 bis 1990 –, so markiert das Jahr des ersten Ölschocks – 1973 – einen tiefen Einschnitt. von 1960 bis 1973 stieg die Arbeitsproduktivität – das Produktionsergebnis je Arbeitsstunde – in der amerikanischen gewerblichen Wirtschaft jährlich um 2,5%, von 1973 bis 1990 dagegen nur noch pro Jahr um 0,7%. Der langfristige Rückgang des Produktivitätswachstums hat zwar nicht nur die Vereinigten Staaten, sondern auch andere Industrieländer getroffen, doch war er in den USA deutlich stärker ausgeprägt als anderswo. Dies läßt sich wiederum am Beispiel der Arbeitsproduktivität zeigen, jetzt – etwas ungenauer – als Produktionsergebnis je Beschäftigten gemessen. Demnach betrug der amerikanische Produktivitätsanstieg von 1960 bis 1973 2,2% pro Jahr, in der Periode 1973-79

kam er vollständig zum Erliegen, und für die Jahre von 1979 bis 1990 errechnen sich lediglich 0,5% jährlich. Die Vergleichswerte für Japan lauteten demgegenüber: 8,6 (1960-73), 2,9 (1973-79) und 3,0% (1979-90), für die Bundesrepublik Deutschland: 4,5; 3,2; und 1,6%, und für die Gesamtheit aller OECD-Länder: 4,1; 1,4 und 1,5%. Jüngste Daten des U.S. Bureau of Labor Statistics deuten überdies darauf hin, daß in einigen Hochtechnologiebranchen (Computer-, Büromaschinen- und Instrumentenbau) die Produktivitätsschwäche noch stärker ausgeprägt ist als in der gewerblichen Wirtschaft insgesamt.
Die schwache Produktivitätsentwicklung hat dazu geführt, daß die USA ihre führende Einkommensposition in der OECD eingebüßt haben. Lagen die Pro-Kopf-Einkommen der Amerikaner im Jahre 1960 noch mit großem Abstand vor den in anderen Industrieländern erzielten Einkommen – das Sozialprodukt pro Einwohner (zu laufenden Preisen und Wechselkursen gerechnet) betrug seinerzeit in den USA 2.841 Dollar, in Japan aber nur 477, in der Bundesrepublik 1.300 und in der gesamten OECD 1.503 Dollar –, so rangierten die USA im Jahre 1990 nur noch an zehnter Stelle. Mit 21.449 Dollar mußte sich der durchschnittliche US-Bürger mit einem geringeren Einkommen bescheiden als der Durchschnitts-Japaner (23.822 Dollar) und -Deutsche (23.536 Dollar), bei einem durchschnittlichen OECD-Pro-Kopf-Einkommen in Höhe von 19.334 Dollar. Im Rezessionsjahr 1991 – das amerikanische Sozialprodukt schrumpfte seinerzeit um 0,7%, während das japanische um 4,5, das deutsche um 3,1 und das OECD-

Sozialprodukt um 1% wuchs – sind die USA noch weiter zurückgefallen. (Die Vereinigten Staaten stehen im internationalen Einkommensvergleich allerdings wesentlich günstiger da, wenn für die notwendige Umrechnung auf eine einheitliche Währungsbasis nicht die laufenden Wechselkurse, sondern Kaufkraftparitäten herangezogen werden. Diese errechnen sich anhand der Kosten für bestimmte Mengen ähnlicher Güter und Dienste in verschiedenen Ländern und spiegeln deshalb relativ gut nationale Unterschiede im Lebensstandard wider. Gemessen an den Kaufkraftparitäten standen die USA auch im Jahre 1990 noch an der Spitze der OECD-Einkommenspyramide, gefolgt von der Schweiz, Luxemburg, Kanada, Deutschland, Japan und Frankreich. Über die Jahre ist ihr Vorsprung jedoch auch auf dieser Basis insgesamt beträchtlich geschrumpft.)

Investitions-, Infrastruktur- und Ausbildungsdefizite

Eine wesentliche Ursache der Produktivitätsschwäche und relativen Einkommensverluste sind unzureichende Investitionen. Für den Harvard-Professor Michael Porter, der im Jahre 1990 mit seiner Studie über nationale Wettbewerbsvorteile (The Competitive Advantage of Nations) großen Anklang fand, sind Investitionen »die wichtigste Determinante des Wettbewerbsvorteils«. In der Harvard Business Review von September-Oktober 1992 schreibt Porter, daß, »um auf den internationalen Märkten bestehen zu können, die Unternehmen eines Landes ständig Innovationen hervorbringen und ihre Wettbewerbsschwächen weiterentwickeln müssen«, was seinerseits »anhaltende Investitionen in physische ebenso wie immaterielle Aktiva« (Qualifikation der Arbeitskräfte, Kooperationen mit Zulieferern usw.) voraussetzt.

Die Investitionstätigkeit bleibt in den USA jedoch, im Verhältnis zum Sozialprodukt, weit hinter entsprechenden Aktivitäten anderer Länder zurück. Im Jahre 1990 betrug die gesamtwirtschaftliche Investitionsquote – der Anteil der gesamten Bruttokapitalbildung am Bruttoinlandsprodukt – in den USA lediglich 16%, in Japan dagegen 33, in Deutschland 21 und in der gesamten OECD 22%. Betrachten wir nun die Investitionen der gewerblichen Wirtschaft und setzen sie zu der dort erzielten Wertschöpfung in Beziehung, so errechnet sich für Amerika eine Investitionsquote von 14%, für Japan aber von 25 und für Deutschland von 17%. Auch in allen anderen OECD-Ländern liegt die Quote höher als in den USA. Absolut gesehen rangieren die USA in wichtigen Bereichen ebenfalls nicht mehr an erster Stelle. So lagen etwa die Investitionen in der Halbleiterindustrie 1990 in Japan wertmäßig fast doppelt so hoch wie in Amerika.

Da ähnliche Relationen schon seit Jahren zu beobachten sind, ergibt sich, daß der Kapitalstock der amerikanischen Industrie im Vergleich zu anderen Ländern weit überaltert ist. Eine typische Werkzeugmaschine etwa in einer amerikanischen Fabrik ist sie-

ben Jahre älter als in Japan, während zwei Drittel aller in Amerika eingesetzten metallverarbeitenden Werkzeugmaschinen älter als zehn Jahre sind – und dies inmitten eines rapiden Wandels der Werkzeugmaschinentechnologie und allgemein in einem Wettbewerbsfeld, in dem vor allem die Verfügung über neue Fertigungstechnologien, mehr noch als über Produkttechnologien, zählt.
Gravierende Investitionsdefizite sind auch außerhalb des unmittelbaren Produktionssektors festzustellen, vor allem in der öffentlichen Infrastruktur und im Erziehungssystem. So bedarf etwa die marode Verkehrsinfrastruktur – Straßen, Brücken, Flug- und Seehäfen – in den USA dringend der Überholung. Auch bei den Infrastrukturinvestitionen im Bereich der Datenverarbeitung und Kommunikation hängt Amerika zurück. Insgesamt, so schätzt George Fisher, Chef des Elektronikkonzerns Motorola und zugleich Vorsitzender des 1986 von der Privatwirtschaft gebildeten Council on Competitiveness, werden in den Vereinigten Staaten nur 1 % des Sozialproduktes für die Infrastruktur ausgegeben, in Deutschland aber annähernd 3 und in Japan fast 6%.
Im Erziehungswesen der USA klafft eine gähnende Lücke zwischen dem hohen Niveau der Hochschulerziehung und dem niedrigen Stand der schulischen und beruflichen Ausbildung. High-School-Abgänger verfügen häufig nicht über notwendige mathematische Grundkenntnisse, und statt einer systematischen, arbeitsbegleitenden Berufsausbildung, wie sie zum Beispiel das deutsche duale System anbietet, herrscht in Amerika das On-the-job-Training vor. Der

Ausbildungsstand amerikanischer Industriearbeiter reicht daher vielfach nicht aus, um computergesteuerte Technologien effektiv zu nutzen, statistische Qualitätskontrollen (unabdingbar etwa in der Chip-Herstellung) durchzuführen, flexible Fertigungssysteme zu bedienen und Zulieferungen bedarfsgerecht (»just-in-time«) zu steuern.
Derartige Mißstände behindern nicht nur die internationale Wettbewerbsfähigkeit amerikanischer Anbieter, sondern tragen auch zu einem gefährlichen Auseinanderdriften der Einkommensverteilung bei. So ist zwischen 1973 und 1990 das reale Pro-Kopf-Einkommen *aller* Amerikaner um knapp 30 % gestiegen, doch sind im gleichen Zeitraum die realen Stundenlöhne einfacher Arbeitskräfte um mehr als 10 % gefallen. Ohne einen solchen Lohnverzicht hätten US-Hersteller stärker noch als bisher schon Produktionen in jene Länder verlegt, in denen die gleiche Qualifikation zu noch erheblich niedrigerem Lohn zu haben ist.

Forschung, Entwicklung und Hochtechnologie: Amerika fällt zurück

Zu den Ausbildungsmängeln gesellen sich wachsende Defizite in Forschung und Entwicklung (F&E). Seit 1985 ist die nichtmilitärische F&E-Quote in Amerika stetig gesunken, während sie in Japan und Deutschland unvermindert gestiegen ist. Infolgedessen liegen die nichtmilitärischen F&E-Ausgaben mittlerweile in den USA mit knapp 2% im Verhältnis zum

Sozialprodukt deutlich niedriger als in den beiden anderen Ländern, für die rund 3% gemessen werden. Betrachten wir allein die F&E-Ausgaben, die von Unternehmen getätigt werden, so ergibt sich für die USA in der Periode von 1985 bis 1990 ein jährlicher Zuwachs von 1%, für Japan aber von 8, für Deutschland von 3,4 und für die gesamte EG von 4,5%. In den Jahren 1990 und 1991 sind die F&E-Ausgaben der US-Firmen sogar absolut geschrumpft, wohingegen sie in anderen Ländern weiter angestiegen sind. Diese Angaben finden sich im Jahresbericht 1992 der OECD über die Industriepolitik ihrer Mitgliedsländer.

Aufschlußreich ist auch die unterschiedliche Gewichtung der F&E-Ausgaben. Amerikanische Unternehmen verwenden etwa zwei Drittel ihrer Forschungsgelder für die Entwicklung neuer Produkte und ein Drittel für neue Produktionsverfahren. Bei japanischen Firmen verhält es sich angeblich gerade umgekehrt – ein Drittel für Produkt –, zwei Drittel für Verfahrensinnovationen. Neue Produkte können aber, so heißt es, relativ leicht nachgebaut werden; das »reverse engineering« habe sich zu einer neuen Kunstform entwickelt. Behauptet wird deshalb, daß es heutzutage wenig nütze, ein neues Produkt zu erfinden, wenn der Erfinder nicht zugleich auch kostengünstig und auf hohem Qualitätsniveau herstellen könne. Als Beispiel werden Videokameras und -recorder, das Telefax- und CD-Gerät genannt, alles Produkte, die von Amerikanern und Europäern erfunden, in der Produktion jedoch von Japanern zur Perfektion geführt wurden; letztere verbuchen

dementsprechend hier auch die hohen Verkaufsziffern, Beschäftigtenzahlen und Gewinne.
In einigen Hochtechnologiebranchen mußten die USA bereits die industrielle Vorherrschaft an Japan abtreten. Dies gilt vor allem für Teile der Elektronikindustrie, die in Amerika mit 2,5 Millionen Arbeitern und Angestellten mehr Personen beschäftigt als die Stahl-, Luftfahrt- und Automobilindustrie zusammen. Immer wieder wird das Beispiel der Halbleiter zitiert. Bei diesen »Rohstoffen des elektronischen Informationszeitalters« ist der Weltmarktanteil der US-Hersteller seit 1985 um nahezu 15 Prozentpunkte geschrumpft. Während die Japaner, die 1985/86 die Führungsposition in der Welthalbleiterproduktion übernommen haben, sich der 50%-Marke nähern, hält die amerikanische Industrie nur noch weniger als 40%; die Europäer sind auf unter 10% zurückgefallen. So steht es im dritten – und voraussichtlich letzten – Bericht der 1988 vom US-Kongreß in das Leben gerufenen nationalen Beraterkommission für Halbleiter (National Advisory Committee on Semiconductors).
Die Signale aus der Halbleiterindustrie sind indes nicht eindeutig. Während US-Unternehmen in der Herstellung konventioneller Speicherchips weitgehend von japanischen Konzernen verdrängt worden sind, haben sie bei Mikroprozessoren und Spezialchips weiterhin die Nase vorn und ihren Vorsprung zum Teil noch ausgebaut. Bei einem neuartigen Speichermedium, den Flash-Chips, die den herkömmlichen Speicherchips und Festplatten in einer Reihe von Anwendungen überlegen sind und eine Palette

ganz neuartiger, miniaturisierter Produkte ermöglichen, ist es den Amerikanern gelungen, den Spieß umzudrehen: Flash-Chips wurden 1984 von der japanischen Toshiba erfunden, doch hat die kalifornische Intel Corporation das Produkt und die Produktionstechnologie weiterentwickelt und sich zum Marktführer aufgeschwungen.

Ein wesentlicher Grund für die internationalen Wettbewerbsprobleme der US-Industrie wird schließlich auch in der Management-Philosophie erblickt. Amerikanische Wirtschaftsführer, so lautet der Vorwurf, sind zu sehr dem kurzfristigen Gewinndenken verhaftet; sie orientieren sich hauptsächlich an den Quartalsergebnissen ihrer Unternehmen und vernachlässigen darüber die langfristige, strategische Planung. »Short-termism« nennt der Competitiveness Policy Council diese Haltung, welche die internationale Wettbewerbsfähigkeit amerikanischer Anbieter fundamental schwäche.

Bei alldem hat der Außenhandel Amerikas im Verhältnis zum Sozialprodukt des Landes kräftig zugenommen. I. M. Destler vom Institute for International Economics in Washington, ein führender Außenhandelsexperte, spricht von einer regelrechten Handelsexplosion (trade explosion). Immerhin ist die Außenhandelsquote der USA – das Verhältnis der gehandelten (im- und exportierten) Güter und Dienste zum Sozialprodukt – von rund 13% im Jahre 1970 auf 25% im Jahre 1990 angewachsen. Im gleichen Zeitraum ist jedoch der US-Anteil am OECD-Export von Industriegütern von 17,8 auf 14,8% gesunken, so die OECD in ihrem jüngsten Industriepolitik-Bericht.

Die OECD-Daten lassen zugleich für die USA bedrohlich erscheinende Strukturveränderungen im Außenhandel erkennen. So verzeichnen die US-Anbieter von Gütern niedriger Technologie – in der OECD-Klassifikation sind dies Steine und Erden, Nahrungsmittel, Getränke und Tabak, Schiffbau, Ölprodukte, Eisenmetalle, Metallprodukte, Papier- und Druckerzeugnisse, Holz, Möbel und Textilien – nur geringe Einbußen; ihr Exportmarktanteil ging lediglich von 11,9 auf 11,0% zurück. Bei Gütern mittlerer Technologie (Automobile, Chemieprodukte, mechanische Maschinen, Kunststoffe, Nichteisenmetalle, sonstige Industrieprodukte) schrumpfte der amerikanische Marktanteil demgegenüber von 19,6 auf 13,2%. Und im Bereich der Hochtechnologie – hierzu zählt die OECD Flugzeuge, Computer, elektronische Komponenten, Pharma-Produkte, Instrumente und elektrische Maschinen –, traditionelle Domänen der US-Industrie, sind die amerikanischen Exporteure von 28,3 auf 23,7% zurückgefallen.
Für ein hochentwickeltes Industrieland wäre eher eine umgekehrte Entwicklung zu erwarten gewesen. Indes fügen sich die tatsächlichen Exportmarktanteilsdaten zusammen mit den oben beschriebenen Tendenzen in der relativen Produktivitäts- und Einkommensentwicklung zu einem Gesamtbild deutlich verminderter internationaler Wettbewerbsfähigkeit der amerikanischen Industrie. Ob die in jüngster Zeit wieder ansteigende Produktivitätsziffern hier bereits eine Wende signalisieren, ist schwer zu beurteilen.

B. Von der Eurosklerose zur Europhorie: Europäische Integration und die transatlantischen Beziehungen

Zu Beginn der achtziger Jahre fiel der Vergleich der Wirtschaftskraft und der -entwicklungsmöglichkeiten zwischen den Vereinigten Staaten von Amerika und Europa wenig schmeichelhaft für die Europäer aus. Während den USA eine glänzende Zukunft vorausgesagt wurde, machte die Bezeichnung »Eurosklerose« für den alten Kontinent die Runde.
Der aus der Medizin entlehnte Begriff »Eurosklerose« sollte zum Ausdruck bringen, daß die fortlaufende Verkrustung der Wirtschaftsstruktur in den Ländern der Gemeinschaft Wohlstand, Wachstum und Beschäftigung sowie internationale Wettbewerbsfähigkeit nicht zuließ. Mächtige Gewerkschaften verhinderten nach weitverbreiteter Ansicht Lohnsenkungen bei nachlassender Arbeitsproduktivität und förderten den Bestand von Arbeitsplätzen in Branchen, die ohne Schutzmauern der Konkurrenz aus anderen Industrieländern oder aus den südostasiatischen Schwellenländern unterlegen wären. Hohe Lohnnebenkosten, lange Kündigungsfristen und ein aufwendiges Sozialsystem stünden Bemühungen im Wege, die Produktion schnell den veränderten Weltmarktverhältnissen anzupassen. Politiker unterließen notwendige Einschnitte in den öffentli-

chen Haushalten; Unternehmen wurden kritisiert, weil sie Neuerungen unterließen, die die Marktanteile ausgeweitet hätten. Die Zersplitterung des alten Kontinents in kleine, nationalstaatlich begrenzte Märkte galt als eine weitere Ursache dafür, daß Unternehmen nicht die Vorteile der Kostendegression bei kapitalintensiver Fertigung wahrnehmen können.
Zehn Jahre später ist der Begriff »Eurosklerose« aus der Diskussion verschwunden. Gesamtwirtschaftliche Indikatoren lassen eine Besserung der Lage erkennen, in die starren Strukturen ist Bewegung – für viele immer noch nicht genug – gekommen. Die Fragmentierung Europas ist überwunden mit der Schaffung eines einheitlichen Europäischen Binnenmarkts und den Schritten zu einer Wirtschafts- und Währungsunion. Die politischen und wirtschaftlichen Reformen in Osteuropa öffnen die Tür für weitere handelsfördernde und die Volkswirtschaften innerhalb Europas zusammenschließende Maßnahmen.

Mit guten Ergebnissen in die neunziger Jahre

Voller Stolz vermeldet die Gemeinschaft wirtschaftlich gute Ergebnisse zu Beginn der neunziger Jahre:

- Das Bruttoinlandsprodukt (in konstanten Preisen) zeigt für den Zeitraum zwischen 1980 und 1990 ein jahresdurchschnittliches Wachstum von 3%. Vorläufige Berechnungen für den Beginn der neunziger Jahre lassen jedoch eine leichte Verflachung erkennen.

• Obwohl die Erfolge bei der Steigerung des Wachstums in der Industrie mit einem reduzierten Einsatz von Arbeitskräften von bis zu 20% im Maschinenbau, der Baumaterialienherstellung, der Metallverarbeitung und der Holzverarbeitung einhergingen, sind zwischen 1985 und 1990 in der Europäischen Gemeinschaft zusätzlich 7 Millionen Arbeitsplätze entstanden, 1990 schätzungsweise 1,5 Millionen und 1991 noch einmal voraussichtlich 1 Million, überwiegend für Jugendliche, die in das Arbeitsleben eintreten und die rund die Hälfte der neuen Beschäftigten ausmachen, oder für Frauen, die eine Tätigkeit suchen.

• Wesentlich größer als 1980 ist derzeit die Kapitalrentabilität in der Gemeinschaft; die Investitionen haben in der zweiten Hälfte des vergangenen Jahrzehnts einen Wachstumsprozeß in den anderen Mitgliedsstaaten ausgelöst.

• Bemerkenswert ist der tiefgreifende strukturelle Wandel. Neuartige Vielzweckanlagen haben die Kosten gesenkt ebenso wie die Verkürzung der Produktionstiefe durch Auslagerung von Aktivitäten: Unternehmen greifen in stärkerem Maße auf fremdgefertigte Zulieferungen zurück und übergeben Aufgaben wie die Buchführung an große Datenverarbeitungsanlagen, weil dort die gleichen Arbeiten weitaus billiger durchgeführt werden können. Mit dem Ziel, den Zugang zu neuen Märkten zu finden und zu sichern, ist die Zusammenarbeit zwischen Unternehmen beschleunigt worden. Der Wettbewerb hat Gemeinschaftsunternehmen und Firmenzusammenschlüsse begünstigt, die marktorientierte Synergieeffekte in der Produktion, Verwaltung und im Vertrieb erzielen können. Unternehmen operieren ohne Scheu auf europäischer Ebene und haben das Angebot diversifiziert, so daß sie den Bedarf auf vielen Gütermärkten und Dienstleistungsmärkten decken können.

- Die innergemeinschaftlichen Einfuhren haben 1989 fast 624 Milliarden US-Dollar erreicht, das ist das Doppelte des Wertes von 1980. Mehr als die Hälfte aller Einfuhren der Mitgliedsländer stammen aus der Gemeinschaft. Der Handel mit den Drittstaaten betrug 1980 rund 216 Milliarden ECU, 1989 413 Milliarden ECU; davon entfielen zu Beginn des Berichtszeitraums 28 Milliarden ECU auf die USA und zum Ende des Zeitabschnitts 78 Milliarden ECU. 1980 machten die Einfuhren aus Drittstaaten 282 Milliarden ECU und 1989 447 Milliarden ECU, davon 47 Milliarden ECU bzw. 83 Milliarden ECU für die Importe aus den Vereinigten Staaten von Amerika aus. Der Anteil der Einfuhren aus den USA ist im letzten Jahrzehnt nahezu gleich geblieben, die Gemeinschaft verzeichnete im gleichen Zeitraum eine Zunahme für die Quote der Ausfuhren in die USA, bezogen auf die Gesamtausfuhren.

Ungleichgewichte innerhalb der Gemeinschaft

Die Fortschritte dürfen nicht darüber hinwegtäuschen, daß innerhalb der Gemeinschaft ein Gefälle besteht, das die Mitgliedsstaaten voneinander unterscheidet. 1990 lag das Bruttosozialprodukt pro Kopf

in Dänemark bei 25.500 US-Dollar, in Portugal bei 5.700 US-Dollar. Die Bundesrepublik Deutschland (Westdeutschland ohne die jungen Bundesländer) verzeichnete 23.700 US-Dollar, Großbritannien z. B. 16.900 US-Dollar. Ungleich verteilt ist auch die Arbeitslosigkeit. 1990 erreichte sie in Luxemburg mit 1,7% den Mindestwert, die Bundesrepublik Deutschland (Westdeutschland ohne die neuen Bundesländer) wies 5,4%, Griechenland 8,5% aus, und Italien meldete 10,6%; Irland und Spanien halten seit 1985 unverändert die Spitze mit mehr als 16%.
Eine Kluft offenbart auch der Vergleich der Inflationsrate in den einzelnen Mitgliedsländern. Die Verbraucherpreise sind 1991 (Jahresmitte) gegenüber 1990 in Griechenland um 17,4% erhöht worden, in Portugal um 11,4%; mit einigem Abstand folgen Italien mit 6,3% und Spanien mit 6,0%. Vergleichsweise hohe Preisstabilität kennzeichnet Dänemark (2,1%), Frankreich (3,0%), Irland und Belgien (jeweils 3,5%). Im Mittelfeld sind Luxemburg mit 3,6% und die Bundesrepublik Deutschland (Westdeutschland ohne neue Bundesländer) mit 4,1% anzusiedeln.
Ungleich verteilt sind die Ressourcen zur Sicherung des wirtschaftlichen Wachstums. Spar- und Investitionsquoten in den ärmeren Ländern zeigen zwar keinen großen Unterschied zu denen in den fortgeschrittenen Ländern: Griechenlands Investitionsquote betrug beispielsweise 1986 18,5%, Portugals 21,6%, Italiens vergleichbare Zahl 21,6%; diese Werte liegen über denen oder nahe denen für die Bundesrepublik Deutschland (1986: 19,5%) oder für Frankreich (19,1%) und Großbritannien (17,2%). Dennoch dür-

fen die Zuwachsraten nicht vergessen lassen, daß die ärmeren Staaten von einem niedrigen Niveau aus starten und wesentlich höhere Zuwachsraten vorzeigen müßten, wenn sie mit den fortgeschrittenen Mitgliedsstaaten gleichziehen wollen.

Auch die Staatsverschuldung ist in den achtziger Jahren länderweise deutlich uneinheitlich. Als Spitzenreiter sind Belgien mit 132% (Staatsverschuldung in Prozent des Bruttosozialprodukts 1991), Irland mit 113%, Italien mit 104%, Griechenland mit 84% und Niederlande mit 83% anzuführen. Auf der anderen Seite sind Luxemburg mit 5%, Großbritannien mit 36%, Spanien mit 43%, die Bundesrepublik Deutschland (Westdeutschland ohne neue Bundesländer) und Frankreich mit 48% auszumachen.

Neben Ländern, die deutlich den Wandel zu einer Dienstleistungsgesellschaft mit qualifizierten Beschäftigungsmöglichkeiten in der High-Tech-Industrie vollziehen, stehen Länder, die noch heute von der Landwirtschaft leben: Trug beispielsweise in der Bundesrepublik Deutschland die Landwirtschaft Ende der achtziger Jahre weniger als 2% zum Bruttosozialprodukt bei, so wurden in Griechenland und in Irland um die 15% von diesem Sektor bereitgestellt.

Eklatant sind auch die Unterschiede bei der Finanzierung von Forschung und Entwicklung: Die wirtschaftlich gut gestellten EG-Mitgliedsländer wie die Bundesrepublik Deutschland (Westdeutschland, ohne junge Bundesländer), Frankreich und Großbritannien wenden jährlich mehr als 2% des Bruttosozialprodukts für Forschung und Entwicklung auf und erreichen damit Größenordnungen, die sonst nur noch Japan und die USA ausweisen. Die weniger fortgeschrittenen Staaten in der EG, z. B. Griechenland oder Irland, zeigen Vergleichszahlen nahe Null.

Dynamik durch Handelsöffnung und Wettbewerbsverschärfung

Rasch fortgeschritten ist die handelsmäßige Verflechtung, vor allem in den erst später beigetretenen Mitgliedsländern. Fast 64% aller spanischen Exporte und 71% aller portugiesischen Ausfuhren waren für Mitgliedsländer bestimmt; Italien, die Bundesrepublik Deutschland und Großbritannien erreichen einen Anteil von 50%. Die kleineren Länder der Gemeinschaft wie die Niederlande, Belgien und Irland haben drei Viertel ihrer Exporte in die Mitgliedsländer geleitet. Mit dem Abbau der nichttarifären Handelshemmnisse wurde der Zugang zu bislang verschlossenen Märkten erleichtert, und die nutzten die Unternehmen, indem sie zugleich Wettbewerbsvorteile aufgrund niedriger Lohnkosten wahrnahmen. Den größten Nutzen haben die fortgeschrittenen Länder mit einer deutlich ausgeprägten Exportwirtschaft gezogen; die Finanzierung der Defizite vollzog sich zudem geräuschlos, weil die Integration der Finanzmärkte die Voraussetzung für einen schnellen Ausgleich geschaffen hatte und damit einen Einbruch bei den Handelsströmen verhinderte. So ist es zu erklären, daß der Binnenmarkt den Export der fortgeschrittenen Länder ausweitete. In den weniger fortgeschrittenen Ländern stieg mit dem

Wohlstandsschub in den industrialisierten Ländern die Nachfrage nach Importen.
Verstärkt wurde dies durch die Auslagerung von Produktionslinien aus den Ballungsgebieten in den klassischen Industriezentren der Gemeinschaft.
Mit Kapitalanlagen von Unternehmen, die in den Ballungszentren kaum noch Chancen sahen, Produktions- und Verwaltungskapazität angesichts teurer Grundstücke, eines leergefegten Arbeitsmarktes und eines hohen Lohnniveaus auszuweiten, wurden Teile der Fertigung oder die Tätigkeit insgesamt in neu hinzugekommene Mitgliedsstaaten ausgelagert, die nach der Öffnung des Binnenmarktes näher herangerückt waren und mit billigem Land und dem Angebot von Arbeitskräften zu niedrigen Löhnen lockten.
Von dem Binnenmarkt ging und geht zudem ein starker Wettbewerbsdruck aus. Verkrustete Strukturen in traditionellen Zentren und Hochlohngebieten mit hoher Arbeitsproduktivität stehen im Wettbewerb mit Regionen, wo Unternehmen niedrige Löhne zahlen.
Die zunehmende Standort- und Unternehmenskonkurrenz verschärft den Druck durch kostengünstigere Produktionsverfahren, durch die Einsparung von Arbeit und Kapital, durch Ausnutzung aller Preissenkungsspielräume sowie durch Qualitätsverbesserung Marktnischen zu erschließen und gegen die Konkurrenz zu verteidigen. Als Folge sinken die Preise im Inland; die internationale Wettbewerbsfähigkeit steigt, dies erhöht die Ausfuhrmöglichkeiten und schafft neue Arbeitsplätze.
Nach Auffassung der Gemeinschaft profitieren in weiterer Folge auch Drittstaaten. Mit steigenden Ein-

kommen (einer Folge des Binnenmarktes) werden auch die Importe zunehmen. Angesichts der privilegierten Bedeutung des Handels zwischen der EG und den USA bestehen gute Aussichten, den gegenseitigen Handel zum gemeinsamen Vorteil zu vertiefen.

Keine vollständige Integration

Von einem Binnenmarkt, der einen Wirtschaftsraum nach amerikanischem Vorbild begründen könnte, ist die Gemeinschaft noch weit entfernt, denn eine Wirtschafts- und Währungsunion zu schaffen steht erst noch als Programmpunkt auf der Traktandenliste der nächsten Jahre. Von der Konvergenz werden mit fortschreitendem Abbau der Ausnahmeregelungen immer noch Wettbewerbsfähigkeit beeinflussende nationale Politiken ausgenommen.

Von Land zu Land werden abweichende industriepolitische Konzepte verfolgt, und die Richtungen, die die Mitgliedsstaaten einschlagen, ändern sich mit der Zusammensetzung der Regierungen. Derzeit läßt sich feststellen, daß Großbritannien und die Bundesrepublik Deutschland marktwirtschaftlichen Konzepten den Vorzug geben, während Frankreich seiner traditionellen Leitlinie folgt und eine interventionistische staatliche Lenkung für besser hält. In den kleineren Ländern ist der Wettbewerb dadurch eingeschränkt, daß der Staat in der Anpassungsphase an den Binnenmarkt die Unternehmen mit Subventionen aus öffentlichen Mitteln innerhalb des durch die Römischen Verträge zulässigen Rahmens stützt.

Mit fortschreitender Integration muß die Gemeinschaft entscheiden, welchen Weg sie in Zukunft einschlagen will. Dem Prinzip des Binnenmarktes entspräche es, wenn in einer Wirtschaftsregion alle Unterschiede in der nationalen Wirtschaftspolitik abgeschafft und die produktivitätssteigernden Wirkungen des Wettbewerbs verstärkt werden. In dieser Richtung weitere Fortschritte herbeizuführen, war Aufgabe der Einheitlichen Europäischen Akte.

Die Einheitliche Europäische Akte

Kräftige Impulse zur Fortsetzung der Integration werden von den Regierungskonferenzen erwartet. Der Kanzler und die Außenminister bzw. die Ministerpräsidenten und die Außenminister haben bei diesen Treffen in der Vergangenheit wegweisende Beschlüsse gefaßt. Dazu zählt die Einheitliche Europäische Akte, die am 17. und 28. Februar 1986 von den Mitgliedsstaaten unterzeichnet wurde und am 1. Juli 1987 in Kraft trat. Sie machte den Weg frei, einen Binnenmarkt, eine Wirtschafts- und Währungsunion zu schaffen, den wirtschaftlichen und sozialen Zusammenhalt zu stärken, gemeinsam Forschung und Entwicklung zu betreiben, den Umweltschutz aufeinander abzustimmen und eine Europäische Politische Zusammenarbeit gegenüber Drittstaaten – wie den Vereinigten Staaten von Amerika und Japan – zu begründen.
Die Kompetenz der Gemeinschaft für diese Bereiche – bislang nicht in den Römischen Verträgen aus-

drücklich zugebilligt – erhielt von nun an eine nicht mehr umkehrbare Rechtsgrundlage. Eingeleitet wurde ein Prozeß, der zwangsläufig zum nächsten Schritt führen und auch weitere Initiativen in diese Richtung erzwingen sollte: »Die Währungsunion ist nur noch eine Sache von wenigen Jahren, die Wirtschaftsunion wird folgen. Wir haben keine Veranlassung mehr, daran zu zweifeln, daß die Europäische Union sowohl eine wirtschaftliche als auch eine Politische Union sein wird.«
(Lord Cockfield am 12. Oktober 1990 während eines Vortrages vor dem Europäischen Hochschulinstitut in Florenz.)

Der Binnenmarkt

Kernstück war die Vereinbarung, einen europäischen Binnenmarkt zu schaffen. Entstehen sollte ein Markt, in dem sich Güter und Dienstleistung frei bewegen können. Zu diesem Zweck wurde ein Programm vereinbart, das vorsah,

- alle Arten von Schranken abzubauen,
- die Regeln zu harmonisieren,
- die Rechtsvorschriften und Steuerstrukturen anzugleichen,
- die Zusammenarbeit im monetären Bereich auszubauen.

Mit fast 300 Einzelmaßnahmen sollten zum 31. 12. 1992 alle materiellen, technischen und steuerlichen

Schranken abgebaut werden. Dieses Ziel ist weitgehend erreicht worden. Bis Ende September war über alle wichtigen Maßnahmen Einigung erzielt worden. Besondere Aufmerksamkeit fand die Tatsache, daß über Grundsätze bei der Mehrwertsteuer Einvernehmen erzielt werden konnte. Fortschritte gab es bei

- der Zulassung von Kraftfahrzeugen und den Kontrollen bei Nahrungs- und Futtermitteln durch Veterinäre,
- der Freizügigkeit von Arbeitnehmern, Kreditinstituten und Unternehmenskapital,
- der Liberalisierung der Versicherungsmärkte, der öffentlichen Aufträge, des Straßentransports für Anbieter aus anderen EG-Ländern,
- der Formulierung von gemeinsamen Normen für Standards, für die Produktprüfung und -bewertung sowie von gemeinsam anzuwendenden Regeln für Verpackung, Produktverarbeitung und -kennzeichnung.

Europäische Politische Zusammenarbeit

Aus den ersten Schritten in Richtung auf eine Europäische Politische Zusammenarbeit hat sich mittlerweile eine fest installierte und in ihrer Kompetenz unbestrittene gemeinschaftliche Außenpolitik entwickelt. Die Einheitliche Europäische Akte hat dafür die Voraussetzungen geschaffen: Vor der Festlegung ihrer endgültigen Haltung zu außenpolitischen Fragen wollen sich die Mitgliedsstaaten gegenseitig unterrichten

und ihre Standpunkte aufeinander abstimmen mit dem Ziel, gemeinsam wirksamer Einfluß nehmen zu können. Dabei sollen auch gemeinschaftliche Interessen verfolgt werden. Die Außenminister und ein Mitglied der Kommission müssen jährlich mindestens viermal zusammentreffen, auf den Ratstagungen können im Rahmen der Europäischen Politischen Zusammenarbeit außenpolitische Fragen behandelt werden. Das Europäische Parlament wird unterrichtet und im Rahmen seiner Rechte zu der Beschlußfassung hinzugezogen.
Anders als sonst ist in der Gemeinschaft dafür keine neue aufwendige und schwer bewegliche Einrichtung entstanden. Ein kleines Sekretariat, Arbeitsgruppen aus Beamten der Mitgliedsländer und Vertretern der Kommission und ein Informationssystem mit Namen COREN, über das 8.000 bis 9.000 Mitteilungen jährlich ausgesendet werden, reichen bislang aus, um die angestrebten Fortschritte auf dem Gebiet der Außenpolitik herbeizuführen.
Die Gemeinschaft bilanziert mit einem berechtigten Stolz die Europäische Politische Zusammenarbeit. Themen wie Flüchtlingsfragen, Menschenrechte, Abwehr von Terrorismus und Beziehungen zu den Entwicklungsländern gelten als aussagekräftige Beispiele.
Vergleichsweise gering ist der Beitrag der Europäischen Politischen Zusammenarbeit zu den Bemühungen, die Beziehungen zu den Vereinigten Staaten von Amerika zu gestalten. Einen schweren Rückschlag verzeichnete die Zusammenarbeit, als es nicht gelang, im Irak-Kuwait-Konflikt in der Frage einer

militärischen Unterstützung der gegen den Irak zusammengeschlossenen Allianz zu einer einvernehmlichen Beteiligung zu kommen.
Bei der politischen Abstimmung über die transatlantische Zusammenarbeit verfolgen die Mitgliedsstaaten der Gemeinschaft trotz der Europäischen Politischen Zusammenarbeit durchaus unterschiedliche außenpolitische Leitlinien und unterhalten zum Teil besonders enge Beziehungen zu den Großmächten oder zu einzelnen Staaten. Diesen – oft historisch gewachsenen – Bindungen kann die Europäische Politische Zusammenarbeit derzeit nichts Gleichwertiges entgegensetzen.

Wirtschafts- und Währungsunion

Lange Zeit hatten sich einzelne Mitgliedsländer gegen den Schritt zur Wirtschafts- und Währungsunion gesträubt: Die Währung ist für viele Staaten und Menschen ein zentraler Bestandteil der nationalstaatlichen Existenz, eine starke Währung gilt als Beleg für eine starke Stellung in der Welt. Davon hängen individueller Wohlstand und soziale Sicherheit ab; so ist es verständlich, daß auf diesem Gebiet Veränderungen besonders sorgsam beobachtet werden und Reformen nur nach gründlichem Abwägen aller Interessen erfolgen.
Seit dem 27./28. Juni 1988 ist das Ziel einer Wirtschafts- und Währungsunion in greifbare Nähe ge-

rückt; der Europäische Rat gab einen Bericht in Auftrag, in dem weitere Schritte in dieser Richtung vorgeschlagen werden sollten. Der Ausschuß zur Prüfung der Wirtschafts- und Währungsunion – besetzt mit hochrangigen Wirtschaftsvertretern und Präsidenten der Notenbanken der EG-Mitgliedsländer unter dem Vorsitz des EG-Kommissionspräsidenten Jacques Delors – legte termingerecht einen Vorschlag für einen Drei-Stufen-Plan vor. Empfohlen wurde die Gründung eines unabhängigen Europäischen Zentralbankensystems, das aus einer neu zu gründenden Zentral- und den nationalen Zentralbanken bestehen wird. Dort sollen die Währungspolitik der Gemeinschaft ergänzt und erweitert sowie die Geldpolitik, die Wechselkursfestsetzung, die Verwaltung der Währungsreserven, das Zahlungssystem und die Koordinierung der Bankenaufsicht angesiedelt werden.
Nicht allein die Politik erzwingt den nächsten Schritt. Auch die Logik läßt keine Trennung zwischen Währungs- und Wirtschaftsunion in einer Zeit rasch wachsender weltwirtschaftlicher Veränderungen und zunehmender transatlantischer Verflechtungen sowie wachsendem Wettbewerbsdruck aus Japan zu. Das eine ist ohne das andere nicht zu erreichen: Währungspolitik europäischen Zuschnitts bleibt ein Torso, wenn nicht eine aufeinander abgestimmte, gleichgewichtete Wirtschaftspolitik verfolgt wird. Eine Wirtschaftsintegration bleibt Stückwerk, wenn sie nicht die Wirtschaftspolitik wie Geld- und Kreditpolitik und die Gestaltung der Kapitalmärkte vereinheitlicht.

Die Regierungskonferenz von Maastricht

Die Maßnahmen für die Schaffung einer Wirtschafts- und Währungsunion wurden am 9./10. Dezember 1991 bei der Regierungskonferenz in Maastricht beschlossen. Ab 1994 soll die zweite Stufe mit der Einsetzung eines Europäischen Währungsinstituts eröffnet werden. Dann wird neben den Notenbanken ein weiteres Organ für die Währungspolitik, die Geld- und Wechselkurspolitik bestehen, das allerdings nur mit Empfehlungen seinen Einfluß ausüben kann. Die Endstufe wird einsetzen, wenn die Währungspolitiken vereinheitlicht worden sind (Konvergenz). Damit die Währung stabil bleibt und inflationäre Geldmengenerweiterungen u. a. zur Finanzierung von Defiziten in den öffentlichen Haushalten der Mitgliedsländer oder wegen geringer Preisdisziplin nicht auftreten, müssen Kriterien erfüllt sein, ehe dieser Schritt getan wird:

- Begrenzung der Inflationsrate nach dem Maß der Preissteigerungen in den Beitrittsländern, die auf diesem Gebiet das beste Ergebnis erreichen,
- normale Defizite bei den öffentlichen Haushalten nach Abwägung durch den Europäischen Rat,
- Einhaltung der normalen Bandbreiten des Wechselkursmechanismus seit mindestens zwei Jahren ohne Abwertung gegenüber der Währung eines anderen Mitgliedsstaates.

Bis spätestens 1999 soll auf dieser Grundlage eine gemeinsame europäische Währung eingerichtet sein.

Kaum waren die Verträge unterzeichnet, sind diese Kriterien Gegenstand einer kontroversen Diskussion geworden. Dabei dominierten Zweifel an der logischen Stringenz und dem verpflichtenden Charakter dieser Vorschriften. An dem Ziel einer europäischen Zusammenarbeit wird indes festgehalten, über den »Königsweg« zum Ziel gibt es Meinungsverschiedenheiten. Wenig Durchsetzungskraft weisen hingegen populistische Vorbehalte gegen die Wirtschafts- und Währungsunion auf in Verbindung mit allgemeiner Politikverdrossenheit oder als Folge parteipolitischer Auseinandersetzungen.

Konturen des Europäischen Wirtschaftsraums

Als Antwort auf die Herausforderungen durch die Vereinigten Staaten von Amerika und Japan und insbesondere auf die Bildung regionaler Wirtschaftsblöcke in Nordamerika und in Südostasien versteht die Gemeinschaft die Verträge mit den Mitgliedsländern des Europäischen Freihandesabkommens. Mit der Übertragung der Grundsätze des Binnenmarktes auf diese Staaten durch eine förmliche Vereinbarung soll ein Wirtschaftsraum in Europa entstehen, der die Vorteile des Binnenmarkts erweitert und damit Europa eine gleichberechtigte Stellung nicht nur im transatlantischen Verhältnis sichert, sondern auch die Wettbewerbsfähigkeit für die neunziger Jahre und für das nächste Jahrtausend festigt.
Diese Vorstellung – schon lange von dem Präsidenten der EG-Kommission mit besonderem Nachdruck

unterstützt – fand ihren Niederschlag im Vertrag zwischen der EG und EFTA aus dem Jahre 1990. Vereinbart wurden die Freiheit für den Waren-, den Dienstleistungs-, den Kapital- und den Devisenverkehr sowie gemeinsame flankierende Maßnahmen bei der Förderung von Forschung und Entwicklung, in der Bildungspolitik und beim Umweltschutz, bei der Gestaltung des Gesellschaftsrechts, der Konsumentensouveränität, der Sozialpolitik und bei der Regionalpolitik.

Über die wirtschaftlichen Auswirkungen des Vertrags und damit seine Folgen für die Außenbeziehungen gegenüber Drittstaaten wie den USA wird gestritten. Einige Stimmen sehen ihn als eine Vorstufe für eine traditionelle Erweiterung, andere Beobachter definieren die Vereinbarung als eine besondere Form enger gegenseitiger Handels- und anderer Zugeständnisse, wobei den besonderen Interessen der EFTA-Staaten Rechnung getragen wird: Schweden und die Schweiz sahen sich lange Zeit außerstande, die politische Neutralität aufzugeben; Österreich sucht einen Weg in die Gemeinschaft, der es erlaubt, die in der Staatsgründung zugesagte Neutralitätsverpflichtung zu wahren. Kleinere EFTA-Staaten fürchten die Übermacht von Konkurrenten aus der Gemeinschaft, zu nennen wären die Landwirtschaft in der Schweiz oder Norwegen. Österreich und die Schweiz – bisher schon im Dauerclinch über den Transitverkehr für die Gemeinschaft – wollen Begrenzungen einführen. Die isländische Regierung will ihre Fischbestände vor dem Zugriff der Transferflotten aus Spanien bewahren und hat deshalb nach

kurzer Mitgliedschaft der Gemeinschaft den Rücken gekehrt.
Unabhängig davon gilt, daß eine Wirtschafts- und Währungsunion mit den EFTA-Staaten derzeit nicht in Aussicht steht. Anders als innerhalb der Gemeinschaft bleiben die Grenzen bestehen, die Märkte sind teilweise abgeschottet, und die für die Standortkonkurrenz wesentlichen Politikbereiche werden nicht aufeinander abgestimmt.

Verträge mit osteuropäischen Staaten

Weniger gegen die USA richten sich die Assoziationsverträge mit Polen, Ungarn und der Tschechoslowakei, die am 16. Dezember 1991 unterzeichnet wurden. Damit werden die bisherigen Handels- und Kooperationsabkommen durch Verträge erweitert mit dem Ziel, eine enge handelspolitische Kooperation zu schaffen und die politische, finanzielle und kulturelle Zusammenarbeit in beiden Richtungen zu vertiefen. Die wirtschaftlichen Vorteile für die Gemeinschaft werden allgemein als gering angesehen und dürften die transatlantischen Beziehungen nicht beeinflussen.
Die jungen demokratischen Systeme in Osteuropa sollen durch Anbindung an den gemeinsamen Markt in der Gründungs- und Ausbauphase unterstützt werden. Innerhalb von zehn Jahren soll eine Freihandelszone entstehen; die Gemeinschaft erbringt Vorleistungen, indem sie ihre Grenzen durch eine sofortige Aufhebung von Mengenbeschränkungen und durch

den stufenweisen Abbau von Zöllen innerhalb von vier Jahren öffnet. Bei sensiblen Produkten ist die Gemeinschaft zurückhaltender: Für Textilien und Stahl werden die Zölle stufenweise gesenkt, die Quoten werden schrittweise aufgehoben.

Integration und Erweiterung der Gemeinschaft auf Kosten der außenpolitischen und außenwirtschaftlichen Profilierung?

Unverkennbar ist, daß die Gemeinschaft bei den Entscheidungen über die Fortsetzung der Integration durch den Binnenmarkt und die Wirtschafts- und Währungsunion die außenwirtschaftlichen und außenpolitischen Dimensionen eher am Rande behandelt hat. Nicht von ungefähr enthält das Weißbuch zur Schaffung des Binnenmarktes nur an einer Stelle eine Aussage zur Behandlung der transatlantischen Beziehungen sowie zu den Folgen für die Drittstaaten: Die handelspolitische Identität der Gemeinschaft soll konsolidiert werden, damit anderen Handelspartnern nicht die Vorteile des größeren Gemeinschaftsmarktes geboten werden, ohne daß sie selbst sich an den Kosten des Binnenmarktes beteiligen und ohne daß die Gemeinschaft Zugeständnisse von den wichtigen Handelspartnern als »Gegenleistung« für die auch diesen Staaten durch die fortschreitende Integration entstehenden Vorteile abfordern kann. Deutlicher formuliert der Reform-Bericht zur Wirtschafts- und Währungsunion deren angestrebte außenwirtschaftliche und außenpoliti-

schen Absichten: Sie soll der Gemeinschaft in internationalen Verhandlungen eine stärkere Stellung verschaffen und den außenwirtschaftlichen Handelsspielraum erweitern.
Verständlich ist diese Einstellung der Gemeinschaft, galt sie doch nicht zu Unrecht am Beginn der achtziger Jahre wegen ihrer geringen Wettbewerbsfähigkeit im In- und Ausland als Abstiegskandidat im Vergleich mit den Vereinigten Staaten und Japan.
Zudem tat und tut sich die Gemeinschaft auch heute noch schwer, mit einer Stimme zu sprechen, und ist deshalb noch nicht so weit, ihre Positionen gegenüber Japan und im transatlantischen Dialog mit Nachdruck zu vertreten.
Dahinter verbirgt sich nicht allein eine politische Disharmonie oder Unverständnis über die Notwendigkeit europäischer Zusammenarbeit in Zeiten, in denen sich die regionale Kooperation ausbreitet. Die Verschiedenheit der Staaten in der Gemeinschaft ist ein Hindernis bei den Bemühungen um eine einheitliche Politik, und mit der Auffächerung der Gemeinschaft wird dieses Problem noch an Gewicht gewinnen. Ob angesichts der zum Teil tiefgreifenden Meinungsverschiedenheiten eine einheitliche ordnungs-, geld- und kreditpolitische Leitlinie gefunden wird, kann erst die Zukunft zeigen.
Falsch wäre es, in diesem Punkt vom Gegenwärtigen auszugehen. Die Fortschritte bei der Verwirklichung des Binnenmarktes, die Geschwindigkeit bei der Einführung der Wirtschafts- und Währungsunion haben gezeigt, daß die Mitgliedsstaaten und die Organe sehr schnell handeln, wenn nur der Druck von innen

oder von außen stark genug ausfällt. Rückschläge oder Verzögerungen – aus welchem Anlaß auch immer – lassen sich aber auch nicht vermeiden, wie die Auseinandersetzungen anläßlich der Einführung der Wirtschafts- und Währungsunion zeigen. Dennoch bleibt festzustellen, daß Streitigkeiten allenfalls über in Aussicht stehende Schritte erfolgen. Die Mitgliedsstaaten wissen nur allzu gut, daß es wenig hilft, die Gemeinschaft zu zerstören. Dies würde auch einen Stabilitätsanker beseitigen, von dessen Existenz die Mitgliedsländer der Gemeinschaft ebenso Nutzen ziehen wie die transatlantischen Beziehungen. Diese Beziehungen dürften eher gefördert werden durch die angekündigte Reform der Agrarpolitik, durch die Beitrittsverhandlungen mit weiteren europäischen Staaten und durch die Öffnung nach Osteuropa. All dies zeigt, daß sich die Gemeinschaft gerade in Zeiten weltwirtschaftlichen und weltpolitischen Wandels öffnet und trotz der integrationsverursachten Probleme die transatlantische Kooperation nicht vernachlässigt.

4. Kapitel: Konflikt oder Kooperation – Themen der achtziger und neunziger Jahre

Trotz der gemeinsamen Grundwerte haben sich in den Vereinigten Staaten von Amerika und in Europa unterschiedliche Rahmenbedingungen und Leitbilder für die Gestaltung des Wirtschaftsablaufs ergeben. Beispielhaft für viele Bereiche wird dies in der Agrarpolitik, im Bankenwesen, im Luftverkehr, in der Telekommunikation, auf den dazu gehörigen Gerätemärkten sowie in Wissenschaft und Forschung deutlich. Kooperation entsteht im transatlantischen Verhältnis, wenn die Arbeitsteilung allseits Spezialisierungsvorteile einschließt. Konflikte werden unausweichlich, wenn eine Seite unversöhnlich an ihren Zielen zu Lasten des Partners festhält und nicht zum Konsens bereit ist. Aus der engen gegenseitigen Abhängigkeit haben sich zunächst abweichende Vorstellungen in den USA und Europa über einen längeren Zeitraum hin angenähert. Damit konnten Streitthemen entschärft werden. Die Gestaltung der Beziehungen ist nicht allein den Regierungen vorbehalten; eine wichtige Rolle bei der Ausfüllung transatlantischer Beziehungen kommt angesichts der großen Bedeutung von Handel und Investitionen privatwirtschaftlichen Initiativen von Unternehmern und Verbrauchern zu.

A. Agrarpolitik: Eine Bedrohung für die transatlantischen Beziehungen?

Unter den Themen des transatlantischen Dialogs zeichnet sich die Agrarpolitik schon seit langem als ein konfliktträchtiges Thema aus. Schon seit den 60er Jahren boten immer größere Themenbereiche der Agrarpolitik Zündstoff, ohne die Substanz der transatlantischen Beziehungen jedoch zerstören zu können.

Auch andere Themen – die in diesem Kapitel behandelt werden – führten zu Spannungen zwischen den USA und der EG, und auch diese konnten die transatlantischen Beziehungen nicht auflösen.

Die Agrarpolitik beiderseits des Atlantiks, die

- Subventionen umfaßt,

- die Produktion bei stagnierender Nachfrage und sinkenden Einkünften der Bauern dem Bedarf anpassen soll,

- sich organisierten Interessenvertretungen gegenübersieht,

führte und noch immer führt zu schwerwiegenden, langanhaltenden und tiefgreifenden Meinungsverschiedenheiten.

Bedeutende Erzeuger mit enger gegenseitiger Verflechtung

Die Brisanz der Agrarpolitik ergibt sich daraus, daß die EG und die Vereinigten Staaten von Amerika im Weltmaßstab gleichermaßen bedeutende Erzeuger und Verbraucher sind und bei einzelnen Produkten eine deutliche Spezialisierung aufweisen: Bei Weizen liegen die Gemeinschaft und die USA mengenmäßig gleichauf mit einem Anteil an der Weltproduktion von jeweils fast 14%. Ansonsten gibt es – weithin nicht immer bekannte – Unterschiede: Die Getreideernte ist in den USA fast doppelt so hoch wie in der Gemeinschaft, an Reis produzieren die Vereinigten Staaten von Amerika mehr als dreimal so viel wie die Gemeinschaft, bei Mais ist die Relation für die USA 10:1, bei Sojabohnen 100:4. Die Gemeinschaft führt demgegenüber bei der Herstellung von Milcherzeugnissen: Sie ist um ein Drittel höher als in den USA. Die Vereinigten Staaten von Amerika stehen hingegen in der Produktionsstatistik für Fleisch vor der Gemeinschaft.

Die amerikanische Landwirtschaft weist ansehnliche Erfolge aus, noch beachtlicher sind sie in Europa. Die Landwirtschaft hat in Europa während der letzten 45 Jahre einen großen Sprung nach vorn gemacht, und der Rückstand zu den Vereinigten Staaten von Amerika wurde verkürzt. Das vom Krieg verwüstete Westeuropa war auf Nahrungsmitteleinfuhren angewiesen, sollten die Menschen in Westeuropa nicht verhungern. Dies war die große Stunde vor allem für die amerikanischen Bauern, aber auch für Bauern aus

zahlreichen südamerikanischen Entwicklungsländern. Große Mengen Weizen, Milchpulver und Fleisch wurden nach Europa geliefert, zum Teil im Rahmen des Marshallplans, und retteten Millionen Menschen, die sonst nicht hätten überleben können.
Heute stehen die transatlantischen Partner vor einer völlig anderen Lage: Überschüsse der Vereinigten Staaten von Amerika und aus der Gemeinschaft werden benötigt, wenn Hunger und Katastrophen in Entwicklungsländern oder Osteuropa rasche Hilfe erfordern. Ansonsten müssen Überschüsse im Ausland abgesetzt werden, wo immer sich ein Kunde findet, in der Regel auf Kosten jeweils anderer Anbieter, und das heißt: der amerikanischen oder europäischen Bauern. Für den Konflikt in den transatlantischen Beziehungen ist weiterhin maßgeblich, daß das Muster des Außenhandels mit agrarischen Erzeugnissen jenseits und diesseits des Atlantiks extreme Unterschiede aufweist.
Den europäischen Lieferungen in die USA (vorwiegend Fahrzeuge, Maschinenteile und Chemikalien) stehen höhere Exporte aus den USA nach Europa gegenüber (vorzugsweise handelt es sich um Telekommunikationsgeräte, große Flugzeuge und Flugzeugteile). Trotz der Konflikte expandierte der Agrarhandel, wobei über die letzten Jahrzehnte hinweg gilt, daß amerikanische Farmer mehr in die EG verkaufen als europäische Bauern in die Gegenrichtung. Die Gemeinschaft ist bei einzelnen Produkten ein wichtiger Abnehmer amerikanischer Agrarerzeugnisse; Europa nimmt rund die Hälfte der Getreideausfuhren und Futtermittel, rund ein Drittel aller

Viehexporte und ein Fünftel aller Obst- und Gemüseexporte auf. Bei Milchprodukten liegt der Anteil der Gemeinschaft bei etwa 40%.
In der Statistik der Einfuhren in die Vereinigten Staaten von Amerika sieht es anders aus: Bei Milchprodukten hält die Gemeinschaft einen Anteil von fast 50%, bei Getreide 15%, bei Obst 20%, bei Vieh 15% und bei Futtermitteln rund 15%.
Die Vereinigten Staaten von Amerika erzielten 1990 bei den Ausfuhren von agrarischen Erzeugnissen einen Überschuß von rund 5 Milliarden US-Dollar, davon entfielen 1,5 Milliarden US-Dollar auf die Gemeinschaft.
In der Europäischen Gemeinschaft liegen die Dinge anders: Im- und Export von Agrarerzeugnissen zwischen EG und USA gleichen sich fast aus.
Der Anteil amerikanischer Lieferungen an den Gesamtimporten ist durchweg klein, mit Ausnahme von Futtermitteln.

Die Vereinigten Staaten von Amerika

1988 zählten die Statistiker in den USA 2 Millionen Farmen mit einer durchschnittlichen Fläche von 175 ha. Die Wertschöpfung aller Bauern beläuft sich auf 22,1 Milliarden US-Dollar. Kennzeichnend sind für die USA – anders als in der Gemeinschaft – eine starke Spezialisierung der Anbauflächen auf wenige kapitalintensive Betriebe und eine hohe Verschuldung.
Auf dem Korngürtel östlich des Mississippi werden Getreide, Sojabohnen, Früchte und Gemüse sowie

Futtermittel angebaut. Westlich des Mississippi ist die fruchtbare Krume flach; der Mangel an Regen bestimmt dieses Gebiet zum Standort für Getreide und Sorghum. Im Norden der Westküste an der Grenze zu Kanada werden wegen des Klimas und der guten Bewässerungsmöglichkeiten Weizen und Gerste angebaut, während in den südlichen Gebieten Zitrusfrüchte und Baumwolle erzeugt werden. Dort sind auch Reis, Baumwolle und Rohrzucker verbreitet. Florida ist bekannt für Obst und Gemüse, das tiefgekühlt über das ganze Land verkauft wird. Den Nordosten – nahe der traditionellen Ballungszentren – prägen der Anbau von Kartoffeln und die Vieh- und Obstbauern. Futtermittel werden im großem Stil auf den Flächen des mittleren Westens angebaut: Die großen Erntemengen können selbst bei niedrigen Preisen dank der Mechanisierung und niedriger Transportkosten günstig auch in entfernten Gebieten abgesetzt werden.

Als Ergebnis eines schnellen Farmensterbens vor allem in den traditionellen Farmgebieten an der Ostküste, im Nordwesten sowie im Südosten und im Westen der Vereinigten Staaten hat sich schon vor dem zweiten Weltkrieg eine Konzentration auf wenige große Betriebe ergeben. Verstärkt wurde der Prozeß dadurch, daß außerhalb der Städte Industriebetriebe gegründet wurden mit besser bezahlten Arbeitsplätzen. Auf die damit verbundene Abwanderung von Arbeitskräften reagierten die Farmer mit der Anschaffung von weiteren Maschinen; die Erträge konnten nachhaltig gesteigert werden durch den Einsatz von Chemikalien und durch die Inanspruchnahme gentechnischer Entwicklungen, die die

Einführung kostensenkender automatisierter Ernteverfahren ermöglichten. Einzelne große Farmen vor allem in der Middle West Area und im Nordwesten erreichen heute fast 50% aller Umsätze. Demgegenüber erzielen die kleinen Farmen mit einem Jahresumsatz von bis zu 100.000 US-Dollar jährlich 9,4% aller Umsätze, während sie 63,5% der Betriebe ausmachen.

Die großen Betriebe sind durchweg mit Krediten finanziert. Die Modernisierung und Mechanisierung gingen Hand in Hand mit der Aufnahme von Bankkrediten; große Maschinen ließen den Zukauf von Land lohnend erscheinen, und dafür gab es zusätzliche Kredite, zumal wenn die Ertragsentwicklung günstig beurteilt wurde und der Landpreis so hoch war, daß die Banken günstige Hypotheken in Erwartung steigender Preise abschlossen. Dieser Prozeß endete häufig in einem Chaos. Die Kredite waren nämlich gefährdet, wenn die Ertragsentwicklung umzuschlagen drohte und eine Senkung der Landpreise – davon mitbestimmt – in Aussicht standen. Sobald die Umsätze sanken, drängten die Banken aus Sorge um ihre Forderungen auf schnelle Tilgung der Kredite; die zugekauften Flächen mußten im Wege von Notverkäufen veräußert werden, die Landpreise fielen weiter, und die Banken sahen darin einen zusätzlichen Grund, ihre Außenstände zurückzufordern und die Kredite in Anbetracht des Wertverlusts der Sicherheiten zu verkürzen.

Dieser Prozeß fand regelmäßig dann sein Ende, wenn die Preise für Land das Tiefniveau erreicht hatten, die Banken ihre Forderungen konsolidiert hatten und auf der Suche nach neuen Schuldnern waren. Sobald in einer derartigen Lage wieder die Ertragsentwicklung günstig beurteilt wurde, regten niedrige Landpreise zahlreiche Bauern zu Zukäufen von Land an, steigende Preise hoben die Beleihungsgrenze an, Kredite konnten daraufhin erneut aufgenommen werden, bis ein neuer Einbruch kam, sei es als Folge gewandelter Einschätzungen des Ertrags, durch Zinserhöhung oder durch Umkippen der Landpreise; dieses Auf und Ab bildete einen regelmäßigen Zyklus. Den amerikanischen Farmern ist dieser Prozeß vertraut; auch wenn sie ihren Beruf nicht anders als die Bauern in Europa in enger Verbindung mit dem Land sehen, auf dem sie leben und das sie bearbeiten, zeichnet sie doch eine weniger enge Bindung an den Boden und den Beruf aus. Amerikanische Farmer fühlen sich mehr als ihre europäischen Kollegen wie Unternehmer und weisen Denkweisen auf, die auch für Industriebetriebe in Amerika üblich sind. Wettbewerb wird als selbstverständlich angesehen, für irgendwelche idealistischen Neigungen ist hier nicht der richtige Ort. Weil es als normal gilt, daß auf gute Jahre schlechte Perioden folgen, wird die Regierung nicht sofort in Anspruch genommen, wenn ein Rückschlag in ländlichen Gebieten droht. Widerstand kommt allerdings schnell auf und wird unmißverständlich von Interessengruppen artikuliert, wenn staatliche Eingriffe zunehmen und möglicherweise die Ursache für den Verlust von Einkommen sind. Desgleichen wehren sich amerikanische Bauern, wenn sie Grund haben anzunehmen, daß ihre Konkurrenten in anderen Teilen der Welt mit öffentlichen Mitteln subventioniert werden.

Bauern verstehen sich demgegenüber in Europa vor allem als eine gesellschaftliche Gruppe, die über ihren wirtschaftlichen Beitrag zur Versorgung der Bevölkerung mit Nahrungsmitteln, zum Bruttosozialprodukt und neuerdings auch zum Umweltschutz politische und gesellschaftliche Aufgaben wahrnimmt und deshalb nicht weniger Unterstützung durch die Gesellschaft und die Regierung verdient als andere Bevölkerungsgruppen.
Von den rd. 9 Millionen Betrieben (1987) in der Gemeinschaft waren mehr als 20% in Frankreich angesiedelt, die Bundesrepublik Deutschland zählte 242.000 und Dänemark 92.000 Einheiten. Am unteren Ende der Skala steht Luxemburg mit 4.450 Betrieben. Insgesamt 115 Millionen ha haben die Betriebe in der Gemeinschaft in einem Jahr bearbeitet, davon entfielen 28 Millionen ha auf Frankreich, 23 Millionen ha auf Spanien und 11 Millionen ha auf die Bundesrepublik Deutschland (alle Zahlen Westdeutschland, ohne neue Bundesländer).
Die Betriebsgrößen fallen von Land zu Land unterschiedlich aus. An der Spitze steht Großbritannien mit durchschnittlich 65 ha je Betrieb, das Schlußlicht bildet Griechenland mit 4 ha. Die Erträge zeigen ebenfalls eine große Spannbreite. Für die Europäische Gemeinschaft wurden die Nettoeinkommen aus landwirtschaftlicher Tätigkeit insgesamt auf 80 Milliarden ECU geschätzt, davon entfielen auf Italien und auf Frankreich jeweils 18 Milliarden ECU, auf Spanien 10 Milliarden ECU und auf die Bundesrepublik Deutschland 16 Milliarden ECU.

Eine regionale und produktweise Spezialisierung der landwirtschaftlichen Produktion wurde durch die Agrarpolitik der Gemeinschaft noch nicht ausgelöst, stehen doch immer noch die nationalen Grenzen einer wirklichen Arbeitsteilung im Wege.
Auf Weintrauben haben sich beispielsweise französische und italienische Bauern spezialisiert. Daneben gibt es noch in einigen Teilen Deutschlands und Griechenlands Weinbauern. 89% aller Betriebe, die Zitrusfrüchte anbauen, sind in Italien, Spanien und Griechenland anzutreffen, und mehr als 90% der Höfe, die vom Olivenanbau leben, in Griechenland und Italien. Ackerbau ist weit verbreitet in fast allen Mitgliedsländern: Dänemark, Nordfrankreich, Deutschland, den Niederlanden und Großbritannien. Die Milchwirtschaft hat sich in Belgien, Deutschland, Frankreich, den Niederlanden und in Großbritannien durchgesetzt. Eine relativ breite Agrarstruktur weisen Großbritannien mit Milchviehwirtschaft, Rinderzucht und Ackerbau, aber auch die Niederlande mit Milchviehwirtschaft, Ackerbau und Gartenbaubetrieben und Deutschland mit Milchviehwirtschaft und Ackerbau und in einigen Regionen mit Gemüseanbau auf.
Weit verbreitet ist der Familienbetrieb, dessen Kapital in dem anbaufähigen Land gebunden ist. Die Kreditaufnahme hält sich in engen Grenzen, da die Belastungswerte für Grund und Boden niedrig sind und die Bauern eine Einschränkung ihrer Autonomie durch das Abtreten von Mitspracherechten an Banken im Gefolge von Krediten fürchten. Der An- und Zukauf von Land erfolgt allenfalls langfristig, die

staatlichen Kreditprogramme machen oft den Gang zur Bank überflüssig.
Zu den Besonderheiten der Agrarstruktur gehört es, daß Frankreich traditionell der größte Exporteur von Agrarerzeugnissen ist. Für die transatlantischen Beziehungen ist zudem von Bedeutung, daß Frankreichs Bauern die Hätschelkinder der Nation sind. Damit sind französische Bauern den Regelungen der internationalen Agrarpolitik mehr ausgesetzt als die landwirtschaftlichen Betriebe in den anderen EG-Ländern. Anders stellt sich die Lage für die Bundesrepublik Deutschland dar. Sie ist nach den Einfuhrwerten der größte Importeur sowohl hinsichtlich der Lieferungen aus der Gemeinschaft als auch hinsichtlich der Importe aus Drittländern. Den französischen Bauern interessiert deshalb mehr der Schutz der Ausfuhr, die Bundesbürger werden ihre Zustimmung lieber einer liberalen Politik geben, die ihnen niedrige Importpreise verspricht.

Landwirtschaftspolitik im transatlantischen Vergleich

Zum transatlantischen Konflikt tragen die Landwirtschaftspolitiken diesseits und jenseits des Atlantiks bei, die nur in wenigen Punkten Gemeinsamkeiten aufweisen. Dabei ist zu beachten, daß den Regierungen auf der Suche nach Kompromissen oft die Hände gebunden sind. Die Bauern sind überall relativ gut organisiert und tun alles, um bei Bedarf schnell die öffentliche Meinung für sich zu gewinnen. Politiker und Regierungen scheuen in dieser Lage einen offenen Konflikt und zeigen sich zu einem gewissen Grad bereit, den Wünschen der Landwirte entgegenzukommen, auch wenn dies dann vom Steuerzahler getragen werden muß.

Die Agrarpolitik der Vereinigten Staaten von Amerika sieht Zwischenlager zur Preisstabilisierung, u. a. für Weizen, Gerste, Hafer und Mais vor. Zinsgünstige Kredite zur Verbesserung der Erträge können Landwirte erhalten, die Reis, Kartoffeln und Baumwolle anbauen. Charakteristisch für die Agrarpolitik sind Prämien für Flächenstillegungen; Bauern erhalten Zuschüsse, wenn sie einen Teil des Landes nicht mehr bebauen. Dies gilt für die Erzeugnisse Weizen, Gerste, Hafer, Mais, Kartoffeln und Baumwolle. Als Teil der Landwirtschaftspolitik gilt auch der Nahrungsmittelverkauf an Bedürftige mit Food-Stamps-Programmen, die durch die Bundesregierung in Washington finanziert werden. Sozial schwache Bevölkerungsgruppen können auf Antrag Gutscheine erhalten, die sie beim Kauf von in den Vereinigten Staaten erzeugten Lebensmitteln einlösen können.

In der amerikanischen Landwirtschaftspolitik hat die Ausfuhrförderung eine bevorzugte Stellung inne. Amerikanische Farmer erhalten Kredite zu besonders günstigen Konditionen, wenn sie Nahrungsmittel im Rahmen der Entwicklungszusammenarbeit exportieren und damit Hungerkatastrophen abgewendet werden können. Im Rahmen der Außenpolitik hat die Regierung bilaterale Verträge mit zahlreichen Entwicklungsländern sowie mit osteuropäischen Ländern über den Verkauf von Zucker, Weizen und Kartoffeln abgeschlossen. Für die Ausfuhr von Butter werden direkte Subventionen gewährt. Insgesamt gab es 1990 Zuschüsse bis zu 900 Millionen US-Dollar. Sie wurden mit den Argument gerechtfertigt, ein Ausgleich für die unfairen Handelspraktiken zu sein, mit denen nach weitverbreiteter Ansicht in den USA die Bauern in der Gemeinschaft gefördert werden.

Die Importe in die Vereinigten Staaten sind relativ großzügig geregelt. 1989 lag das durchschnittliche Zollniveau bei 8,6%, lediglich bei einzelnen Gütern gibt es Abweichungen, z. B. Zölle von 96% für Tabakeinfuhren. Mengenbeschränkungen bestehen für Milcherzeugnisse, Gerste, Zuckerrüben, Erdnüsse und Baumwolle.

Die Agrarpolitik der Gemeinschaft baut zu einem wesentlichen Teil auf Marktordnungen auf, die die Preise auf einem Niveau stabilisieren sollen, das die Kosten der landwirtschaftlichen Betriebe deckt. Festgelegt wird der produktweise berechnete Richtpreis vom Ministerrat nach Vorschlägen der Kommission. Dem Verfahren nach ist der Preis weniger das Ergebnis einer wirtschaftlichen Bewertung als eines politischen Kompromisses zwischen den Mitgliedsstaaten, die auf die unterschiedliche Betriebsgröße und die uneinheitliche Produktivität Rücksicht nehmen.

Bei 75% der Agrarprodukte sehen die Marktordnungen vor, daß die Preise durch den Ankauf von Überschußmengen und deren Export stabil gehalten werden, wenn der tatsächliche Preis unter dem Richtpreis liegt.

Eine derartige Regelung gilt u. a. für die wichtigsten

Getreidearten, Zucker, Milcherzeugnisse, Fleisch, einige Obst- und Gemüsearten sowie Tafelweine.
Für 25 % der landwirtschaftlichen Produkte strebt die Marktordnung einen gemeinsamen Außenschutz an. Dies gilt bei Produkten wie Eier, Geflügel und ausgewählten Gemüsesorten. Bei Gemüsesorten werden Zölle, jahreszeitlich gestaffelt, erhoben, und Abschöpfungsbeträge, die die Differenz zwischen dem zumeist niedrigen Weltmarktpreis und dem europäischen Preis ausgleichen, sie heben den Importpreis auf das in der EG angestrebte Preisniveau an.
Direkte Beihilfen enthalten die Marktordnungen für Ölsaaten und Hülsenfrüchte. Betriebe, die statt der billigen Weltmarktprodukte die teuren Güter aus der Gemeinschaft verwenden, erhalten Beihilfen. Für Oliven, Tabak und Hartweizen wird dieses Verfahren ergänzt durch Zölle und Abschöpfungen sowie durch Einlagerung von Überschüssen.
Die Agrarpolitik der Gemeinschaft befindet sich – anders als die der Vereinigten Staaten von Amerika – im Mittelpunkt der Kritik. In der Gemeinschaft stehen den Kosten von zuletzt 115 Milliarden ECU nur geringe oder gar keine Erfolge gegenüber. Die Einkünfte der Bauern sind gesunken, und die Überschüsse wurden nicht abgebaut. Im März 1992 beliefen sich die angesammelten unverkäuflichen Bestände an Getreide auf 25 Millionen Tonnen und an Milcherzeugnisse auf 700.000 Tonnen. Auf diese Entwicklung – für Wirtschaftsfachleute keinesfalls überraschend – wiesen auch amerikanische Politiker hin, als sie der Gemeinschaft eine unfaire Förderung zugunsten der Bauern vorwarfen, die die ameri-

kanischen Farmer benachteilige. Dabei stehen neben den hohen Ausgaben vor allem der durch die Marktordnungen bewirkte Außenschutz im Vordergrund sowie die Exportunterstützungen.
Mit Blick auf die EG-interne Kritik an der Agrarpolitik, aber auch mit dem Ziel, in den laufenden GATT-Verhandlungen nicht als Schuldiger für das Scheitern dazustehen, wird die Landwirtschaftspolitik der EG laufend reformiert. Ein im Mai 1992 beschlossenes Maßnahmenpaket für den Zeitraum 1993/94–1996/97 sieht vor, die Preise zu senken, bei Getreide und Hülsenfrüchten z. B. um 29%. Dafür erhalten Betriebe einen Ausgleich für Einkommensminderungen, wenn die Nutzfläche um 15% verringert wird. Für die Bundesrepublik Deutschland gilt, daß 80 % der Betriebe von dieser Maßnahme befreit sind, da sie als Kleinbetriebe mit weniger als 20 ha nicht unter diese Vorschrift fallen. Die restlichen 20% aller Unternehmen werden 600 DM je stillgelegten ha beanspruchen können. Die Erzeugerpreise für Rindfleisch werden um 15% gesenkt; die Höchstgrenzen für Interventionsankäufe werden schrittweise von 750.000 auf 350.000 Tonnen je Jahr verringert. Der Einkommensausgleich je Tier ist auf 426 DM festgelegt, höchstens für 90 Stück darf diese Prämie gezahlt werden. Bei Butter werden die Preise innerhalb der nächsten fünf Jahre um zweimal 2,5% gekürzt.
Auf diese Weise sollen nicht nur rund 30 Milliarden DM pro Jahr eingespart werden; mittelfristig rechnen EG-Verwaltungsbeamte mit einem Rückgang des Angebots und der Bestände sowie mit einer Stabilisierung der Einkommen in der Landwirtschaft,

weil die Zuschüsse den Bauern künftig direkt zufließen und nicht mehr in die Lagerhaltung gehen. Ob allerdings amerikanische Vorbehalte mit diesem Schritt ausgeräumt werden, erscheint fraglich. Die flächengebundenen Subventionen werden von den amerikanischen Landwirtschaftspolitikern als Verstoß gegen die internationale Handelsordnung gewertet. Dies ist ein Vorwurf, den sich allerdings diese Kritiker auch für ihre eigenen Maßnahmen gefallen lassen müssen. Die amerikanische Kritik an der europäischen Landwirtschaftspolitik, daß weiterhin verschiedene Subventionen und Importhindernisse den Markt stützen und damit kein Überblick über Höhe und Zielrichtung der einzelnen Maßnahmen möglich ist, trifft jedoch zu.

Mehr Subventionen in der EG

Ohnehin lassen sich die unterschiedlichen Agrarsysteme nur schwer vergleichen. Dies erleichtert zwar die Vorwürfe an die jeweils andere Seite, verdeckt aber die Defizite in der eigenen Politik. Dennoch lassen sich die Politiken mit Hilfe von Umrechnungen annähernd vergleichen. Als aussagekräftig und zutreffend werden Analysen der Organisation für wirtschaftliche Zusammenarbeit und Entwicklung (OECD) und des GATT angesehen. Die OECD kommt zu dem Ergebnis, daß die Subventionen in der Gemeinschaft höher sind als in den Vereinigten Staaten von Amerika. Umgerechnet auf den Hektar haben die Subventionen in der Gemeinschaft 600 ECU, in den USA ein Zehntel davon ausgemacht. Die

Ausgaben für die Stützungsmaßnahmen erreichten in den USA einen Anteil von 1,3% am Bruttosozialprodukt und in der Gemeinschaft eine Quote von 2,8%. Jeder Amerikaner zahlte 115 ECU und jeder EG-Bürger 208 ECU in den Subventionstopf. Offenbar hat sich in den achtziger Jahren daran wenig geändert. Berechnungen für 1989 und 1990 beziffern die Unterstützungsleistung der Gemeinschaft für die Bauern auf 62 bzw. 81 Milliarden US-Dollar und die Zahlungen der USA auf 33 bzw. 35 Milliarden US-Dollar. Überraschen muß dieser Vergleich nicht, denn die Agrarpolitik der Gemeinschaft war von Anfang an anders ausgerichtet und wurde anders verstanden als die der USA. In Europa gab es Zuspruch zu mehr Protektionismus, mußte doch zunächst der Selbstversorgungsgrad erhöht werden, und dies verlangte eine Politik, die die Wünsche aller Mitglieder auf dem jeweils erreichbaren Niveau anglich. Später wurde die gemeinschaftliche Agrarpolitik zum Sinnbild europäischer Integration und konnte deshalb schon gar nicht unter dem Druck der Vereinigten Staaten aufgegeben werden. Die USA verfolgten aus ihrer Tradition heraus eine aggressive Ausfuhrpolitik und wollten nicht einsehen, daß Westeuropa sich vom Großabnehmer für amerikanische Erzeugnisse in einen Überschußproduzenten gewandelt hatte.

Der Durchbruch im Agrarstreit: transatlantische Kooperation

Die Einigung zwischen EG und USA auf eine abgestimmte Agrarpolitik im November 1992 dokumen-

tiert nicht nur erneut die transatlantische Zusammenarbeit nach einer langen Phase offenen Streitens. Mit dieser Einigung ist auch die Richtung künftiger agrarpolitischer Änderungen in der Europäischen Gemeinschaft festgeschrieben worden. Schließlich ist der Stillstand in den Verhandlungen der Uruguay-Runde überwunden worden, bei der das leidige Agrarthema auf amerikanischen Wunsch auf die Tagesordnung gesetzt wurde, und die bereits als abgeschlossen gilt bei Themen wie Handelsliberalisierung, handelsbezogene Investitionen, handelsbezogener Patentschutz und Dienstleistungen.
Der Kompromiß, der erreicht wurde, ist das Ergebnis eines wirklichen Aufeinanderzukommens. Weder konnte die EG ihren Wunsch verwirklichen, die Stützpreise zu stabilisieren und Exportüberschüsse zu subventionieren, noch konnten die Amerikaner der Gemeinschaft das Zugeständnis abringen, auf Marktschutz zu verzichten und Ausfuhren nicht mehr zu unterstützen, wie der Beschluß belegt:

- Die Gemeinschaft sichert den Amerikanern zwar die Zollfreiheit für die Einfuhren von Raps, Soja und Sonnenblumenkernen zu, im übrigen wollen beide Seiten den Marktzugang bei Getreidesubstituten bilateral und fallweise regeln. So ist es zu verstehen, daß künftig gegenseitige Verhandlungen Pflicht werden, wenn die amerikanischen Einfuhren das durchschnittliche Niveau der Lieferungen in die EG für die Jahre 1986 bis 1990 erreichen.
- Die Ausfuhrförderung bleibt bestehen, allerdings auf niedrigerem Niveau. Beide Seiten haben sich ver-

pflichtet, die subventionierten Mengen je Produkt um 21% zu senken.

Damit die Gemeinschaft auch künftig nicht mehr wieder dazu übergeht, die durch hohe Überschüsse zur Stabilisierung der Preise notwendigen Exporte zu subventionieren, mußte von europäischer Seite die Fortsetzung der Flächenstillegung, das neue Instrument zur Reform der Gemeinsamen Agrarpolitik, zugesagt werden. Die Flächen für Sojabohnenanbau sollen 1993 um 15%, in den darauffolgenden Jahren um jeweils 10% vermindert werden. Zwei Drittel der so stillgelegten Flächen werden für eine künftige Bewirtschaftung nicht mehr offenstehen. Im Gegenzug sind die Amerikaner bereit, die an Stelle der Preissubventionen von der Gemeinschaft gewährten Einkommensbeihilfen als nicht wettbewerbsstörend anzuerkennen. Damit liegt die Zielrichtung für die künftige Agrarpolitik in der EG fest, stark bestimmt nicht nur von internen Überlegungen, sondern von der Bereitschaft zu einer Übereinkunft: Weitere Flächenstillegungen um jährlich jeweils 15% und Einkommenbeihilfen bei gleichzeitiger Kürzung der Exportsubventionen wurden zugesagt und akzeptiert. Wenn dies nicht ausreicht, erlauben die automatisch eintretenden Konsultationsverpflichtungen, amerikanische Interessen und Reformen mit der europäischen Agrarpolitik zu verknüpfen. Umgekehrt wird es den Europäern möglich, der ebenfalls aggressiven Exportförderung für amerikanische landwirtschaftliche Produkte wirksamer als bislang entgegenzutreten.

B. Banken in den USA und Europa: Trotz zahlreicher Verschiedenheiten keine Berührungsängste

Die Banken in den Vereinigten Staaten von Amerika auf der einen Seite und in Europa auf der anderen Seite unterhalten traditionell enge Beziehungen. Ursächlich sind dafür u. a. das hohe Sparaufkommen und der Kreditbedarf in Amerika und in Europa, die Flexibilität der Banken sowie die guten Anlagemöglichkeiten nicht zuletzt dank des wirtschaftlichen Wachstums und einer Wirtschafts- und Rechtsordnung, die sich dem Schutz des privaten Eigentums verpflichtet fühlt. Grundlegend für die guten Beziehungen sind das enge gegenseitige Vertrauen, das die Anleger und die Schuldner über den Atlantik hinweg geschaffen haben, und die enge institutionelle Verzahnung der Finanzmärkte sowie die Kooperation der Banken auf der Unternehmensebene. Dennoch ist nicht zu übersehen, daß bedeutende Leistungsunterschiede in verschiedenen Bereichen und abweichende Strukturen zu beiden Seiten des Atlantiks bestehen. Zudem ergeben sich gelegentlich Störungen, z. B. wenn die privatwirtschaftlichen Beziehungen zwischen Kreditinstituten über den Atlantik hinweg reguliert werden, ohne Rücksicht auf die andere Seite. Auf dem Kontinent bestimmen mehrheitlich Universalbanken das Geschehen, deren Geschäftspolitik von den Notenbanken kontrolliert wird. Dies soll den Vertrauensschutz der Sparer und der Investoren gewährleisten und die gewinnorientierten Ziele der Banken mit den geldpolitischen Zielvorgaben zur Sicherung des Wirtschaftswachstums abstimmen. Der Einsatz neuer Techniken, die Einführung neuer Geschäftsformen und die Anpassung an veränderte Konsumgewohnheiten vollziehen die Kreditinstitute von sich aus, die Rahmenbedingungen werden vorgegeben, gelegentlich nach den Vorstellungen der Banken und der Kunden zu konservativ.

Europa und Amerika: ein Vergleich

Wenngleich das westeuropäische Bankennetz in seiner Streubreite durchaus amerikanischen Standards entspricht, so gibt es doch zwischen den einzelnen Mitgliedsländern zum Teil erhebliche Abweichungen: Darin spiegelt sich der Entwicklungsstand ebenso wider wie die insbesondere von Land zu Land unterschiedliche Bereitschaft zum bargeldlosen Zahlungsverkehr. Kommt in den USA auf 2.322 Einwohner eine Bankenstelle, so sind es nach Angaben des Internationalen Währungsfonds in der Bundesrepublik Deutschland 1.400, in Holland 1.600, in Belgien 1.800 und in Frankreich 2.700. Etwas schlechter ist die Bankenversorgung in Großbritannien; dort kommt eine Bankenstelle auf 2.750 Personen; ungünstiger sind auch die Vergleichszahlen für die Mittelmeerländer wie Italien (3.500 Personen je Bankenstelle) oder Portugal (5.400 Personen je Bankenstelle).

Ein deutlicher Vorsprung besteht für die USA bei der Ausstattung mit Geldautomaten. Im Durchschnitt teilen sich 3.222 Personen ein Gerät in den USA, in den Niederlanden 32.000 Menschen. Etwas günstiger, aber gleichwohl deutlich geringer ist die Ausstattung in Italien (13.000 Personen je Geldautomat), in Belgien (12.000), in der Bundesrepublik Deutschland (8.200) und in Frankreich (5.000).
Anders als in den Vereinigten Staaten von Amerika besteht das Banken- und Sparkassenwesen in Europa aus zahlreichen Instituten mittlerer Größe. Im Konzert der internationalen Großbanken sind in Europa beheimatete Institute erst an nachrangiger Stelle anzutreffen. Mit einer Bilanzsumme von 208 Milliarden US-Dollar (1988) ist beispielsweise die amerikanische Citicorp immer noch größer als alle britischen und kontinentaleuropäischen Institute. Die Eigenkapitalrenditen, in denen die Ertragskraft gemessen wird, ist bei den amerikanischen Kreditinstituten weltweit am höchsten. Während die kontinentaleuropäischen Konkurrenten sich mit einem hinteren Platz begnügen müssen, weist lediglich die in Großbritannien beheimatete Lloyds einen Wert auf, der dem amerikanischen Standard nahekommt. Andere englische Kreditinstitute stehen zwar besser als ihre kontinentaleuropäischen Wettbewerber da, aber noch nicht so gut wie die amerikanische Konkurrenz.
Als wenig kundenfreundlich erweist sich das europäische Bankensystem, wenn man die Gebühren betrachtet. Sie sind schon im nationalen Geldverkehr hoch und erreichen bis zu 9% des Überweisungsbetrages bei grenzüberschreitenden Zahlungen inner-

halb der Gemeinschaft. Gerade dies dokumentiert, daß der europaweiten Tätigkeit der Banken immer noch nationale Grenzen entgegenstehen, obwohl die Europäische Gemeinschaft von Anfang an die Kapitalverkehrsliberalisierung als einen Schritt zur wirtschaftlichen Integration angesehen hat und immer noch versteht. Daß es dabei nicht besonders eilig zuging, liegt u. a. daran, daß die Römischen Verträge den einzelnen Staaten Schutzrechte für den Fall einräumen, daß der eigenen Volkswirtschaft durch eine Liberalisierung des Kapitalmarkts erhebliche Anpassungen abverlangt werden: »Sie (gemeint sind die Mitgliedsstaaten) sind bereit, über das Ausmaß der ... vorgesehenen Liberalisierung des Kapitalverkehrs hinauszugehen, soweit ihre Wirtschaftslage, insbesondere der Stand ihrer Zahlungsbilanz, dies zuläßt.« (Art. 71) Zudem haben Fehlentwicklungen als Folge einer inflationsfördernden Wirtschaftspolitik immer wieder Kapitalverkehrskontrollen notwendig erscheinen lassen.

Neuer Integrationsschub für das Bankenwesen in Europa

Nach dreißig Jahren Kapitalverkehrsliberalisierung ist im Weißbuch zur Schaffung des Binnenmarktes ein weiterer Schritt zur Schaffung eines gemeinsamen Bankenraums vorgesehen. In den Mitgliedsstaaten sollen die Vorschriften für die Führung von Bankgeschäften auf das unbedingt notwendige Mindestmaß beschränkt und einheitlich geregelt werden. Die

Bestimmungen über die Sicherheit der Kreditinstitute und ihre Vertrauenswürdigkeit werden angeglichen: EG-weit gleiche Grundsätze werden für die Geschäftsführung, die Ausstattung mit eigenen Mitteln, die Solvenz- und Liquiditätskoeffizienten und die Überwachung von Großkrediten gelten. Die Vorschriften für den Jahresabschluß werden angeglichen. Bei Umorganisationen und Liquidationen in Krisenfällen werden in allen Mitgliedsstaaten gleiche Bedingungen gelten. All dies soll die Voraussetzungen schaffen, daß die bislang noch bestehenden nationalen Grenzen für die Ausdehnung der Geschäftsfähigkeit von Banken nicht mehr gelten und aufgehoben werden müssen.
Das Programm ist – wie versprochen – in Angriff genommen worden. Im Juni 1988 hat der Ministerrat die vollständige Liberalisierung des innergemeinschaftlichen Kapitalverkehrs bis 1990 vereinbart. Irland und Spanien wurde mit Rücksicht auf nationale Besonderheiten sowie wegen des späteren Beitritts eine verlängerte Übergangsfrist bis 1992 zugestanden, Griechenland und Portugal eine Frist bis 1995.
Nach Klagen der Europäischen Verbraucherverbände über die schleppende Abwicklung und die hohen Kosten des innergemeinschaftlichen Zahlungsverkehrs hat die Kommission im Oktober 1990 ein »Diskussionspapier« eingebracht. Schon diese Bezeichnung zeigt, daß den Klagen nicht mit besonderer Eile nachgegeben wird. Entsprechend den darin enthaltenen Empfehlungen wurde Anfang 1991 eine Expertengruppe eingesetzt, die Vorschläge zur Verbesserung des Zahlungsverkehrs vorbringen soll.

Danach ist vorgesehen, ein Verfahren zur Erleichterung der Abwicklung festzulegen und das weitere Beschlußverfahren zu vereinbaren. Verbesserungsvorschläge werden erwartet für Bar- und elektronische Überweisungen sowie für die Bearbeitung von Schecks und Zahlkarten. Gleichzeitig sollen von den Banken die ersten Anstrengungen in Richtung auf ein europäisches Kreditkartensystem ausgehen.
Nach dem Ursprungsprinzip können Banken in der Gemeinschaft ohne Rücksicht auf nationale Bestimmungen ihren Geschäften nachgehen, wenn in einem Mitgliedsland die Zulassung erteilt wurde. Die Aufsichtsorgane in diesem Land werden alle Aktivitäten überwachen müssen. Das Eigenkapital wird nach gemeinschaftlich einheitlichen Maßstäben festgelegt; als Mindestkapital bei neu zu gründenden Instituten gilt eine Summe von mindestens 5 Millionen ECU. Dies setzt sich aus dem eingezahlten Kaptital und den Rücklagen, aus stillen Reserven, Neubewertungsrücklagen, sonstigen dauerhaft zur Verfügung stehenden Kapitalbestandteilen (z. B. Genußscheinrechte), kumulativen Vorzugsaktien und nachrangigen Darlehen zusammen. Die Gemeinschaftsregelung begrenzt zudem die Eigenkapitalrechnung bei Beteiligungen an anderen Kreditinstituten: Der Wert wird subtrahiert, wenn die Beteiligung 10 % des Eigenkapitals überschreitet.
Vereinheitlicht werden müssen noch die Regelungen für Kreditinstitute, deren Muttergesellschaften Nichtbanken sind: Angeglichen werden für diese Fallgruppe die Konsolidierungsschwellen sowie die Bestimmungen für die Solvabilität, für die Festlegung

interner Kontrollverfahren und die Obergrenzen für Großkredite, so daß ab 1993 der Bankenmarkt vollständig liberalisiert wird.

Kein Freibrief für Banken aus Drittstaaten

Für die amerikanischen Banken, die sich an dem europäischen Markt beteiligen wollen, bringt die neue Regelung die gleichen Vorteile, wenn zuvor eine Niederlassung nach europäischem Recht gegründet wurde. Dieses Verfahren, Vorteile an Inländer zu gewähren, ist für die Banken aus Drittstaaten wie den Vereinigten Staaten allerdings kostspielig und umständlich: Das Zulassungsverfahren benötigt Zeit, das Gründungskapital muß zusätzlich zu dem Eigenkapital der amerikanischen Muttergesellschaft aufgebracht werden; durch die Einstellung von Managern, die den Anforderungen des Bankenrechts in Europa genügen, schwinden Einflußmöglichkeiten von außerhalb, und zusätzliche Reibungsverluste sind bei Meinungsverschiedenheiten zu erwarten. Die von der Gemeinschaft geforderte Neugründung eines Instituts stellt aus der Sicht der amerikanischen Banken einen Umweg dar und erschwert es, die Kostenvorteile zu nutzen, die sich aus einer engen transatlantischen Zusammenarbeit mit der Muttergesellschaft ergeben können.
Es ist ohnehin schwierig, die Zulassung zu erhalten; denn die Gemeinschaft verlangt Reziprozität bei voller Gegenseitigkeit in den Vereinigten Staaten von Amerika: Soll eine amerikanische Bank in einem

EG-Land zugelassen werden, so muß zuvor sichergestellt sein, daß ein aus der Gemeinschaft stammendes Kreditinstitut gleiche Rechte erhält.

Europa im Visier amerikanischer Banken

Genau an diesem Punkt gibt es Schwierigkeiten, denn der von der EG geforderte Grundsatz läßt sich schwer in die Tat umsetzen. Die Zahl der amerikanischen Banken ist derzeit noch wesentlich größer, die in Europa mit Blick auf den Binnenmarkt und die Kapitalmarktliberalisierung Fuß fassen wollen, als die Zahl der westwärts strebenden Kreditinstitute aus dem alten Kontinent.
Der Sprung nach Europa ist für viele amerikanische Kreditinstitute nicht nur aktuell vor dem Hintergrund der Bilanzen, die niedrige Gewinne in den USA ausweisen. Der Markt für Bankendienstleistungen in Europa gilt aus amerikanischer Sicht als unterentwikkelt. Daß z. B. noch nicht jede Familie mit mindestens einer Kreditkarte ausgestattet ist, wollen die Sales Manager amerikanischer Kreditinstitute nicht auf sich beruhen lassen. Gerade im Bereich neuer Bankendienstleistungen erwarten amerikanische Banken hohe Profite und gehen davon aus, daß die mit den Dienstleistungen entstehenden Verwaltungskosten und dabei anfallende Darlehenszinsen durch hohe Gebühren gedeckt werden können. Mit der Ausweitung der Netze über den Atlantik soll die Reichweite des Angebots von Dienstleistungen ausgedehnt werden, und dies gilt als ein Vorteil beim

Werben um Kunden auf den heftig umkämpften Märkten für Bankendienstleistungen in den USA.
Nicht anders denken die amerikanischen Wertpapierhändler und Brokerhäuser, wenn sie nach Europa streben: Neue Märkte sollen mehr Umsatz, zusätzliche Provisionen bringen und den Ertrag erhöhen. Der Zugriff auf Ersparnisse in Europa – nach amerikanischer Sicht oft zu niedrig verzinst und von konservativen Banken eher behutsam angelegt – kann dabei helfen, die zunehmend schwierigere Kapitalbeschaffung für die Banken in den USA zu erleichtern. Emissionen in Europa für amerikanische Kunden sollen ein weiteres Standbein schaffen, mit dem angeschlagene amerikanische Banken ihre Erträge aufbessern wollen.
Viele amerikanische Wertpapierhändler und Kreditinstitute glauben fest daran, daß sie einen Vorteil gegenüber den traditionellen Banken beim Kampf um die Einlagen aufzuweisen haben. Mit neuen Formen der Kundenansprache, unkonventionellen Betreuungsangeboten und dem Angebot von attraktiven Anlagemöglichkeiten in den USA können europäischen Banken Kunden abgezogen werden.
Bestärkt sehen sich die Manager in den amerikanischen Instituten durch die bisher erzielten Resultate. Schnell und erfolgreich gelang der Einstieg, und die Erträge entsprachen durchweg den hochgespannten Erwartungen. Die nahe Zeitgrenze für die Schaffung des Europäischen Binnenmarktes ist ein weiteres Motiv, das Haus in Europa rechtzeitig zu bestellen.

USA: ein veraltetes Bankengesetz

Als ein weiteres Motiv für das Interesse amerikanischer Banken am Sprung nach Europa kommt hinzu, daß sie damit einer Bankengesetzgebung entgehen können, die ihnen die Tätigkeit als Universalbanken versagt oder bestenfalls in einigen begrenzten Bereichen gestattet. Die gesetzlichen Bestimmungen erschweren eine landesweite Betätigung. Daß das amerikanische Banken- und Sparkassensystem veraltet ist und gründlich überprüft werden muß, zeigen dessen jüngste Krisen. Die Verluste der amerikanischen Sparkassen werden für den Zeitraum 1991 – 2000 auf 300 Milliarden US-Dollar geschätzt; dies ist allerdings nicht nur eine Folge der Ordnung des Bankensystems, dem die Gründung von Universalbanken versagt ist. Auch die Überwachung der Kreditinstitute steht zur Debatte, seitdem Bankenmanager sich wegen Betrugs vor Gericht verantworten müssen.
Die amerikansiche Bankengesetzgebung ist in erster Linie darauf ausgerichtet, den Wettbewerb zwischen den Banken zu verschärfen und die staatlichen Kontrollen auf ein Mindestmaß zu beschränken. Im übrigen sind die Regelungen so gehalten, daß der Innovationsfähigkeit bei der Entwicklung neuer Dienstleistungen kaum Grenzen gesetzt sind. Ziel ist es, den Kunden vor überhöhten Gebühren zu schützen und die Flexibilität der Kreditinstitute mit Blick auf die Kapitalversorgung zu steigern. Vorwarnsysteme zur Ermittlung riskanter Operationen gab und gibt es nur ansatzweise. Daraus ergab sich eine Rahmenbedingung, die bis heute trotz verschiedener Anläufe im

Kongreß nur geringfügig geändert wurde und die als reformbedürftig angesehen wird.
1927 verbot der McFadden Act den Banken, in verschiedenen Bundesstaaten gleichzeitig tätig zu sein; 1933 besiegelte der Glass-Steagall Act unter dem Eindruck des großen Banken- und Börsenzusammenbruchs und der Weltwirtschaftskrise das Ende der Universalbanken. In dem gleichen Gesetz wurden zum ersten Mal die Voraussetzungen für eine staatliche Einlagensicherung geschaffen. Seither wurden die Rechtsvorschriften in dieser Richtung weiterentwickelt mit dem Ziel, den Wettbewerb zwischen den Kreditinstituten zu verschärfen, den Einleger zu schützen und Bankenkonkurse wie die von 1929 zu verhindern. Verstöße gegen das Übernahmeverbot von Geschäftstätigkeiten in anderen Staaten oder in anderen Branchen stellten zusätzliche Gesetze von 1956, 1960 und 1966 unter Strafe. Zu Beginn der achtziger Jahre wurden die Sparkassen von der Zinsbindung befreit, die Einlagensicherung für in Not geratene Banken wurde ausgeweitet.
Entstanden sind Spezialbanken, die – nach europäischen Vorstellungen – mit aggressivem Marketing um Kunden werben und von dem Finanzministerium und dem Federal Reserve Board kontrolliert werden.
Zu den Eigentümlichkeiten der amerikanischen Banken- und Sparkassenpolitik gehört es, daß Einvernehmen zwischen dem Finanzministerium, dem Federal Reserve Board und den auf ihre Eigenständigkeit bedachten Bundesstaaten bestenfalls über einzelne Punkte einer landesweiten Banken- und Sparkassengesetzgebung erreicht werden kann.

Gelegentlich widersprüchliche, aber auch nicht umfassende Prüfungen der Geschäftstätigkeit der Kreditinstitute erzwingen Kompromisse und lassen gleichzeitig Freiräume entstehen, in denen Banken und Personen riskante Geschäfte abwickeln, ohne daß dies rechtzeitig erkannt werden kann und ohne daß von der Einlagensicherung Gegenmaßnahmen eingeleitet werden.
Tatsächlich vollzieht sich die Bankenreform in ganz anderer Weise: Die Regeln werden sukzessive durchbrochen, ohne daß eine Reform im Wortsinne stattfindet. Beispielsweise erlauben die Bundesstaaten die Ansiedlung von Banken aus anderen Bundesstaaten; die strenge spartenmäßige Aufteilung wurde durchlöchert, nachdem die Banken Anträge auf die gleichzeitige Durchführung verschiedener Geschäftstätigkeiten einklagen konnten. Konkurrenz kam von Unternehmen, die meist nicht unter den Begriff der Banken nach amerikanischem Rechtsverständnis fielen: Derartige Unternehmen vereinigten unterschiedliche Banktätigkeiten unter einem Dach und schafften den ersten, allerdings bescheidenen Schritt in Richtung auf ein Universalbankensystem europäischen Typs.

Schwierigkeiten für europäische Banken in den USA

Für die europäischen Banken, die ihre Geschäftstätigkeit in den Vereinigten Staaten von Amerika aufnehmen wollen, ergibt sich nicht nur der Zwang, ein eigenes Kreditinstitut zu gründen, dessen Zulassung nach dem Prinzip der Reziprozität geregelt ist, wie das der International Banking Act von 1978 vorschreibt. Als nachteilig wird von europäischen Banken zudem empfunden, daß bei der Lizenzerteilung nach dem Inländerprinzip verfahren wird: Europäische Universalbanken müssen entgegen ihrer Organisationsform in den USA als Spezialbanken tätig werden. Aus ihrer Sicht ist das weniger, als sie in Europa tun dürfen und als amerikanischen Banken dort zugestanden wird.

Europäische Banken formulieren ihre Klagen nach besseren Zulassungsbedingungen – anders als die Vorwürfe seitens der amerikanischen Banken – eher zurückhaltend und suchen bislang in der Diskussion über gleiche Zulassungsbedingungen den Anschein von scharfen Tönen unter allen Umständen zu vermeiden. Dahinter steht ein klares wirtschaftliches Kalkül: ein Konflikt würde größeren Schaden verursachen. Die Banken versprechen sich immer noch mehr Gewinn davon, wenn sie die Geschäfte in den USA auch unter erschwerten Bedingungen weiterführen. Zudem sind sich offenkundig Kreditinstitute diesseits und jenseits des Atlantiks einig, daß auch allzu starker Druck auf die Abgeordneten kaum eine Sinnesänderung in Richtung auf die Konstituierung eines Universalbankensystems herbeiführt. Vielmehr setzt man auf sanfte Töne und auf die Überzeugungskraft guter Argumente, auch wenn dieser Weg nicht allzu schnell greifbare Vorteile bringt.

Die Gemeinschaft hat ihrerseits diese Strategie dadurch unterstützt, daß sie die Anforderungen für

die Einhaltung der Reziprozität in den USA eng definierte und damit amerikanischen Vorstellungen entgegenkam. Reziprozitätsansprüche sind erfüllt, wenn europäischen Banken in den USA ein vergleichbarer Marktzugang und Inländergleichbehandlung garantiert sind; Sanktionen werden ergriffen, wenn europäische Banken den Zugang zu dem Bankgeschäft nicht auf andere Weise erstreiten können. Die Gemeinschaft hat im übrigen Solvenzkriterien und Haftungsrichtlinien so formuliert, daß die Bestimmungen auch für amerikanische Banken akzeptabel sind. Die Gemeinschaft behält sich folgerichtig nur eine ausgewogene, sachlich notwendige Einlagensicherung und Bankenaufsicht bei Banken aus den USA mit dem Ziel vor, das Vertrauen in die Funktionsfähigkeit der Finanzmärkte zu begründen und zu erhalten. Eine Kontrolle des Wettbewerbs zugunsten der Einleger und der Kreditnehmer soll den neu gegründeten europäischen Finanzmarkt vor spektakulären und geschäftsschädigenden Zusammenbrüchen bewahren. Finanzinstitute aus den USA müssen eine an der Stabilität des Unternehmens orientierte Geschäftspolitik verfolgen und auf riskante kurzfristige Geschäfte verzichten.
Diese Kriterien stimmen mit Regelungen für grenzüberschreitende Geschäfte zwischen den wichtigsten Industrieländern überein, wie z. B. die Abkommen der Zehnergruppe und der Bank für Internationalen Zahlungsausgleich vorsehen. Als Gegenleistung erwarten die Europäer ebenso wie die Vertreter amerikanischer Kreditinstitute die fälligen Reformen in Richtung auf ein Universalbankensystem.

C. Deregulierung und Subventionsbegrenzung: Luftfahrt und Flugzeugbau

Die EG holt gegenüber den USA auf

Die amerikanisch-europäischen Beziehungen im Luftverkehr sind eng: 500 Flugzeuge überqueren pro Tag den Atlantik in beide Richtungen; trotz des harten Wettbewerbs, den sich die Gesellschaften auf dieser Route liefern, sorgt eine insgesamt günstige Auslastung der Sitze und des Frachtraums für gute Einkünfte. Daraus ziehen die Fluggesellschaften aus den USA und den Ländern der Europäischen Gemeinschaft Nutzen, denn anders als in früheren Jahrzehnten, in denen amerikanische Gesellschaften weltweit das Sagen hatten, gibt es in Europa eine Konkurrenz.

Die jüngste Statistik der IATA (International Air Transport Association) weit für die Europäische Gemeinschaft einen Bestand von rund 9.500 kommerziell genutzten Flugzeugen aus, für die Vereinigten Staaten von Amerika wurden knapp über 10.000 gezählt. Ungleich ist allerdings die Verteilung der Kapazitäten in der Gemeinschaft. Allein Großbritannien zählt etwa 6.600 Maschinen; die restlichen elf Länder der Gemeinschaft kommen zusammen auf 1.400 Maschinen, davon sind in der Bundesrepublik Deutschland 445 angemeldet.

Neue Konkurrenz droht den Vereinigten Staaten von Amerika auch in Europa beim Flugzeugbau. Nach dem zweiten Weltkrieg waren amerikanische Hersteller unbestrittene Marktführer, die sich bestenfalls der Zulieferungen aus Europa bedienten, beispielsweise von Triebwerken der weithin nur als Luxuskarossenhersteller bekannten englischen Firma Rolls-Royce.
Heute machen die Europäer den Amerikanern zwar nicht den Rang streitig, aber das Leben doch schwer. Konnte Boing 1980 noch einen Weltmarktanteil an den Flugzeugverkäufen von 70% für sich beanspruchen, so ist er 1987 auf 50% gesunken. Weitaus größere Marktverluste mußten andere Hersteller hinnehmen wie beispielsweise MacDonnell Douglas, denn die Konkurrenz in Europa hat sich gemausert. 1987 erreichte Airbus Industries auf dem Ordermarkt für Flugzeuge einen Anteil von 35%. 1988 verzeichneten Hersteller der Luft- und Raumfahrtindustrie in der Europäischen Gemeinschaft einen Jahresumsatz von 32 Milliarden US-Dollar, während ihre Konkurrenten in den USA 75 Milliarden US-Dollar erzielten. Die Zahl der Beschäftigten in dieser Branche betrug diesseits des Atlantiks mehr als eine halbe Million Menschen, in den Vereinigten Staaten von Amerika fast 1 Million Menschen. Auf dem Markt für Luft- und Raumfahrtgeräte stoßen also künftig amerikanische und europäische Interessen fast zwangläufig zusammen, auch wenn die Nachfrage nach Flugzeugen steigt. Für das Jahr 2000 rechnet man mit einem weltweiten Bestand von 12.000 zivil nutzbaren Flugzeugen. Der hohe Ersatzbedarf läßt die Nachfrage auf

7.000 Stück ansteigen. Neue Flugzeugtypen sind im Gespräch: billige, leise, energiesparende Regionalflugzeuge, von denen 1989 schon 141 Einheiten geordert wurden; das sind dreimal so viel wie 1980. Auf diesem Sektor zeichnen sich die Europäer durch Wettbewerbsvorteile aus: Das europäische Gemeinschaftsprojekt ATR 42 von Aerospatiale und Aeritalia beherrscht den Markt der Kurzstreckenflugzeuge, auf dem die Europäer mehr als 60% der weltweit abgeschlossenen Kontrakte für sich verbuchen können. Für die Vereinigten Staaten steht viel auf dem Spiel, wenn es nicht gelingt, die Führungsposition zu halten. Die Luftfahrtindustrie gilt in den Vereinigten Staaten von Amerika als Flaggschiff unter den Wirtschaftszweigen, wird weitgehend von amerikanischen Banken kontrolliert und ist aus amerikanischer Sicht ein bedeutender Exporteur für den großen Markt in Europa und Japan sowie in den Entwicklungsländern.

Daß die Furcht um den Erhalt des Vorsprungs der amerikanischen Luftfahrtindustrie nur allzu begründet ist, zeigt ein Blick auf den Markt in den USA und auf den Weltmarkt. Früher galt es als selbstverständlich, daß amerikanische Fluglinien im Inland einkauften und den Wettbewerb zwischen den Herstellern nutzten, um gute Preise und günstige Lieferbedingungen auszuhandeln. Heute erwerben selbst amerikanische Fluggesellschaften statt Boeing-Maschinen Airbusse für den inneramerikanischen Markt.

Grund zum Umdenken in den USA gibt es auch deshalb, weil die Europäer in diesem prestigeträchtigen Markt – und jüngst einige Schwellenländer in Südostasien mit amerikanischem Kapital und amerikanischer Technologie – weiterhin nachzuziehen versuchen. Dabei gilt das Interesse vorzugsweise dem lange Zeit von den Amerikanern beherrschten Markt für militärisches Gerät. Daß die Europäer in der Lage sind, zum Sprung nach vorn anzusetzen, zeigt die Neuentwicklung von Waffen- und Flugsystemen in Konsortien, an denen sich zahlreiche Unternehmen aus verschiedenen europäischen Ländern beteiligen.

Regulierungspraktiken in Europa und Amerika

Beide Bereiche – Luftverkehr und die Herstellung von Lufttransportgeräten – unterliegen seit dem zweiten Weltkrieg einem weltweiten, lange Zeit akzeptierten, wenn auch unterschiedlichem Regulierungsmechanismus.
Die Geschäftsbedingungen für grenzüberschreitende Flüge legt die IATA fest, der die Vereinigten Staaten ebenso wie alle Länder der Europäischen Gemeinschaft angehören. Sie reguliert die Preise und Leistungen und wirkt wie ein Kartell, das zunächst nicht als störend empfunden wurde. Tickets waren von Gesellschaft zu Gesellschaft beliebig übertragbar, für das Umsteigen von einer Linie zu einer anderen gab es praktisch keine Hindernisse, ein weltweites Buchungssystem ermöglichte es, von Atlanta nach Afrika oder von Europa nach Alaska ohne großen Buchungsaufwand zu reisen. Die IATA legte technische Sicherheitsstandards fest und verpflichtete ihre Mitglieder, die von den Herstellern vor-

geschriebenen Wartungsarbeiten durchzuführen. Bei Abstürzen und Unfällen wurden Untersuchungen eingeleitet, die von unabhängigen Fachleuten durchgeführt wurden, und bei Fehlverhalten wurden Korrekturen erzwungen.
Der Preis für die Bequemlichkeit und Sicherheit erscheint den Kritikern der IATA-Politik derzeit zu hoch. Sie verstehen die Organisation als ein Monopol von staatlichen Gesellschaften, die die Preise kontrollieren und Verbesserungen des Service beschränken, um die Konkurrenz zu dämpfen und so möglichst hohe Gewinne bei mäßigen Leistungen ohne sinnvolles kostenbewußtes Management zu ermöglichen.
In der Tat enthält das IATA-Reglement zahlreiche Marktbeschränkungen. Die Gesellschaften handeln Strecken, Tarife, Buchungen und Leistungen untereinander aus, die so vereinbarten Pakete werden von den aufsichtsbeauftragten Behörden genehmigt mit Blick auf die Vorteile für das nationale Unternehmen.
Zu kurz kommt dabei der Kunde: Er zahlt – auch wenn dies nicht immer gleich offenbar wird – zuviel für zuwenig Leistung. Verständlich ist, daß diese Nachteile auf der Nordatlantikroute sehr schnell und besonders kraß hervortreten, gilt doch diese Strecke als die am stärksten beflogene und gewinnträchtige Verbindung und wird sie doch deshalb so hart umkämpft. Doch besonders hier erwarten die Kunden, daß Preise und Qualitätswettbewerb ihnen eigentlich Vorteile und Vergünstigungen bringen sollten.

Liberalisierung in den USA

In die Regelung für die Luftfahrt kommt zu beiden Seiten des Atlantiks Bewegung. Vorreiter sind die Amerikaner. Seit 1978 gibt es in den Vereinigten Staaten von Amerika Tendenzen, ein offeneres System einzuführen. Ursache dafür ist die Unzufriedenheit der Kunden mit dem bis dahin gültigen inneramerikanischen System, das nur wenig Wahlmöglichkeiten bot: 56% aller Flugreisenden konnten bis 1978 bei Antritt einer Flugreise im günstigen Fall zwischen zwei Gesellschaften auswählen, 16% waren auf eine Gesellschaft angewiesen und mußten deren Preise und Leistungen akzeptieren. Das kam dem Durchschnittsamerikaner teuer zu stehen: Der große Kontinent zwingt dazu, das Flugzeug zu benutzen, zumal die Eisenbahnen sich in einem schlechten technischen und wirtschaftlichen Zustand befinden und weite Teile des Landes gar nicht erreichen. Das Fernstraßennetz – besser ausgebaut – ist keine echte Alternative. Stellt man zudem in Rechnung, daß der amerikanische Durchschnittsbürger beruflich und privat sehr viel mehr im eigenen Land reist als ein Bürger in Europa, so kann man sich leicht vorstellen, daß die hohen Flugpreise bei zunehmend schlechtem Service in den siebziger Jahren die Tagesgespräche beherrschten und die Politiker zum Handeln forderten.
Zu den ersten Schritten des Präsidenten Carter gehörte es deshalb, in den USA den Flugverkehr für inländische Gesellschaften zu liberalisieren. Jedes Unternehmen, das die erforderlichen technischen und fliegerischen Sicherheitsvorschriften für einen

ordnungsgemäßen Flugbetrieb nachweisen konnte, war eingeladen, sich meistbietend an der Versteigerung von Lande- und Anflugrechten zu beteiligen.
Investoren waren schnell zur Stelle. Zwischen 1978 und 1984 herrschten Goldgräbersitten: Bis zu 123 Gesellschaften kämpften um die Gunst der Passagiere. Konkurse und Fusionen wurden unausweichlich: Ein landesweiter Fluglotsenstreik – angesichts der durch die Zunahme der Flüge entstandenen Mehrbelastung – dämpfte die Reiselust. Im Zuge einer Bereinigung des Angebots, das nach einer künstlichen Verknappung zunächst ohne Rücksicht auf langfristige Überlebenschancen über den Bedarf ausgeweitet wurde, haben sich die stärksten Unternehmen durchgesetzt. Die größeren Unternehmen kamen 1984 auf Marktanteile zwischen 10 und 20%, die kleineren mußten sich mit Anteilen von unter 10% zufriedengeben und sind noch keinesfalls aus der Krisenzone heraus.
Der Boom und die anschließende Anpassung werden nachträglich von Befürwortern und Gegnern der Liberalisierung unterschiedlich beurteilt. Während Befürworter der Liberalisierung diesen Prozeß für zwangsläufig halten, haben Kritiker die negativen Folgen in den Mittelpunkt ihrer Einwände gestellt. Vertreter von Konsumentenorganisationen und Wettbewerbsschützer vermuten beispielsweise, daß heute der Konkurrenzkampf schwächer sei als vor 1987, und zwar trotz der Liberalisierung. Dies sei die Folge des Entstehens eines völlig neuen Typs von Fluggesellschaften, die zwar nach außen hin konkurrieren, in Wirklichkeit aber untereinander kaum noch Wettbe-

werb austragen. Statt dessen haben die Unternehmen in dem Streben nach Sicherung von Wettbewerbsvorteilen durch Kostensenkung, Produktdifferenzierung und regionale Schwerpunktbildung neue Marktstrukturen entwickelt, nicht unbedingt zum Vorteil der Fluggäste.

Dafür werden durchaus anschauliche Beispiele angeführt. Die neu entstandenen regionalen Gesellschaften haben ihren Vorteil darin gesucht, in einem von staatlichen Regelungen befreiten Markt ihre Leistungen auf wenige kleine Flughäfen zu konzentrieren, die für große Gesellschaften weniger Gewinne versprechen und kleineren Unternehmen die Vorteile eines Alleinanbieters boten. Dadurch konnten relativ höhere Preise als auf Langstrecken erzielt werden. Durch den Aufbau von Verbundsystemen, innerhalb derer über hubs (Knotenpunkte) und spokes (Strahlen) die Nachfrage der Passagiere aus und nach verschiedenen Orten geregelt wird, gelang es vor allem den Unternehmen in diesen Nischen, eine führende Marktstellung zu erreichen. Leitfahrplanähnliche Flüge haben sich auf stark von Reisenden nachgefragten Strecken herausgebildet, und dies hat fortschreitend das Angebot auf den Strecken ausgedünnt, auf denen die Einnahmen die Kosten nicht zu decken versprachen. Spezielle Tarife für Kunden, die über diese Verbundsysteme zu reisen bereit waren, trugen dazu bei, daß auf den Märkten durch die Aufspaltung des Leistungsangebots der Wettbewerb zurückging.

Auf den Langstrecken zogen die großen nationalen Fluggesellschaften die Fäden: Konkurrenz dokumentiert sich bestenfalls darin, daß die Flugpreise

durch zahlreiche Sondertarife und ständig geänderte Preise für bestimmte Strecken aufgespalten wurden. Analog zu den Veränderungen auf den regionalen Märkten wurden landesweite Verbundsysteme geschaffen, die ihrerseits das Wechseln zwischen den Fluggesellschaften erschwerten.
Die effiziente Ausnutzung von Skalenvorteilen auf Strecken von über 400 km beruhte schließlich auf dem bevorrechtigten Zugang zu elektronischen Buchungssystemen.
Bei den in den USA üblichen Verbundsystemen nimmt zwangsläufig der Buchungsaufwand zu: An Stelle einer Reservierung für große Distanzen werden mindestens zwei, häufig wesentlich mehr Buchungen je Flug erforderlich. Deshalb mußten alle amerikanischen Fluggesellschaften viel Kapital für die Einrichtung und den Betrieb computergestützter Buchungsautomaten verwenden, die über Satelliten mit Informationen gespickt werden. Sie sind viel zu teuer in der Anlage und im Betrieb, als daß sie ausschließlich von einer Gesellschaft genutzt werden. Statt dessen wurden die Systeme gegen hohes Entgelt von anderen Gesellschaften genutzt, denen der Marktzutritt erschwert, wenn nicht verwehrt werden konnte.
Diese Entwicklung ist nach Ansicht konservativer Verfechter einer Wettbewerbsverstärkung ein weiterer Grund dafür, daß tatsächlich die Konkurrenz eingeschränkt wird. Marktzugang haben nur wenige Konkurrenten, wenn sie sich in diese Systeme und andere einkaufen. Manch kleinere Gesellschaft argwöhnt, daß die Gebühren bewußt hoch festgesetzt werden, um die lästige Konkurrenz fernzuhalten.

Auch aus einem anderen Grund ist der vielversprochene Wettbewerb für den Kunden kaum noch sichtbar. Mit Hilfe der Buchungscomputer können Tarife oft binnen weniger Stunden und mehrfach im Jahr geändert werden, wenn die Auslastungsquote zu sinken droht; angeblich finden derartige Tarifänderungen bis zu 10.000 mal pro Jahr statt. Rabatte oder Vorzugsleistungen für Fluggäste werden angeboten, jedoch weniger Verbesserungen des Service und größerer Bequemlichkeiten, die als Markenzeichen einer kundenfreundlichen Gesellschaft erwartet werden. Statt dessen hat sich ein Tarifdschungel aufgetan, den gegen Entgelt mittlerweile eigens dafür gegründete Beratungsunternehmen analysieren. Nur so ist es, wie die einschlägigen Annoncen versprechen, möglich, den Durchblick zu wahren angesichts des Ideenreichtums vieler amerikanischer Unternehmen bei der Tarifgestaltung und Tarifanpassung.

Gleichwohl wird man heute wohl kaum einen Amerikaner finden, der einen Zustand wie in der Ära vor Präsident Carter anstrebt. Das sicherlich nicht leicht zu handhabende System bringt dem Kunden Vorteile, wenn er sich ein bißchen anstrengt: Der Einbruch bei den Tarifen ist beträchtlich, die Wahlmöglichkeiten haben sich wesentlich verbessert. Ende der achtziger Jahre flogen 13% aller Gäste zum Normaltarif. 55% aller Fluggäste können bereits durchschnittlich zwischen zwei oder drei Gesellschaften wählen. Die inflationsbereinigt um 16% niedrigeren Flugtarife gehen einher mit Personalkosteneinsparungen um 4,5% zwischen 1981 und 1988, während Gesellschaften in anderen Ländern nur um rund 2,8% abspeckten. Der Service ist besser geworden, und amerikanische Fluggesellschaften zeigen sich bemüht, durch eine rasche Modernisierung ihrer Flotten das Angebot zu verbessern und die Treibstoffkosten zu senken. In Mark und Pfennig sind trotz der Unkenrufe der Wettbewerbsschützer und Kundenverbände die Vorteile immer noch beträchtlich. Clifford Winton von der Brookings Institution schätzt den Kaufkraftgewinn durch die Deregulierung aufsummiert für die Jahre 1979 bis 1989 auf 100 Milliarden US-Dollar ein.

Deregulierung in der EG

Mit Verspätung hat die Europäische Gemeinschaft den innergemeinschaftlichen Flugverkehr – mitbeeinflußt von den Vorgängen in Amerika – und die nationalen Regelungen liberalisiert. Das Weißbuch der Kommission »Vollendung des Binnenmarktes« hatte bereits Ende 1987 eine Deregulierung für die Innergemeinschaftliche Zivilluftfahrt vorgeschrieben. Eingeschränkt werden sollten bis dahin die staatlichen Kontrollen der Tarifgestaltung und -genehmigung.

Zunächst blieben allerdings noch Vorschriften bestehen, die den Gestaltungsspielraum der Gesellschaften beschränken und die es gleichzeitig bei der Überwachung durch die Aufsichtsbehörden belassen.

Der erste Schritt der Liberalisierung bestand darin, Sondertarife zuzulassen. Der Economy-Tarif kann in einer Bandbreite von 5% vom Bezugspreis in beiden Richtungen schwanken. Rabatte können innerhalb

einer Bandbreite von 80 bis 94% statt bisher von 65% bis 90% des regulären Preises, Superrabatte in einer Zone von 79 % bis 30 % (früher 65 bis 45%) festgelegt werden, ohne daß es einer Bestätigung durch die Regierung bedarf. Bei allen weiteren Tarifabweichungen ist eine doppelte Zustimmung notwendig. Diese Rabatte können erst in Kraft treten, wenn die eigene Aufsichtsbehörde sowie alle angeflogenen Länder zustimmen.
Den Marktzutritt erleichtern die jetzt gültigen niedrigen Schwellenwert für Mehrfachbenennungen von Fluggesellschaften auf zahlreichen Routen. Es ist nicht mehr möglich, Lande- und Startrechte zu verweigern, weil »nachgewiesen« werden konnte, daß die Flughäfen – wenn sie von wenigen Linien angeflogen werden – einen ausreichenden Service anbieten.
Ein Durchbruch wurde erzielt für die Zulassung von anderen Fluglinien aus EG-Ländern auf inländischen Routen. Bislang war dies nur gestattet, wenn die ausländische Gesellschaft dabei einen Flughafen im Heimatland anflog. Künftig können Gesellschaften auch Routen im Ausland bedienen, ohne dabei nationales Territorium zu berühren (Fünfte Freiheit, Aufhebung administrativ bedingter Leerflüge, Cabotage). Jetzt darf beispielsweise die Lufthansa die Strecke Rom-Paris bedienen oder die Air France Frankfurt-Kopenhagen anbieten. Erleichtert wird künftig auch die Erhöhung der Kapazität auf einzelnen Strecken; bislang erforderte dieser Schritt Einzelgenehmigungen und die Vereinbarung gegenseitiger Rechte durch alle betroffenen Länder.

Der beabsichtigten Ausweitung des Flugverkehrs trägt das EG-weite System zur Überwachung des Luftraums Rechnung. Eurocontrol ist zuständig für den Luftraum oberhalb 7.500 m in den Hoheitsgebieten von Belgien, den Niederlanden, Luxemburg, Frankreich, Großbritannien, Irland und der Bundesrepublik Deutschland. Weitere Aufgaben bei der Luftsicherung werden schrittweise aus nationaler Kompetenz auf die europäische Ebene übergehen.
Die Kommission strebt dabei zugleich ein einheitliches europäisches, computergestütztes Buchungssystem an. Das von Lufthansa, Air France, Iberia und SAS benutzte System mit der Bezeichnung AMADEUS und das von British Airways, Swissair, KLM Royal Dutch Airlines und Alitalia betriebene GALILEO stehen dafür zur Auswahl.
Fusionen und Kooperationen zwischen nationalen Gesellschaften, noch vor wenigen Jahren undenkbar, werden akzeptiert. So kooperieren bereits Gesellschaften aus Frankreich und Großbritannien.
Die Liberalisierung stößt das Tor zu mehr Freiheit auf, kommt aber doch nur zögerlich in Gang. So vorzugehen halten die Europäer für durchaus sinnvoll: Die Märkte werden von wettbewerbsfeindlichen Gesetzen befreit, ohne daß die Sicherheit des Flugverkehrs eingeschränkt wird, denn der enge Flugraum verbietet eine schnelle Ausweitung der Dienste. Flughäfen und Flugsicherung können – darin stimmen Fachleute angesichts der jetzt schon drangvollen Enge überein – nicht in kurzer Zeit ein rasch steigendes Flugaufkommen bewältigen. Im Vergleich mit den USA nehmen sich die Fortschritte bescheiden aus,

wenngleich sie aus europäischer Sicht eine erhebliche Veränderung der Regeln beinhalten.

Liberalisierung des transatlantischen Flugverkehrs: Die Position der USA und der EG

Für den transatlantischen Luftverkehr ergeben sich aus der Liberalisierung in den USA und der EG-weiten Deregulierung Veränderungen in dem Maße, wie von der Lockerung der bislang starren nationalen Regelwerke auch die Gesetze erfaßt werden, die bislang die Zulassung ausländischer Fluggesellschaften regeln. Zudem sind Anpassungen im Regelwerk der IATA zu erwarten, wenn die Länder, die den größten Teil des Nordatlantikverkehrs und damit des Weltluftverkehrs bestreiten, eine Liberalisierung des internationalen Betriebs anstreben.

Festzuhalten ist zunächst, daß in den USA ebenso wie in der EG in Bereichen der nationalen Marktöffnung analoge Regeln für die Zulassung von Unternehmen aus Drittstaaten üblicherweise eher zögerlich in Angriff genommen werden. Da stellen die Bestimmungen für die Luftverkehrsdienste keine Ausnahme dar.

Die amerikanische Regierung glaubt bei ihren Landsleuten und den Unternehmen kaum Unterstützung für die Verabschiedung eines Abkommens zu finden, daß europäische Luftlinien mit Inländern gleichstellt. Argumentiert wird mit der ungleichen Eigentümerstruktur: Die amerikanischen, kommerziell betriebenen Gesellschaften würden mit den staatlich subven-

tionierten Fluggesellschaften aus Europa konkurrieren, und dies bevorzuge die ausländischen Anbieter, die ihr Kapital nicht verzinsen müssen, oft sogar Verluste auf den Steuerzahler abwälzen. Aus dem gleichen Grund konnten europäische Gesellschaften nur mit Mühe Kapitalbeteiligungen an amerikanischen Gesellschaften erwerben und damit indirekt Zugang zum amerikanischen Inlandsmarkt erhalten. Die Amerikaner treten statt dessen dafür ein, ein internationales Abkommen zu vereinbaren, das die nationalen Politikansätze weltweit angleicht und die Staatsunternehmen privatisiert. In dem Maße, wie in Europa ansässige Fluggesellschaften privatisiert würden und der Marktzugang erleichtert würde, könnten diese Unternehmen folgerichtig Dienste in den USA übernehmen und mit amerikanischen Unternehmen Kapitalbeteiligungen austauschen.
Beschwerden europäischer Fluglinien in Anbetracht dieser wenig zugangsfreundlichen Politiken sind so lange nicht verständlich, wie auch die Gemeinschaft Luftlinien aus Drittstaaten und damit auch aus den USA wenig liberale Regelungen anbietet. Dies ist ein amerikanischer Vorwurf, der zwar nicht rechtfertigt, von einer Festung Europa zu reden, gleichwohl aber auf einen wenig erfreulichen marktstörenden Eingriff hinweist. Die Europäische Gemeinschaft versteht die Liberalisierung zunächst als einen Schritt zur Öffnung der Märkte für die in den Mitgliedsländern angesiedelten Luftfahrtunternehmen. Dem Gedanken der Besitzstandswahrung entspricht es, wenn die bislang schon von den Mitgliedstaaten abgeschlossenen Abkommen mit den Vereinigten Staaten von

Amerika weitergelten. Bei neuen Verträgen gilt in einer Übergangsphase die Reziprozität zwischen den Mitgliedsstaaten. Wenn ein Mitgliedsland der Gemeinschaft künftig einem bilateralen Vertrag für sein Staatsgebiet zustimmt, erhält die amerikanische Gesellschaft dort auch die gleichen Rechte. Langfristig beansprucht die Gemeinschaft das Recht für sich, die Verträge für den Flugverkehr mit Drittstaaten abzuschließen und die EG als ein einheitliches Gebiet zu vertreten. Dieses Verfahren hat in den Mitgliedsländern der Gemeinschaft unterschiedliche Reaktionen hervorgerufen, denn die Liberalisierungsbereitschaft hinsichtlich des nationalen Luftverkehrs, des EG-weiten Flugbetriebes und der internationalen Beziehungen ist unterschiedlich ausgeprägt. Als liberalisierungsfreundlich gelten Großbritannien und die Niederlande, die entgegengesetzte Politik betreiben mit unterschiedlichen Maßnahmen Frankreich, Italien und die Bundesrepublik Deutschland. Die Abweichungen sind bedingt durch den Grad an betriebswirtschaftlicher Rentabilität, den die Unternehmen bereits erreicht haben, das wirtschaftspolitische Leitbild und die Bedeutung des Luftverkehrs mit den USA. Traditionell sind die Niederlande und Großbritannien an einer marktoffenen Regelung mit den USA interessiert, gelten doch die Flugplätze in diesen Staaten als die wichtigsten Anlaufpunkte auf der Strecke von den USA nach Europa und hoffen doch die in diesen Staaten beheimateten Gesellschaften, durch eine marktoffene Regelung für amerikanische Gesellschaften im Gegenzug Niederlassungsrechte in den USA zu erhalten. Demgegenüber ist für die in anderen Ländern angesiedelten Gesellschaften der Flugverkehr in die USA vom Geschäftsumfang weniger wichtig als die Verbindung nach Fernost und Nordafrika. In diesen Ländern sieht man wenig Grund für Zugeständnisse an die USA, zumal dort eine strenge Lizenzvergabe Tradition hat und Flugrechte Zug um Zug ausgehandelt werden. Eine Zwischenposition nehmen derzeit Frankreich und Deutschland ein: Einerseits ist das Nordatlantik-Geschäft eine wichtige Einnahmequelle für die staatlichen Gesellschaften, die man vor der amerikanischen Konkurrenz schützen will. Andererseits muß man die Zusammenarbeit mit den USA durch Entgegenkommen bei der Vergabe von Flugrechten pflegen, will man sich nicht um das eigene Geschäft bringen.

Diesen unterschiedlichen Positionen haben die Vereinigten Staaten von Amerika bei ihren Verträgen mit den einzelnen europäischen Ländern in der Weise Rechnung getragen, daß sie verschiedene Vereinbarungen getroffen haben. Mit Großbritannien und den Niederlanden bestehen gegenseitig marktöffnende Vereinbarungen, während die Verträge mit den restlichen EG-Mitgliedsländern vom Zug-um-Zug Grundsatz geprägt sind. Die USA versprechen sich von dieser Strategie einen Durchbruch bei der Verwirklichung der von ihnen vertretenen Grundsätze. Erwartet wird nämlich, daß langfristig die Mitgliedsstaaten der Gemeinschaft sich mehrheitlich den marktwirtschaftlichen Grundsätzen verschreiben und die bislang restriktive Haltung aufgeben. Der Druck auf die Regierungen ist beträchtlich, wird doch in den USA erwartet, daß die künftig nicht mehr mit Subventionen verwöhnten europäischen öffentlichen Fluggesellschaften auf mehr Liberalität in den eigenen Ländern drängen werden, und dies wäre ein Erfolg für die USA bei der Durchsetzung ihrer Forderungen. Dabei darf die Europäische Gemeinschaft nicht außer acht lassen, daß die Vereinigten Staaten ihre Forderungen auch als ein Mittel ansehen, um Druck auf südostasiatische Staaten auszuüben, die nach Ansicht der amerikanischen Administration und Luftverkehrsgesellschaften noch zögerlicher als die Gemeinschaft staatliche Schutzrechte zugunsten der nationalen Fluggesellschaften abbauen. Ein harte, intransigente Haltung gegenüber den europäischen Ländern ist – wenn dies dem Ziel dient – nicht nur Teil der Bemühungen zur Gestaltung der transatlantischen Beziehungen entsprechend den amerikanischen Wünschen, sondern ordnet sich ein in eine weltweit angelegte Strategie zur Wahrung amerikanischer Interessen durch Öffnung der Märkte. Festzuhalten ist, daß die betroffenen Gesellschaften nicht warten, bis die Politik dies erreicht. Unternehmensoperationen innerhalb von Europa und mit amerikanischen Gesellschaften zeigen, daß die Manager schon jetzt transatlantisch handeln und denken.

Streit um Absatzmärkte für Luft- und Raumfahrtgerät

Mit ebenfalls harten Bandagen kämpfen die USA und die Gemeinschaft um Marktanteile auf dem

Flugzeugmarkt. Eng ist der Spielraum für die Amerikaner geworden, seitdem die Gemeinschaft mit dem Airbus nicht nur auf dem europäischen Markt ihre Heimvorteile ausspielt, sondern auch in den USA Marktanteile gewinnt und sich sogar in Drittländern zum ernsthaften Konkurrent entwickelt hat. Dabei ist der Markt für Raum- und Luftfahrtgerät ohnehin kompliziert. Wenn nationale Fluggesellschaften (wie lange Zeit in Europa) die Order verteilen, dann verbinden sich wirtschaftliche Forderungen (wie der Abschluß zu günstigeren Beschaffungspreisen, der Erwerb von Gerät mit niedrigen Betriebskosten und die Zusage der Hersteller, daß strengere Bestimmungen hinsichtlich des Lärmausstoßes und des Energieverbrauchs eingehalten werden) mit politischen Argumenten: Die Aufträge sollen im Inland Arbeitsplätze sichern.
Luft und Raumfahrt sind zudem eng mit sicherheitspolitischen Interessen verbunden. Vielfach fertigen die Hersteller nicht nur Transportflugzeuge, sondern auch militärisches Gerät. Die hohen Entwicklungskosten können umgelegt werden. Durch eine breite Auslastung der Anlagen sind die Voraussetzungen geschaffen, um die Kosten für den Erwerb von zivil und militärisch nutzbaren Gütern zu senken. Die Förderung inländischer Unternehmen durch zivile und militärische Aufträge mindert die Gefahr, daß Rüstungsbetriebe wegen Unwirtschaftlichkeit geschlossen werden müssen und einzelne Staaten in den als sensibel empfundenen Sicherheitsbereichen von Dritten abhängig werden, auf die bestenfalls mittelbar Einfluß genommen werden kann.

Die Vereinigten Staaten von Amerika konnten lange Zeit – da es in Europa keine nennenswerte Luft- und Raumfahrt gab – in großem Umfang Gerät in die Gemeinschaft verkaufen und dabei die Bedingungen festlegen. Noch heute werden amerikanische Ausrüstungen für die Bundeswehr und die Luftwaffen anderer NATO-Länder zum Teil von den USA bezogen. Durch Industrie- und Rüstungskooperation unter dem Dach der NATO hat sich zudem eine enge gegenseitige Abhängigkeit durch Arbeitsteilung herausgebildet, die amerikanischen Herstellern noch immer einen beträchtlichen Markt in Europa sichert. An die Adresse der Europäischen Gemeinschaft gibt es dennoch amerikanische Vorwürfe. Kongreßabgeordnete und Senatoren sowie Angehörige der Administration machen geltend, daß die staatlich geförderte Luft- und Raumfahrt in der Gemeinschaft, die in den letzten Jahrzehnten einen schnellen Aufschwung verzeichnete, die weniger subventionierten amerikanischen Lieferanten benachteiligt habe. Zudem hätten die europäischen Regierungen die staatlichen Luftfahrtgesellschaften mit »sanftem« Druck gezwungen, weniger amerikanische Flugzeuge zu erwerben. Zum Ausgleich sei es nur gerechtfertigt, wenn in den USA – wie dies der Fall ist – bei Regierungsaufträgen darauf geachtet werde, daß amerikanische Anbieter den Zuschlag erhalten. Nicht in Vergessenheit geraten ist bei vielen Amerikanern die Krise der amerikanischen zivilen und militärischen Luftfahrtindustrie in den siebziger Jahren. Boeing mußte damals zwei Drittel seiner 147.000 Beschäftigten entlassen.

Diesen Vorwürfen halten die europäischen Regierungen entgegen, daß auch in den USA die Luft- und Raumfahrtindustrie von staatlichen Aufträgen gefördert werde.
Immerhin sorgt die amerikanische Raumfahrt – staatlich finanziert – für ein solides Auftragspolster, und die großen Aufträge des Pentagon für die Luft- und Raumfahrt werden ebenfalls nicht nach marktwirtschaftlichen Grundsätzen verteilt. Beträchtlich sind die Zuschüsse zur Forschung und Entwicklung in Unternehmen dieses Sektors. Wenn dennoch die amerikanische Flugzeugindustrie Absatzeinbußen hinnehmen muß, dann liegt es an den betroffenen Gesellschaften. Sie sollen den sich abzeichnenden Nachfragerückgang und die Umschichtung bei dem Bedarf zu spät erkannt haben. Die Unternehmensleitungen hätten es zudem versäumt, Vorsorge zu treffen für einen Nachfragerückgang in militärischen und zivilen Bereich durch die Entwicklung von alternativen Produkten oder durch das Erschließen neuer Märkte.
Dies wird in Amerika durchaus zugestanden. Unter dem Eindruck der Krise hatte die amerikanische Luft- und Raumfahrt Anstrengungen unternommen, um ihre Leistungsfähigkeit und Flexibilität zurückzugewinnen, und dies geschah mit staatlichen Subventionen. Neue Techniken wurden erst in den achtziger Jahren entwickelt, die Kapazitäten ausgeweitet, der Ausbildungsstand der Arbeitnehmer und des Managements angehoben.

Airbus: Stein des Anstoßes zwischen USA und Europa

Gleichwohl sind die Amerikaner verärgert über Europa. Stein des Anstoßes ist diesmal der Airbus. Denn der um ihren Fortbestand ringenden amerikanischen Industrie ist neue Konkurrenz entstanden durch den Airbus, dem ersten europäischen Flugzeug.
Seit 1969 wird der Airbus gemeinsam von Großbritannien, den Niederlanden, Frankreich, der Bundesrepublik Deutschland, Belgien und Spanien entwikkelt und gebaut. Der Flügelkasten kommt von British Aerospace, die beweglichen Teile und Verkleidungen der Flügen von Fokker in den Niederlanden, die Rumpfgroßbauteile, die Triebwerksträger und die Klappen liefert Aérospatiale (Frankreich), das auch für die Endmontage verantwortlich ist. Rumpfgroßbauteile, Flügelausrüstung, Seitenleitwerke, Spoiler und die Innenausstattung fertigt die Deutsche Airbus GmbH, die Flügelnasen Belairbus und Fahrwerkklappen, Höhenleitwerk und vordere Passagiertüren die CASA (Spanien).
Weniger der europäische Zuschnitt der Fertigung ist den Amerikanern ein Dorn im Auge, als die dabei beanspruchte staatliche Hilfe. Sie reicht weit und ist deshalb schon seit langem ein Stolperstein bei den Bemühungen, die transatlantische Zusammenarbeit bei der Liberalisierung des Flugzeugmarktes von Konflikten zu befreien.
Die Förderung ist nicht wegzudiskutieren. Das Kapital halten die einzelnen Länder entsprechend den Fer-

tigungsanteilen. Verluste werden nach dem gleichen Schlüssel umgelegt und auf nationaler Ebene aus dem öffentlichen Haushalt ausgeglichen. Die einzelnen nationalen Gesellschaften haben zudem leichten Zugang zu öffentlichen Aufträgen; die Eigentümer sehen darin einen durchaus zulässigen Weg, um anderenfalls entstehende Verluste durch weitere öffentliche Zuschüsse auszugleichen. Die staatliche Einflußnahme zeigt sich schließlich in der Koordination der nationalen Gesellschaften durch Regierungsbevollmächtigte.

Darüber hinaus werden die Forschungs- und Entwicklungskosten vollständig aus öffentlichen Mitteln finanziert. Die Wechselkursrisiken werden für den Fall, daß die Wechselkurse der europäischen Währungen gegenüber dem US-Dollar von einem Richtwert abweichen, aus öffentlichen Mitteln gedeckt. Auf diese Weise kommen erhebliche Beträge zusammen, die sich amerikanische Unternehmen auf dem Kapitalmarkt beschaffen müssen. Die Berechnungen über den Umfang dieser Hilfen gehen aus amerikanischer Sicht und aus der der Gemeinschaft weit auseinander, nicht zuletzt deshalb, weil die Zuordnung nicht eindeutig erfolgen kann und auch nicht alle Leistungen veröffentlicht werden. Nach amerikanischen Analysen ergeben sich aufgrund jüngster, von der Gemeinschaft in Auftrag gegebener Analysen für Europa Subventionen von 85 Miliarden US-Dollar und für die USA von 40 Milliarden US-Dollar aus den Aufträgen für die Streitkräfte. Hinzu sollen in den USA noch einmal 30 Milliarden US-Dollar aus Forschungsmitteln des Pentagon und der NASA kommen. Wenn diese Schätzungen stimmen – über ihre Genauigkeit gibt es Streit –, dann trifft der Vorwurf einer einseitigen Subventionierung zu beiden Seiten des Atlantiks zu. Gleichwohl haben die Subventionen für Konflikte im transatlantischen Dialog gesorgt, und das GATT wurde in Panel-Verfahren angerufen, den Sachverhalt zu klären.

Eine freiwillige Einigung ist im April 1992 zustande gekommen: Die Zukunft der eigenen Luft- und Raumfahrt mit all dem dazu gehörigen Prestige steht auf dem Spiel, und die Vorstellungen konnten trotz großer Differenzen so weit angeglichen werden, daß es zu einem Kompromiß kam. So sollen die Vereinigten Staaten von Amerika die Subventionen auf 33 % der Entwicklungskosten eines Flugzeuges reduzieren. Künftig will die Gemeinschaft Subventionen auf das Maß begrenzen, bei dem noch die privatwirtschaftliche Rentabilität gesichert ist und das durch außergewöhnliche Belastungen gerechtfertigt werden kann. Öffentliche Zuschüsse müssen zurückerstattet werden, und zwar bis zu 25% in den 17 Jahren nach der Gewährung. Weitere 8% werden im gleichen Zeitraum zurückerstattet, wobei die Kreditkosten um 1% erhöht werden.

Die amerikanischen Unterhändler mußten einsehen, daß Konfrontation wenig überzeugend wirkt, wenn die Kunden im eigenen Land dem Airbus den Vorzug geben. Die Amerikaner hoffen schließlich, daß mit der fortschreitenden Privatisierung der Luftfahrt in Europa die Möglichkeiten schwinden, durch staatliche Regelungen den Beschaffungsmarkt gegen die USA abzuschirmen. Europäische Gesellschaften werden auch weiterhin amerikanische Lieferanten hinzuziehen, wie dies die achtziger Jahre belegen. Zu beiden Seiten des Atlantiks hat schließlich die Einsicht gesiegt, daß der Subventionswettlauf den Steuerzahler viel Geld kostet, ohne daß langfristig rentable Projekte vorliegen.

D. Telekommunikation: Liberalisierung als gemeinsamer Nenner?

Als Testfall für die transatlantische Zusammenarbeit stellt sich auch der Bereich Medien und Telekommunikation dar. Wie in nur wenigen anderen Bereichen – man denke an Luftverkehr und den Flugzeugmarkt – überschreitet der Handel mit den Ausstrahlungsrechten an Filmen und anderen Sendungen und der Einkauf von Geräten für die Übermittlung von Signalen regelmäßig die nationalstaatlichen Grenzen; der Medienmarkt – man denke an Nachrichten und deren Übermittlung – ist in der modernen Welt notgedrungen grenzüberschreitend. Dennoch gibt es viele Hindernisse, die einer globalen Ordnung für diesen Bereich im Wege stehen. Nachrichten und ihre Übermittlung berühren die politische Kultur eines Landes; die Ausstrahlung von Filmen und anderen Sendungen ausländischer Herkunft steht leicht im Verdacht, kulturelle Werte zu verdrängen, und stößt deshalb auf Widerstand. Der Gerätemarkt wird oft als Sprungbrett für Innovationen und als Instrument zur Durchsetzung technologischer Führungspositionen bzw. zur Arbeitsplatzsicherung angesehen. Mit öffentlichen Aufträgen lassen sich mittelbar Forschung, Entwicklung und gerätetechnische Fortschritte in den Unternehmen subventionieren. Die Gebühren öffentlich-rechtlicher Sendeanstalten werden auch dazu benutzt, durch gezielte Auftragsvergabe Unternehmen im Inland bevorzugt hinzuzuziehen.

Amerika in Europa: Seifenoper gegen europäisches Kulturerbe

Im transatlantischen Dialog gibt es derzeit keinen Streit über die Erhaltung der Pressefreiheit und der kulturellen Eigenständigkeit bei der Übernahme von Filmen aus dem Ausland oder bei der Ausstrahlung importierter Sendungen: Das gemeinsame kulturelle Erbe ist stark genug, um derartige Zwistigkeiten gar nicht erst aufkommen zu lassen, trotz oder wegen eines intensiven transatlantischen Vertriebs von Filmen und anderen Sendungen.

Schon seit langem erzielen amerikanische Serienhersteller hohe Erträge aus der Überlassung von Abspielrechten an Fernsehanstalten in Europa, vor allem in Frankreich. Dort wurden in den 80er Jahren pro Jahr 2 Milliarden US-Dollar an Gebühren für die Übertragung von Senderechten an deren Eigentümer in den Vereinigten Staaten gezahlt.

Das wirtschaftliche Kalkül der amerikanischen Produzenten ist einfach. Da die Kabelnetze in den USA bestenfalls Sendegebühren zahlen, die 60% bis 70% der Produktionskosten decken, muß der noch verbleibende Teil der Kosten aus dem Export von Senderechten in aller Welt aufgebracht werden. Die europäischen Länder werden mit Vorrang bedient; die Finanzkraft der öffentlichen und auch neu hinzugekommenen privaten Sender ist groß genug, um einen ansehnlichen Betrag zu erzielen. Früher war das Geschäft in den USA für die amerikanischen Hersteller profitträchtiger, die oft identisch sind mit den Betreibern flächenüberspannender großer Netze in den Vereinigten Staaten von Amerika. Die Werbeeinnahmen bzw. die Gebühren, die andere Sender für die Ausstrahlung entrichten, erreichten 100% der Produktionskosten, und der Export von Senderechten versprach zusätzlich Gewinn.

Angesichts rasch steigender Kosten für die Herstellung (zwischen 1980 und 1989 allein um 100%) und konstanter Einnahmen in den USA ist eine neue Form der Exportabhängigkeit entstanden. Der Markt für Werbesendungen ist übersättigt, die Einschaltpreise für Werbespots sind gefallen; kleinere Regionalsender mit niedrigen Einnahmen müssen angesichts geringer Erträge ihrem Publikum billige, kommerzielle Spielshows anbieten, und dies vermindert die Zahl der Zuschauer wiederum zu Lasten der Einnahmen. Damit sinken auch die Chancen, durch den Weiterverkauf von Senderechten an kleinere Anstalten zusätzliche Einnahmen zu erzielen. Als Ausweg bleibt nur noch die Ausfuhr von Ausstrahlungsrechten.

Den amerikanischen Eigentümern von Senderechten kam zugute, daß Strukturveränderungen in Europa den Verkauf der Rechte in großem Maße erleichterten. Die Fernsehanstalten griffen gern zu, wurden ihnen doch Filme angeboten, deren Preise weit unter den Kosten für Eigenproduktionen lagen. Beim Publikum fanden viele amerikanische Sendungen Zustimmung, und Funkhäuser – als öffentliche Monopolbe-

triebe ohnehin bedrängt wegen ihrer geringen Rücksichtnahme auf Publikumswünschen – konnten Flexibilität und Zuschauernähe unter Beweis stellen.
Im transatlantischen Verhältnis blieben warnende Stimmen ohne Gehör, die vor einem Ausverkauf der europäischen Kultur durch die Übernahme amerikanischer Filme warnten. Widerstand regte sich vor allem in Frankreich, wo der Sendeanteil importierter Filme aus den USA besonders hoch ist; dahinter standen mit eigennützigen Interessen die französische Autorengewerkschaft und die Studiobetriebe, die um den Fortbestand ihrer Arbeitsplätze und ihrer Anlagen fürchteten. Von François Mitterand stammt der Ausspruch: »Die Amerikaner haben seit 1947 systematisch dafür gesorgt, daß sie den Europäischen Markt dominieren können. Wenn unsere Kinder (...) ständig amerikanische Filme sehen, verliert Europa seine Seele.«
Für das transatlantische Verhältnis folgenlos blieben auch die völlig andersgearteten Bedenken, die vor allem in Spanien formuliert werden. Regierung und Filmwirtschaft wehren sich nicht aus kulturbezogenen Erwägungen gegen amerikanische Importe, sondern befürchten, daß eine gelockerte Einfuhrpolitik zugunsten der USA auch Billigimporte aus südamerikanischen Staaten begünstigen könne mit der Folge, daß Studios in Spanien und Portugal ihren traditionellen Absatzmarkt verlieren.
Vergleichsweise geringe Fortschritte verzeichnet die europäisch-amerikanische Zusammenarbeit hingegen im Telekom-Bereich. Zwar ist es jederzeit möglich, über den Atlantik hinweg zu telefonieren, zu tele-

graphieren oder ein Telefax zu schicken. Doch konnten amerikanische Unternehmen, die Telefonnetze und mehrwertsteuerpflichtige Dienste betreiben, noch nicht in den europäischen Ländern Fuß fassen. Dabei scheint der Markt aus amerikanischer Sicht geradezu auf zusätzliche Anbieter zu warten.
Hatten 1986 (nach Angaben aus der Internationalen Fernsprechstatistik) amerikanische Bürger im Durchschnitt pro Tag mehr als 5 Telefongespräche geführt, waren es in den europäischen Ländern wie der Bundesrepublik Deutschland rund 1,3, in den Niederlanden und in Dänemark 1,2 Gespräche. Während in der Europäischen Gemeinschaft mit 360 Millionen Einwohnern zum 1. Januar 1987 425.000 Geräte an das Mobilfunknetz angeschlossen wurden, so lautete die Vergleichszahl für die Vereinigten Staaten von Amerika mit über 200 Millionen Einwohnern 600.000. Die 12 Mitgliedsländer berichteten Ende 1987 von 168 Millionen Telefonanschlüssen, die USA hatten 123 Millionen Anschlüsse. Auffällig ist die vergleichsweise schlechte Versorgung mit Telefonanschlüssen in den weniger entwickelten europäischen Ländern. Als besonders aussagekräftig gilt die Wartezeit auf einen Anschluß: 1987 waren es in der Bundesrepublik Deutschland durchschnittlich zwei Monate, in Portugal 40 Monate und in Griechenland sogar 70 Monate. Datennetze, Informationsbanken mit zuständigem Zugriff, Mail-Order-Dienste, Auftragsdienste sind in den weniger entwickelten Ländern die Ausnahme und teurer, in vielen anderen Ländern gar erst in der Aufbauphase und damit weit weniger verbreitet als in den USA.

Nicht nur bei dem Verleih von Filmen haben die Hersteller aus den Vereinigten Staaten ihre Wettbewerbsfähigkeit in der europäischen Gemeinschaft unter Beweis gestellt. Offenkundig eng und mit einem deutlichen Vorteil für die USA ist die Zusammenarbeit über den Atlantik hinweg bei der Versorgung mit Geräten für den Sendebetrieb und die Telekommunikation. Besonders deutlich wird dies bei den Lieferungen von Vermittlungssystemen für Telefonsysteme, dem Zentralen Markt für Telekommunikationsausrüstungen. Den europäischen Markt beliefern mit einem Anteil von 37% in Amerika beheimatete Unternehmen wie Northern Telekom und AT&T. Bei digitalen ISDN-Netzen sind europäische Anbieter chancenlos: Sie beherrschen diese Technik nicht, und die Kosten sind weit höher als bei den amerikanischen Anbietern. Diese Beispiele sind repräsentativ für das Geschehen auf dem Telekommunikationsmarkt in der Gemeinschaft; den größten Anteil halten Amerikaner: Auf Alcatel – ein amerikanisches Unternehmen mit einer Tochtergesellschaft in der Europäischen Gemeinschaft – folgt mit weitem Abstand als europäischer Lieferant Siemens mit einer Marktquote von 19% auf dem zweiten Rang.
Demzufolge ist der Handel in umgekehrter Richtung kaum vorangekommen. Die in Europa ansässigen Unternehmen haben sich auf den Endgerätemarkt und die Kabelproduktion spezialisiert und bevorzugen als »Hoflieferanten« die öffentlichen Auftraggeber im Inland. Nur in einzelnen Fällen ist es zu Lieferungen aus Europa in die Vereinigten Staaten von Amerika gekommen. Weitere Ursachen dafür sind in

der nationalen Zersplitterung der Märkte, den damit verbundenen hohen Kosten und dem mäßigen technischen Fortschritt – mittelbar eine Folge des lange Zeit aufrechterhaltenen öffentlich-rechtlichen Betriebs- und Beschaffungsmonopols – zu suchen. Daß amerikanische Unternehmen alles tun werden, um ihren Heimvorteil auch bei Endgeräten und Kabeln zu nutzen, ist nicht zu übersehen: Die Devise »Buy American« hat Wirkungen gezeigt, und dies hat die Verkaufsbemühungen der ohnehin aus einer ungünstigen Position auf den amerikanischen Markt drängenden europäischen Unternehmen zusätzlich erschwert.

Unterschiedliche Leitvorstellungen und Systeme zu beiden Seiten des Atlantiks

Das amerikanische System

Charakteristisch für die Beziehungen zwischen den Vereinigten Staaten von Amerika und der Gemeinschaft hinsichtlich des Verkaufs von Filmrechten und von Geräten ist die Tatsache, daß sich in beiden Fällen seit Beginn der achtziger Jahre zwei völlig verschiedene Systeme gegenüberstanden. Sie spiegeln ein hinsichtlich der Ziele, der Wirkung von Instrumenten und des Geltungsbereichs staatlicher Regelungen völlig unterschiedliches Verständnis von der Ausgestaltung kunden- und bedarfsgerechter Programmversorgung mit Filmen und Nachrichten und von der Anschaffung mit Geräten wider.

In den Vereinigten Staaten erwerben üblicherweise private Unternehmen Nutzungsrechte an Frequenzen. Sie müssen zuvor nachweisen können, daß sie für einen Sendebetrieb die erforderlichen technischen und wirtschaftlichen Voraussetzungen erfüllen. Meistbietend wird das Recht, eine Funkfrequenz mit Sendungen zu belegen, von der Federal Communications Commission vergeben. Die Genehmigung, Kabelnetze aufzubauen und Hausanschlüsse zu legen, erteilen die Gemeinden; dort wird ebenfalls üblicherweise der Meistbietende den Zuschlag erhalten. Im Preis ist oft die Zusage eines Marktschutzes eingeschlossen: Konkurrierende Kabelnetze wurden nur in einigen größeren Städten zugelassen, werden aber mit stärkerem Nachdruck von den Bürgern verlangt, die sich nicht mehr dem Programmdiktat der konkurrenzlosen Kabelnetzvertreiber beugen wollen.

Finanziert werden die Sender – anders als in Westeuropa – nicht durch zwangsweise erhobene Gebühren, sondern durch selbst erwirtschaftete Einnahmen, vorzugsweise aus der Werbung. Darüber hinaus bringt der Weiterverkauf von Senderechten für Filme an andere Anstalten zusätzliche Einnahmen. Entstanden ist ein System von großen Sendern (Networks), umgeben von kleineren, oft regional oder auf einzelne Städte begrenzten Sendern. Mit dem Ankauf von Senderechten können in diesen Unternehmen Programmzeiten belegt und damit aufwendige Produktionskosten umgangen werden; gleichzeitig ist die Übernahme von landesweit beliebten Sendungen dazu geeignet, die Werbeeinnahmen auch kleinerer Sender aufzubessern.

Im Prinzip ähnlich sind in den USA die Telekommunikationsnetze organisiert. Telefondienste, Fernschreibnetze und ähnliche Dienste, einschließlich der heute rasch wachsenden kommerziellen Dienste (Datenbanken, telefonische Bestellungen werden anders als lange Zeit in Westeuropa privatwirtschaftlich betrieben: Derartige Aufgaben kann jedermann übernehmen, den die Federal Communications Commission und die Gemeinden dafür geeignet halten.
Für die Amerikaner einschließlich der Regierung ist dieses System das einzige, das wirtschaftlich sinnvoll, demokratisch und medienpolitisch stimmig ist. An dieser Einschätzung ändern auch die derzeit sich abzeichnenden Probleme nichts, die die Unternehmen veranlassen, Märkte in Europa zu erschließen. Die Verbreitung von Nachrichten und Unterhaltung wird – anders als in Europa – als eine privatwirtschaftliche Tätigkeit verstanden, bei der Wettbewerb für Effizienz und Effektivität sorgt, bei der konkurrierende Anbieter wie im Zeitungsbereich um die Gunst des Zuschauers kämpfen müssen und ohne staatliche Lenkung der Wahrheit verpflichtet werden. Das System ist dank des tatsächlich bestehenden Wettbewerbs attraktiv: Langweilige Sendungen lassen die Werbeeinnahmen schnell sinken und signalisieren dem Sender, daß er sein Angebot ändern muß.
Das System wird in den USA als grundsätzlich richtig angesehen, so daß durchgreifende Reformen nicht notwendig erscheinen. Die großen Sender können in der Regel mit zuschauerfreundlichen Sendungen ansehnliche Renditen erwirtschaften, die kleinen Netze können dank Rationalisierung und Über-

nahme von Programmangeboten von den großen Netzen überleben und Marktnischen belegen, zumal wenn sie zusätzlich regionale oder lokale Themen aufgreifen, die die nationalen, flächendeckenden Sender aussparen müssen. Weltweite Durchsetzungsfähigkeit bewiesen schließlich jene Sender, die schnell und umfassend Aktualitäten vermitteln und sich mit einem ansprechenden Unterhaltungsangebot profilieren konnten: Hohe Zuschauerquoten führten zu hohen Werbeeinnahmen. Die in den USA weit verbreitete Akzeptanz der elektronischen Medien belegt, daß zumindest kein großer Widerspruch zwischen dem Programmangebot und den Wünschen der Zuschauer besteht: Rund fünf Stunden verbringt der Durchschnittszuschauer täglich vor dem Fernsehschirm, in der Hauptsendezeit zwischen 19 und 20 Uhr gilt das Interesse von rund 50% der US-Einwohner dem Fernsehen.

Gleichwohl gibt es Kritiker, die das jetzt Erreichte für verbesserungswürdig halten. Vor allem Wettbewerbshüter bemängeln die übermäßige Marktmacht der großen Sendenetze, die durch eine gezielte Vergabe von Senderechten lokale Netze verdrängen können. Als Indiz für die Berechtigung der Vorwürfe wird u. a. angeführt, daß die großen Sendeketten nicht nach ihren Wettbewerbsverhalten von der Federal Communications Commission kontrolliert werden und sich deshalb sehr schnell den Markt zu Lasten der Zuschauer und der Werbewirtschaft aufgeteilt haben. Schöngeistige Kritiker werfen die Frage auf, ob der kommerzielle Sendebetrieb den Äther nicht zu einer elektronischen Medienwüste habe verkommen

lassen, in der kulturelle Programme oder andere anspruchsvolle Sendungen von einfachen, billig hergestellten Unterhaltungssendungen verdrängt werden.
Unter Beschuß geraten ist schließlich die Federal Communications Commission, deren Ausschreibungs- und Zuteilungsverfahren in das Kreuzfeuer der Kritik geraten ist. Wiederholt sollen Lizenzen an große kapitalkräftige Unternehmen, oft an Mischkonzerne vergeben worden sein, die dank ihrer Kapitalkraft und ihrer über verschiedene Branchen verstreuten Kapazitäten auch in den Bereichen der Übermittlung von Radio- und Fernsehsendungen eindringen und bei der Vermittlung von Telefondiensten eine Vormachtstellung erringen wollen.
Ähnliche Vorwürfe müssen sich die Gemeinden vorhalten lassen: Immer wieder beklagen Bürgerkomitees, private nichtkommerzielle Vereinigungen und Vertreter von Zusammenschlüssen von Minderheiten oder sozial Schwachen, daß sie mit ihren Wünschen nach für sie zugeschnittenen Radio- und Fernsehsendungen nicht bei den politischen Gremien durchdringen können.
Umstritten ist auch die Zweckmäßigkeit einer privaten Versorgung mit kommerziellen Telekommunikationsdiensten. Zwar konnten – anders als in Europa – auf diese Weise mehrwerterbringende Leistungsangebote wie das Mail-order-System und neue Techniken für die Datenübertragung schnell und unbürokratisch eingeführt werden, in anderen Bereichen wie im Telefonwesen wird die Entwicklung aber weniger günstig beurteilt. Wegen niedriger Erträge blei-

ben Investitionen aus, schon droht die Gefahr, daß angesichts der Kapitalumlenkung aufgrund neuer Aufgaben die längst fällige Modernisierung des bestehenden Telefonsystems verzögert wird, und dies wird als besonders nachteilig empfunden in Anbetracht der überragenden Bedeutung des Telefons für die Übermittlung von Nachrichten in der Geschäftswelt ebenso wie im privaten Bereich.
Zudem ist auch der Wettbewerb in der Telekommunikation gefährdet. Nur halbherzig – so die Kritiker – habe die Federal Communications Commission den Telekommunikationsgiganten AT&T entflochten, der sich erfolgreich mit seiner Kapitalkraft, seiner Ausnutzung neuer Technologien und mit einer aggressiven Preispolitik große Marktanteile in der Fernmeldeversorgung, in der Datenübertragung und -verarbeitung, der Bereitstellung kommerzieller Dienste und bei der Einrichtung grenzüberschreitender Leistungsnetze gesichert hat. Unwidersprochen ist der Vorwurf, daß das Unternehmen mit Hilfe seiner Kapitalkraft und seiner Lobbyisten die Verabschiedung von Vorschriften beeinflußt hat, die den Zutritt neuer Wettbewerber nicht erleichtern und AT&T zur Aufgabe rentabler Produktions- und Dienstleistungsbereiche zwingen sollte. Eine frühzeitige konzerninterne Quersubventionierung erlaubte es, die vom Gesetzgeber festgelegten Regelungen zu unterlaufen. Erst 1982 sagte das angegriffene Unternehmen auf öffentlichen Druck hin eine Selbstentflechtung zu und wurde im Gegenzug von Auflagen befreit, deren Einhaltung das Unternehmen bislang von sich gewiesen hatte. Im Ergebnis hat sich deshalb nicht allzu viel

geändert: Zwar stößt jetzt AT&T bei den landesumspannenden Netzen auf Konkurrenten und muß sich ständigen Kontrollen durch das Federal Communications Committee unterziehen. Außerhalb dieses Bereiches gelang dem Unternehmen aber der Sprung in neue Bereiche der Informations- und Kommunikationsdienste mit so viel Erfolg, daß erneut wichtige Marktanteile gewonnen werden konnten.
Damit einher geht die Erosion des Wettbewerbs auf dem Gerätemarkt, vor allem bei dem technisch interessanten und hohe Gewinne versprechenden Markt der Übertragungsgeräte. Die großen Gesellschaften arbeiten traditionell mit wenigen Herstellern zusammen, oft bestehen kapitalmäßige Verflechtungen, und dies führt nicht nur zu von der Konkurrenz abgeschirmten konzerninternen Lieferungen, sondern auch dazu, daß den kleineren Sendern der Bezug von Geräten und die Preise dafür vorgeschrieben werden.
Die kritisierten Unternehmen halten die bislang beobachtete Entwicklung entgegen allen Einwänden für zwangsläufig: Der Kapitalbedarf für den Betrieb angesichts der hohen Ansprüche des Kunden und des scharfen Wettbewerbs um Werbeeinnahmen sei so groß, daß kleinere Anbieter ohne großes Eigenkapital kaum noch mithalten könnten. Die Investitionen in Netze und Geräte hätten bereits Größenordnungen erreicht, die die Kapitalkraft kleinerer Sender überträfen. Der rasche technische Fortschritt verlange eine ständige Innovation und entsprechende Investitionen, und deshalb sei eine enge Zusammenarbeit mit Geräteherstellern, auch wenn dies den Vor-

stellungen von Konkurrenz widerspräche, unabdingbar. Erst mit wachsender Größe entstünden betriebsgrößenbedingte Kostenvorteile, ohne die den Kunden Preissteigerungen zugemutet werden müßten. Abhilfe schafft in dieser Lage nach Ansicht der Kritiker in Zukunft nicht vermehrter staatlicher Einfluß, sondern größerer Wettbewerb. Dies ist unstreitig; die Versäumnisse, die der Federal Communications Commission (ob zu Recht oder Unrecht) zugeschrieben werden, sind für alle, die Besserung fordern, Anlaß genug, um den staatlichen Einfluß weiter zurückzudrängen. Diese Einschätzung deckt sich mit einer Bewertung, die in Europa erst langsam um sich greift.

Die Europäische Gemeinschaft

Das System in der Europäischen Gemeinschaft verstand sich in der Vergangenheit lange Zeit als eine öffentlich-rechtliche Einrichtung. Die Verfügung über Sendefrequenzen und das Recht, Kabelnetze zu verlegen und zu betreiben, waren dem Wettbewerb und kommerziellen Anbietern entzogen. Radio und Fernsehen sollten auf diese Weise der neutralen Information verpflichtet werden und neben Unterhaltung auch Bildung vermitteln. Dies rechtfertigte die öffentliche Auftragsvergabe und das öffentlich-rechtliche Monopol; die dafür vorgesehenen Regeln lassen Wettbewerb bestenfalls unter den Anbietern im Rahmen der durch die Ausschreibung gezogenen Grenzen zu und verhindern eine Benachteiligung der Käufer bei korrekter Anwendung der Bestimmungen.

Die gleichen Rahmenbedingungen galten lange Zeit auch für die Telekommunikation. Telefon, Fernschreiben und andere Übermittlungstechniken sollten in staatlicher Regie erfolgen; nur so schien eine flächendeckende Versorgung bei niedrigen und für jedermann akzeptablen Preisen gewährleistet. Auf Ertrag orientierte Unternehmen wären – so eine lange Zeit weit verbreitete Auffassung – nicht bereit, in Gebieten mit niedriger Bevölkerungsdichte Anschlüsse zu verlegen, da die Kosten dort nicht die Erträge decken würden.
In den achtziger Jahren sind die Vorstellungen über die Vorteile öffentlich-rechtlicher Betreiber ernsthaft in Zweifel gezogen worden. Dazu hat das Beispiel der Vereinigten Staaten von Amerika mit ihrem vielseitigen, vergleichsweise billigen und flexiblen Angebot von Radio- und Fernsehprogrammen und Telekommunikationsdienstleistungen beigetragen. Die Liberalisierung des europäischen Telekommunikationswesens allein dem transatlantischen Vorbild aus den USA zuzuschreiben, wäre allerdings übertrieben. Veränderungen forderten mit wachsendem Nachdruck die EG-Bürger im Zuge einer Debatte, die zum Ziel hatte, die Marktkräfte zu stärken und den staatlichen Einfluß zu verringern. Nicht einsichtig war der Schutz des Radios und des Fernsehens vor privater Konkurrenz, zumal in den Print-Medien (Zeitungen, Zeitschriften) starke Konkurrenz Kundennähe und Flexibilität erzwungen hatten. Vor allem wirtschaftliche Gründe zwangen auch in Europa zum Umdenken: Programme mit internationalen Sportübertragungen anzureichern, wurde für die öffent-

lich-rechtlichen Anstalten zunehmend schwieriger angesichts höherer Preisforderungen der Veranstalter und der engen Budgets sowie der ohnehin hohen Betriebskosten. Der Nachfrage der Wirtschaft nach neuen Mehrwertdiensten konnten die herkömmlichen Anbieter mit keinem ansprechenden Angebot entsprechen: Der erhebliche Investitionsbedarf ließ sich auf konventionellem Weg durch Gebühren nicht mehr finanzieren. Informationsdatenbanken, telefonische Bestelldienste, Auftragsdienste und ähnliche Leistungen ließen sich nicht mit dem hoheitlichen Anspruch in Übereinstimmung bringen, den die Postdienste für sich reklamierten.
Auch auf dem Endgerätemarkt zeichnete sich Bewegung ab. Postkunden wollten zwischen den Endgeräten selbst auswählen und nicht warten, bis eine schwerfällige Postverwaltung neue Geräte in ihr Programm aufnahm. Unternehmen und Haushalte sahen nicht ein, daß zusätzliche Dienste an behördlichem Widerstand scheitern sollten. Dies allein führte dann auch in den einzelnen Mitgliedsländern zu Postreformen, die keinesfalls einheitliche Ziele verfolgten und eine unterschiedliche Reformbereitschaft an den Tag legten.

Annäherung an USA: Liberalisierung in der Europäischen Gemeinschaft

Der Prozeß wurde begleitet von der Angleichung der Rahmenbedingungen für den Telekommunikationsbereich innerhalb der Gemeinschaft. Dies leistete das Grünbuch der Gemeinschaft von 1987. Es knüpfte an Artikel 90 der Römischen Verträge an, der die öffentlich-rechlichen Medien in den Mitgliedsländern dem Wettbewerb unterwerfen soll. Weitere Angleichungsschritte enthält das Weißbuch für die Schaffung des Europäischen Binnenmarktes. Dadurch werden sich nicht nur die nationalen elektronischen Unterschiede in der Medienlandschaft und in der Telekommunikation ändern, sondern auch jene einen Teil Freiheit erlangen, die in den Vereinigten Staaten bereits mehrheitlich gilt:

- Künftig sollen 50% der Sendungen, die nicht Nachrichten, Sportbereiche, Spielshows und Werbung zum Gegenstand haben, »europäischen Werken« vorbehalten sein.
- Im Hinblick auf die sozio-kulturelle Bedeutung von Radio- und Fernsehsendungen will die Gemeinschaft den Qualitätsstandard anheben. Filmverleiher, -produzenten und Finanzierungsträger von Filmen können von der Gemeinschaft rückzahlbare Zuschüsse erhalten, die nicht an inhaltliche Auflagen gebunden sind. Vorgesehen ist die Einrichtung eines europäischen Marktes für die audiovisuellen Medien. Auf bessere Sendungen soll eine neu zu gründende Europäische Vereinigung der Fernsehzuschauer drängen, gute Leistungen wird der Europäische Filmpreis anerkennen, die Ausbildung von Fachpersonal wird eine Europäische Akademie für Film und audiovisuelle Kunst übernehmen. Einbezogen werden in diese Programme nicht nur EG-Mitgliedsstaaten, sondern auch andere west- und osteuropäische Staaten; die

Bemühungen haben zum Ziel, die Vielfalt der europäischen Kultur zu dokumentieren und zu verbreiten und die Meinungsbildung zu fördern. Unausgesprochen steht dahinter die Absicht, zumindest von französischer Seite, ein Übergewicht amerikanischer Produktionen in den ausgestrahlten Programmen zu verhindern.

- Bereits eingeführt sind 300 vereinheitliche Normen für den Gerätebereich, die die Mitgliedsstaaten freiwillig übernehmen können. Daneben hat das Technical Recommendations Applications Committee of the Council of European Postal and Telecommunications Organisations einige, alle Staaten verpflichtende Normen festgelegt. Drei Normen haben die Zustimmung in allen Ländern der Gemeinschaft gefunden, bei den anderen Standards bestehen länderweise spezifische Zusatzregelungen. Dieses Verfahren soll künftig beschleunigt werden. Die Gemeinschaft sieht einheitliche Regelungen vor, die nicht mehr durch länderspezifische Ergänzungen unterlaufen werden sollen. Für eine Übergangsphase ist eine parallele Gültigkeit dieser Normen und der bislang schon beschlossenen europäischen Standards vorgesehen.
- Der Endgerätemarkt ist liberalisiert: Die nationalen normsetzenden Institutionen sind seit 1988 verpflichtet, ausländische Konkurrenten ausschließende Bestimmungen für die Einfuhr, den Verkauf, die Installation und die Wartung aufzuheben und die EG-Kommission über die inzwischen getroffenen Maßnahmen zu unterrichten. Zugelassen sind Geräte, die den technischen Normen in der EG entsprechen. Der

Nachweis kann durch eine Typenprüfung und eine Eignungsbescheinigung erbracht werden, die EG-weit anerkannt wird, oder durch eine Erklärung der Hersteller über die Einhaltung von Qualitätsvorschriften und eine Bestätigung durch eine unabhängige dritte Einrichtung. Wenn notwendig, müssen die Mitgliedsstaaten geeignete Institutionen gründen, deren Tätigkeit ständig von der Gemeinschaft überprüft wird und die eine Gewähr für die Angleichung der Normen bieten.

- Der Rat beschloß 1989 die Einführung europäischer Standards für das hochauflösende Fernsehen. Gleichzeitig wurden Forschungsprogramme aufgelegt, die europäische Unternehmen bei der Entwicklung dieser Technologie unterstützen. Die Gemeinschaft verfolgt mit der gemeinsamen Normendefinition für diese völlig neue Gerätetechnik das Ziel, von Anfang an einen einheitlichen Normierungsraum zu schaffen, der von der Größe her so mächtig ist, daß sich die anderen Länder, wie die osteuropäischen Staaten, freiwillig anschließen und sich später die für Europa geltenden Normen weltweit durchsetzen werden. Dieses Verfahren nimmt in Kauf, daß Normenprotektionismus unausweichlich ist, wenn die Konkurrenten eigene, nicht damit übereinstimmende Standards auf dem Weltmarkt durchzusetzen versuchen.

Verhaltener amerikanischer Optimismus

Bei Unternehmensvertretern, Verbandsrepräsentanten und Politikern in den USA wird das bis jetzt

Erreichte positiv beurteilt, gleichwohl bleibt der Vorwurf bestehen, die Maßnahmen verliefen äußerst zögerlich und blieben weit hinter dem System zurück, dem sich die Vereinigten Staaten von Amerika verschrieben hätten. Dafür gibt es nach amerikanischer Sicht einige herausragende Beispiele.

Unverständlich erscheint, 50% der Sendungen Werken europäischer Herkunft vorzubehalten. 1989 forderte ein Unterausschuß des amerikanischen Repräsentantenhauses den Präsidenten einmütig und dringend auf, Handelssanktionen zu verhängen, wenn die Gemeinschaft mit den Quotenregeln den Zugang zu Sendezeiten für amerikanische Sendungen weiterhin versperren wolle. Zur Begründung wiesen die Ausschußmitglieder auf die den amerikanischen Unternehmen entstehenden Schäden und die Unvereinbarkeit mit den Bestimmungen des Allgemeinen Zoll- und Handelsabkommens hin. Parallel dazu drohten Studios in Hollywood an, Produktionen nach Europa auszulagern, um auf diese Weise die ihrer Meinung nach gegen sie gerichteten Bestimmungen zu unterlaufen. Ob diese Argumentationskette stichhaltig ist, wurde allerdings in den Vereinigten Staaten von Amerika nicht überprüft. Für den Rückgriff auf das Allgemeine Zoll- und Handelsabkommen gibt es jedenfalls keinen zwingenden Grund. Daß die Vorschrift als protektionistisches Marktinstrument hochstilisiert wird, ist aus europäischer Sicht unverständlich. Es handelt sich hierbei um konventionelle, nicht bindende Normen, die in keiner Weise gleichgesetzt werden dürfen mit Vorschriften über einen Mindest-

anteil lokaler Wertschöpfung, die Erzeugnissen das Attribut europäischer Herkunft zuordnen.
Auf heftigen Widerspruch stieß auch das von der Gemeinschaft vorgesehene Konzept, die technischen Normen und die Sicherheit importierter Geräte durch von der Gemeinschaft eingesetzte oder kontrollierte Prüfstellen nachweisen zu lassen. Für viele amerikanische Hersteller war und ist es undenkbar, ihre Herstellungsverfahren europäischen Kontrolleuren zugänglich zu machen. Der Preis, den sie zu zahlen hätten, um die Anwendbarkeit ihrer Geräte vor den europäischen Abnehmern nachzuweisen, ist den Herstellern in Nordamerika zu hoch, befürchten sie doch, daß der Industriespionage und der unkontrollierten Weitergabe von geschützten Kenntnissen Vorschub geleistet wird.
Ob diese gelegentlich lautstarken Einwände beim Wort genommen werden dürfen, ist unklar. Denn offenkundig bleibt der europäische Gerätemarkt für die amerikanischen Hersteller ein wichtiger Absatzmarkt, und da besteht auch die Bereitschaft, sich an Regeln anzupassen, wenn es den Gewinn mehrt. Immerhin ist nicht zu übersehen, daß von der Vereinheitlichung der Normen auf dem Gerätemarkt 1990 auch amerikanische Unternehmen Nutzen gezogen haben. In diesem Jahr betrug der Exportwert von Geräten in die Gemeinschaft 1,4 Millionen US-Dollar, das waren 10% mehr als im Vorjahr. Der Überschuß belief sich auf 1 Millionen US-Dollar und lag damit sogar um 33% höher als 1989. Überdurchschnittliche Steigerungsraten wurden bei den Ausfuhren aus den Vereinigten Staaten von Amerika in die

Bundesrepublik Deutschland (1989/1990: + 158%) und nach Italien (1989/1990: + 44%) verzeichnet; für die Lieferungen nach Spanien und Frankreich errechnen sich Vergleichswerte von 33% bzw. 25%.
Daß zwischen Drohgebärden und guten Geschäften durchaus unterschieden werden muß, zeigt auch der »Streit« über das hochauflösende Fernsehen. Seit 1990 gibt es eine gemeinsame Normendefinition, während gleichzeitig diesseits und jenseits des Atlantiks Unternehmen mit Hochdruck an der Serienreife dieser neuen Technologie – mit zum Teil erheblichen staatlichen Zuschüssen – arbeiten, um als erste das Produkt auf dem Markt anzubieten.

E. Wissenschaft und Forschung: Transatlantische Kooperation trotz unterschiedlicher Strukturen

Amerika und Europa zeigen in den Bereichen Forschung und Entwicklung derzeit frappierende Ähnlichkeiten. Zu beiden Seiten des Atlantiks kommen Zweifel auf, ob die angestrebte Führungsposition auf diesem Gebiet eigentlich überhaupt noch gehalten wird und wie hoch der tatsächliche Leistungsstand in Wahrheit überhaupt noch ist. R. Florida und M. Kenney formulieren beispielsweise in einem Aufsatz die These, daß die angebliche Führungsposition in diesen Bereichen eine amerikanische Illusion sei (»America's Breakthrough Illusion«), K. Seitz machte nach ausführlichen Recherchen eine stetige Verdrängung europäischer Anbieter auf dem Gebiet zukunftsweisender Technologien aus. Weit verbreitet – dies geht aus den Überlegungen hervor – ist diesseits wie jenseits des Atlantiks die Vorstellung, durch eine technisch-wissenschaftliche Führung nicht nur politische Hegemonieansprüche und Eigenständigkeit zu wahren, sondern darüber hinaus auch Weltmärkte erfolgreich zu erschließen, Arbeitsplätze neu zu schaffen und zu erhalten und den Außenhandel mit einem Überschuß (positive Außenhandelsbilanz) abzuschließen.

Enge gegenseitige Verflechtungen

Die Gemeinsamkeiten finden ihren Ausdruck auch in den engen gegenseitigen Verflechtungen zwischen Europa und den Vereinigten Staaten von Amerika. Wissenschaftler arbeiten an gemeinsamen Projekten, besuchen Kongresse und Tagungen, Studenten aus Europa lernen in den USA und umgekehrt. Vom Hochschullehrer, der in Deutschland und in den USA regelmäßig im Wechsel Vorlesungen hält, bis hin zum Schüleraustausch reicht die breite Palette der Zusammenarbeit.
Historische Gründe erklären die intensiven Kontakte zwischen den USA auf der einen Seite und Großbritannien sowie der Bundesrepublik Deutschland auf der anderen Seite. Großbritannien und vor allem Hochschulen und Forschungsinstitute an der Ostküste der USA pflegen schon seit langer Zeit enge Kontakte aus gemeinsamer Tradition und aus einem übereinstimmenden Verständnis über die Rolle von Wissenschaft und Forschung in Wirtschaft und Gesellschaft. Anders liegen die Gründe bei der Bundesrepublik Deutschland. Nach dem zweiten Weltkrieg öffneten amerikanische Hochschulen ihre Tore für Studenten aus dem zerstörten Deutschland. Zuvor hatten bereits amerikanische Hochschulen Wissenschaftler aufgenommen. Im Zuge der Umerziehung des von der nationalsozialistischen Kulturpolitik geprägten Deutschlands wurden Bücher und Fachzeitschriften angeboten. Daraus hat sich eine dauerhafte und enge Zusammenarbeit herausgebildet, die auch Zeiten überzogener Amerika-Kritik in Deutsch-

land überdauerte und stärker war als alle Ressentiments, die gelegentlich in Europa und in den Vereinigten Staaten von Amerika aufkamen.
Auch im kommerziellen Bereich gibt es eine enge Verknüpfung zwischen der Gemeinschaft und den USA:

- Unternehmen aus der Gemeinschaft sind Lizenznehmer amerikanischer Betriebe; sie geben in Gegenrichtung Know-how an Unternehmen in der Europäischen Gemeinschaft.
- Betriebe aus der Gemeinschaft führen in Kooperation mit amerikanischen Laboratorien an Hochschulen und in kommerziellen Instituten Forschungsarbeiten durch; ausgelagert werden Untersuchungen aus westeuropäischen Forschungsstätten in die USA.
- Amerikanische Unternehmen mit weltumspannenden Produktions- und Forschungsstätten unterhalten in den Laboratorien der Gemeinschaft eigene Forschungsstätten, in denen neue Technologien serienreif entwickelt werden. Begünstigt wird der zweibahnige Wissenschaftleraustausch durch das große und arbeitsteilig gegliederte Forschungs- und Innovationspotential zu beiden Seiten des Atlantik.

EG und USA: Pluspunkte und Probleme

Die Zusammenarbeit hat die Rangordnung im internationalen Vergleich unverändert gelassen. Die Vereinigten Staaten halten immer noch Platz 1 in der Welt mit ihren Forschungsausgaben inne. 1989 (neuere Daten liegen nicht vor) haben die westlichen OECD-

Länder rund 280 Milliarden US-Dollar für Forschung und Entwicklung aufgebracht, davon die Vereinigten Staaten von Amerika 144 Milliarden US-Dollar und mit deutlichem Abstand die Europäische Gemeinschaft mit rund 80 Milliarden US-Dollar. Innerhalb der Gemeinschaft gibt es eine uneinheitliche Verteilung der Forschungsausgaben. Die Bundesrepublik Deutschland, Frankreich und Großbritannien führen die Liste an, die wirtschaftlich weniger fortgeschrittenen Länder wie Griechenland, Portugal und Italien befinden sich am hinteren Ende.
Mehr als 40 Jahre nach dem Ende des zweiten Weltkriegs ist es Europa auch gelungen, die noch zu Beginn der sechziger Jahre von J.-J. Servan-Schreiber in seinem Buch »Die amerikanische Herausforderung« diagnostizierte wissenschaftliche Rückständigkeit gegenüber den USA zumindest zu verringern. Dies hat zu einer Spezialisierung und Arbeitsteilung zwischen den USA und der EG geführt:

- Amerikanische Ingenieure haben mit dem Stealth-Bomber ein Flugzeug entwickelt, das mit den gegenwärtig verfügbaren Methoden der Identifizierung von Flugzeugen nur mit Mühe ausgemacht werden kann.
- Die Vereinigten Staaten sind zum Mekka der Forscher auf dem Gebiet der Biotechnologie geworden. Diese naturwissenschaftliche Disziplin, die sich mit der genetischen Steuerung der Zusammensetzung von lebender Materie befaßt, verspricht auf nahezu allen Gebieten Revolutionäres: Es können gegen Krankheiten und Befall widerstandsfähige Pflanzen gezüchtet werden, hochertragreiche Pflanzenarten

können durch Genveränderungen manipuliert werden, so daß dadurch Hunger und Armut überwindbar erscheinen. Medikamente der Zukunft entstehen in den biotechnologischen Laboratorien der Vereinigten Staaten.

- Auch auf dem Gebiet der Computertechnologie und der Halbleitertechnik halten die Amerikaner eine Spitzenposition inne. Super- oder Megachips – die Bausteine der Zukunft – kommen u. a. aus den Denkfabriken im sonnigen Silicon Valley, im Dunstkreis der Stanford-University gelegen.
- Bei der Mikroelektronik haben die Unternehmen in den Vereinigten Staaten nicht nur Boden gegenüber den Japanern verloren, sondern auch leichte Positionsnachteile gegenüber der EG akzeptieren müssen. In der Unterhaltungselektronik, in der Nachrichtentechnik und in der Kfz-Elektronik sind die europäischen Betriebe an den amerikanischen vorbeigezogen, bei den Büromaschinen und der Datenverarbeitung besteht noch ein leichter Vorsprung für die Vereinigten Staaten.

Gemeinsam ist Amerika und Europa, daß die Schwachstellen in den Gebieten Forschung und Technologie deutlich hervortreten.

- Beklagt wird, daß die Ausbildung amerikanischer Ingenieure und Techniker nicht den Anforderungen der Zeit genügt. Die theoretische Ausbildung beansprucht den größten Teil der Vorlesungen; an den Universitäten wird die zweckgerechte Suche nach der Lösung für technische Probleme vernachlässigt.

Ingenieure haben sich in den Elfenbeinturm ihrer Wissenschaft zurückgezogen – so formulierte es unlängst der angesehene Wissenschaftstheoretiker Cleanth Brooks – und zeigen wenig Verständnis für die Gestaltung von Produkten unter Berücksichtigung des Bedarfs. Der Zugriff auf ausländische Innovationen falle amerikanischen Ingenieuren schwer, da im Unterricht Inhalte anderer Kulturen, Fremdsprachen und der Umgang mit Menschen aus anderen Kontinenten unberücksichtigt bleiben. Der gute Ruf amerikanischer Wissenschaftler und Techniker steht zur Debatte. Die Schwächen des NASA-Programms und der Weltraumfahrt fanden allgemein Aufmerksamkeit: Wissenschaftliche und technische Institute müssen in der öffentlichen Diskussion ihre Notwendigkeit und Nützlichkeit noch beweisen.

- Klagen über unzureichende Ausbildung und Motivation von Wissenschaftlern und Technikern gibt es indes auch in Europa, und die Stimmen mehren sich, die Bildungsreformen mit Blick auf die Erhaltung der internationalen Wettbewerbsfähigkeit fordern – genau wie in den USA.

Gemeinsame Furcht vor Japans Überlegenheit

Die enge Verknüpfung im transatlantischen Bündnis darf nicht verdecken, daß die Partner die gemeinsame Sorge verbindet, von den Japanern bei der Entwicklung und Herstellung neuer Produktionsverfahren und Güter überholt zu werden. Dabei prägt zum einen die Furcht vor der Abhängigkeit diesseits und

jenseits des Atlantiks von japanischen Lieferungen die Debatte; allein schon dies hätte weitreichende Folgen, denn die von Japan forcierte Halbleitertechnik wird heute nahezu in allen Geräten und Maschinen benötigt, unabhängig von ihrer Verwendung. Dies gilt für militärisches Gerät, für zivil nutzbare Anlagen, für Konsum- und Investitionsgüter.
Darüber hinaus prägt die Eigengesetzlichkeit der Halbleitertechnik die Einstellungen in den USA und in Europa nachhaltig. Der technische Fortschritt vollzieht sich sehr viel schneller als in anderen Branchen, Speicherkapazitäten werden ständig ausgeweitet, die Zugriffszeiten fortlaufend verkürzt. Die Investitionen allein in die Entwicklung erreichen Milliarden US-Dollar; nur wenige Fachleute beherrschen die komplizierte Technik, Fertigungsanlagen erfordern den Einsatz von Fachleuten, produziert werden muß ohne Unterbrechungen; die Anforderungen an den Qualitätsstandard der Produkte übertreffen das bisher Dagewesene.
Nur mit großen Stückzahlen und aggressivem Marketing – gestützt auf neue Technologien – können wichtige Märkte erfolgreich erobert und dann auch verteidigt werden. Wenn Unternehmen sich vom laufenden technischen Fortschritt zeitweilig abkoppeln, verlieren sie schnell den Anschluß an die aktuelle Entwicklung und damit jede Chance, wieder einmal am Markt Fuß zu fassen. Der auf diese Weise bewirkte Rückstand läßt sich kaum jemals wieder aufholen, wie die Erfahrung belegt.

Konzepte in den USA

Über die Art und Weise der Forschungsförderung und die Organisation von Wissenschaft und Technikentwicklung bestehen trotz der engen Zusammenarbeit und gemeinsamer Anliegen zu beiden Seiten des Atlantiks unterschiedliche Vorstellungen.

In den Vereinigten Staaten von Amerika ist der Grundsatz weithin akzeptiert, daß Wettbewerb und offene Märkte Innovationen anregen und daß öffentliche Mittel für die Forschung unterbleiben sollen. So ist gesichert, daß die Gelder die beste Verwendung finden und Wissenschaftler dort beschäftigt werden, wo es am effektivsten ist. Der mögliche Ertrag entscheidet darüber, ob Forschung und Entwicklung begonnen werden und zu welchem Zweck sie erfolgen. In diesen Rahmen paßt die amerikanische Forderung, den Technologieimport zu liberalisieren: Wenn die damit verbundenen Kosten- und sonstigen Vorteile es sinnvoll erscheinen lassen, wird im Ausland vorhandenes Know-how erworben. Das hat in den Vereinigten Staaten eine gute Tradition. Lange Zeit haben Einwanderer betriebsanwendungsfähige Kenntnisse in das Land gebracht, so daß eine staatliche Aus- und Fortbildung nicht notwendig erschien. Ausländische Unternehmen wurden eingeladen, ihr Wissen in den USA zu nutzen, und gemeinsame Forschungsprojekte dienen auch dazu, von anderen Ländern zu lernen.

Private Hochschulen sollen sich im Wettbewerb behaupten und Forschungsmittel durch Aufträge für Unternehmen und für die Regierung gewinnen. Eine

insgesamt großzügige Wettbewerbspolitik erlaubt es Unternehmen, sich zusammenzuschließen, wenn dadurch technische Neuerungen erleichtert und deren Umsetzung gefördert werden können.
Der Erfolg dieser Politik wird unterschiedlich beurteilt, weniger mit Blick auf das Aufholen der europäischen Konkurrenz als vielmehr durch die raschen Fortschritte japanischer Unternehmen. Konservative Stimmen machen für den Rückschlag der Vereinigten Staaten auf diesem Gebiet die industrie-politisch motivierten Subventionen und protektionistischen Politiken der Konkurrenten als Ursache aus und fordern eine weltweite Rückkehr zu den in den USA geltenden Grundsätzen einer von staatlicher Förderung sich frei entwickelnden Forschung. Dann können – dieser Auffassung zufolge – amerikanische Unternehmen und Hochschulen gleichberechtigt weltweit ihre Fähigkeiten unter Beweis stellen.
Etwas anders fällt das Urteil derjenigen aus, die die Ursachen darin sehen, daß die anderen Staaten nicht den amerikanischen Vorstellungen folgen, und die deshalb eine Änderung in Richtung auf das Muster anderer Länder befürworten. Denn es ist nicht zu übersehen, daß die Regierungen der amerikanischen Einzelstaaten und die Bundesregierung sehr wohl die Forschung fördern. Millionenschwere Subventionen des Pentagons haben lange Zeit der Flugzeugindustrie Mittel für die Entwicklung zugewiesen. Die amerikanische Computerindustrie zog ebenfalls Nutzen aus den Forschungsprogrammen des Pentagon; die amerikanische Raumfahrt wird durch die NASA ausschließlich öffentlich finanziert. Im übrigen

hätten – so beispielsweise R. B. Reich, der eine zentrale Stellung im Team des amerikanischen Präsidenten Bill Clinton innehat – alle Regierungen die Grundsätze marktmäßiger Wirtschaftspolitiken verlassen und Industrieprojekte gefördert. Wenn es dennoch Schwachstellen gäbe, so läge dies an der Forschungsförderung. Lange Zeit vernachlässigten Handlungsbedarf sehen Vertreter dieser Auffassung in der Förderung der Ausbildung von Facharbeitern, in einer berufsbezogenen Umgestaltung der Ingenieurausbildung und stärkeren praktischen Orientierung des Studiums.

Daß die Regierung auch in Zukunft daran interessiert ist, nicht allein auf den Markt und den Wettbewerb zu setzen, zeigt u. a. der vom Verteidigungsministerium am 1. Mai 1991 vorgelegte »Critical Technology Plan«. Im Hinblick auf die Erhaltung der militärischen Sicherheit und der internationalen Wettbewerbsfähigkeit werden als Schlüsselbereiche, die künftig staatliche Förderung erhalten sollen, u. a. neue Werkstoffe, industrielle Fertigung, Information und Kommunikation, Biotechnologie und Medizin, Luft- und Raumfahrt, Transportsysteme sowie Energie und Umwelt ausgewiesen. Ein anderer, aus Unternehmensvertretern gebildeter Council on Competitiveness hat staatliche Förderung für neun, sich zum Teil damit überschneidende Gebiete gefordert. Zusätzlich werden Chemie, Bauwerkstoffe und der Kraftfahrzeugbau empfohlen.

Taten haben derartige Forderungen bisher nicht ausgelöst. Viele Unternehmen tun sich schwer, mit staatlichen Mitteln zu arbeiten, und zeigen nur wenig

Bereitschaft, betriebsinterne Forschung und Entwicklung mit den Vorgaben der Administration abzustimmen. Auch zögern amerikanische Betriebe, Forschungskooperationen einzugehen, weil die Weitergabe von betrieblich geschützten Kenntnissen an Wettbewerber befürchtet wird. Die Gründung der SEMATECH, mit der Unternehmen und die Regierung den japanischen Vormarsch bei Chips bremsen wollten, hat keine große Zustimmung gefunden.
Wichtiger wäre es nach Ansicht vieler amerikanischer Unternehmer, wenn die Regierung den bislang kleinen Inlandsmarkt erweitern würde durch eine großzügige Genehmigung der Ausführung technologieintensiver Güter, die militärisch und zivil verwendet werden können. Auch die Regierung läßt keinen Zweifel daran, daß die Kontrollen bei der Ausfuhr neuer Technologien in den USA bürokratisch und mit sehr viel Aufwand durchgeführt werden. Von den Prinzipien wird nur abgewichen, wenn es um den Erhalt von Auslandsmärkten oder um die Abwehr konkurrierender Exporte aus Europa geht. Dies allerdings reicht aus der Sicht der Unternehmen nicht, um den Weg in technologisches Neuland mit seinen hohen Kosten und großen Risiken zu wagen.

EG: Industriepolitik

Wie die Vereinigten Staaten formuliert die Gemeinschaft als Ziel der Technologiepolitik die Sicherung internationaler Wettbewerbsfähigkeit; das wurde erneut deutlich bei der Vereinbarung der Europäischen Akte, im Weißbuch zur Schaffung des Binnenmarktes sowie in den Verträgen von Maastricht: Die nationale Zersplitterung von Forschung und Entwicklung in wirtschaftlich unterschiedlich fortgeschrittenen Ländern soll überwunden werden, um Chancen auf dem Weltmarkt zu nutzen.

Nach den Beschlüssen über die Einheitliche Europäische Akte 1986 und über die Wirtschafts- und Währungsunion hat die Gemeinschaft Kompetenzen erhalten, die Unternehmen durch gezielte Maßnahmen zu unterstützen, wenn Innovationsrückstände überwunden werden sollen. Zu diesem Zweck wurden verschiedene mehrjährige Rahmenprogramme beschlossen, aus denen Unternehmen Zuschüsse erhalten können.

Damit setzt die Gemeinschaft einen Kurs in der Technologiepolitik fort, der völlig anders als in den Vereinigten Staaten Elemente sektoraler und branchenmäßiger Steuerung enthält: Denn die Förderprogramme werden für einzelne Wirtschaftszweige aufgelegt, denen ein technologischer Rückstand nachgesagt wird und denen ein Anspruch auf staatliche Förderung zuerkannt wird. Darüber hinaus setzt die Gemeinschaft Mittel zur Entwicklung von neuen Technologien und Produkten ein, denen aufgrund politischer Entscheidungen das Etikett zugeschrieben wird, für die weitere Entwicklung von Wirtschaftszweigen eine Schlüsselstellung innezuhaben. Die jeweils ausgewählten Branchen und Technologien werden nicht durch den Markt, sondern durch politischen Kompromiß nach ministeriellen Vorschlägen oder auf Druck von Unternehmen und Verbän-

den bestimmt; es besteht die Gefahr, daß aufgrund der oft nicht allein rentabilitätsbezogenen Überlegungen eine Förderung »falscher« Projekte erfolgt und Verzerrungen entstehen. Allzuoft werden bei diesem Verfahren technisch fragwürdige Vorhaben – oft aufgesplitterte, nach nationalen Eitelkeiten ausgesuchte Förderungsprogramme, die keine Aussicht auf durchgreifenden Erfolg haben – ausgewählt. Dies stellt eine sinnlose Vergeudung öffentlicher und privater Mittel dar, die an anderer Stelle effizienter hätten eingesetzt werden können.
Zu Konflikten mit den USA über die Forschungspolitik gab es auch deshalb nur wenig Grund, weil die einzelnen Programme im Vergleich mit den Aufwendungen der Unternehmen und der Regierungen nicht besonders günstig ausgestattet sind. Dies verdeutlichen einige Beispiele:
Die Europäische Atomgemeinschaft (EURATOM) verfügt pro Jahr über rund 740 Millionen DM. Für den Bereich der fortgeschrittenen Kommunikationstechnologien (RACE) stehen von 1987 – 1992 500 Millionen ECU bereit, für die Informationstechnik von 1988 – 1992 1,6 Milliarden ECU (ESPRIT II), für die Nutzbarmachung moderner Informations- und Kommunikationstechnologien vom 1. Juni 1988 über 3 Jahre 66 Millionen ECU (DRIVE), für die Einführung neuer Technologien in die Werkzeuge und Infrastrukturen für fortgeschrittene Lernverfahren vom 1. Juni 1988 über zwei Jahre 20 Millionen ECU (DELTA). Der biotechnologischen Forschung und der Energietechnik stehen von 1990 – 1994 7,7 Milliarden ECU zur Verfügung.

Widersprüchliche Konzepte

Wichtig ist für das Verständnis der transatlantischen Beziehungen, daß hinter diesen Vorhaben eine industriepolitische Maxime steht, die von der in den Vereinigten Staaten von Amerika geltenden Leitlinie zumindest in einzelnen Punkten abweicht. Zwar sollen künftige Erträge, Akzeptanz und das wissenschaftliche Nutzenkalkül und nicht der Staat die Schwerpunkte von Forschung und Entwicklung in Europa bestimmen, aber daneben kommt den öffentlichen Ausgaben die Aufgabe zu, Wettbewerbsvorteile von Unternehmen aus Drittstaaten – unbeachtet der dafür maßgeblichen Gründe – zu kompensieren, insbesondere dann, wenn es sich um Schlüsseltechnologien handelt.

In diesem Punkt herrscht bei den Unternehmen und zwischen den Regierungen bis zu einem gewissen Grad Einigkeit; von industriepolitischer Lenkung setzen sich zwar alle Staaten ab, über die Notwendigkeit der Forschungsförderung besteht jedoch grundsätzlich Einigkeit. Dabei steht an erster Stelle das Bestreben, den wirtschaftlichen Stellenwert Europas u. a. im transatlantischen Dialog zu festigen und zu erhalten. Darüber hinaus soll die Europäisierung von Forschung und Entwicklung auf dieser Grundlage fortgesetzt werden mit dem Ziel, die Verwirklichung der Wirtschafts- und Währungsunion durch eine gemeinsam abgestimmte Forschungs- und Technologiepolitik und eine gemeinsame Industriepolitik zu ergänzen und damit auch zu vervollkommnen.

Kaum transatlantische Konflikte

Die – scheinbare – Inkonsistenz der Leitbilder zwischen der EG und den USA bietet keinen Anlaß für Konflikte. Gelegentlich wird zu beiden Seiten des Atlantiks gefordert, öffentliche Forschungszuschüsse nur an inländische Unternehmen zu vergeben oder an Auflagen zu binden, die dafür Sorge tragen sollen, daß die aus der Innovation erwachsenden Vorteile überwiegend oder ausschließlich dem Land zugute kommen, in dem die öffentliche Förderung in Anspruch genommen wurde. Vorwürfe gehen jeweils an die andere Adresse: Europäische Unternehmen beklagen, daß sie beispielsweise an dem Star Wars Projekt nicht beteiligt wurden, obwohl einzelne Länder der Europäischen Gemeinschaft – wie die Bundesrepublik Deutschland – eine erhebliche finanzielle Beteiligung geleistet haben. Umgekehrt äußern amerikanische Unternehmen den Vorwurf, daß die Richtlinien der Gemeinschaft für amerikanische Tochtergesellschaften so ausgelegt werden können, daß sie diese Unternehmen benachteiligen. Gleichwohl besteht kaum Anlaß zu Streit. Die Forschungs- und Innovationsverflechtungen sind über den Atlantik derart intensiv, daß administrative Kriterien zum Ausschluß ausländischer Unternehmen kaum noch greifen. Durch Unternehmenszusammenschlüsse, Direktinvestitionen, den Bau eigener Laboratorien von europäischen Unternehmen in den USA und in umgekehrter Richtung entfallen die Voraussetzungen, die für eine Zurechnung bei der Gewährleistung öffentlicher Mittel erfüllt sein müssen. Wesentlich mehr Konflikte birgt das japanisch-amerikanische Chip-Abkommen für das transatlantische Verhältnis. Europäische Unternehmen sehen durch den Vertrag, der den Weltmarkt für elektronische Halbleiter zwischen den Vereinigten Staaten von Amerika und Japan aufteilt, die Gefahr, daß die europäischen Unternehmen zurückgedrängt werden. Diese Sichtweise sei deutlich herauszulesen aus den zahlreichen Äußerungen bei Abschluß des Vertrages und aus den nachträglichen Beurteilungen, die allerdings weniger die transatlantische Dimension in den Vordergrund stellen.

Abgeschlossen wurde dieser Vertrag zum ersten Mal 1986, als japanische Chiphersteller auf den amerikanischen Markt allzu erfolgreich mit neuen Produkten vordrangen und einheimische Produzenten vom Markt verdrängten. Gleichzeitig wurde deutlich, daß das Geschäft mit derartigen Schaltelementen große Gewinne und eine glänzende Zukunft versprach. Das Pentagon bestand zudem auf einer nationalen Chip-Industrie, da der militärisch geprägte Bedarf rasch ansteigen würde und aus Sicherheitsgründen eine Abhängigkeit von ausländischen Lieferungen nicht akzeptiert werden konnte. Verschiedene Vorschläge kamen auf, die das Ziel hatten, eine eigene amerikanische Halbleiterindustrie zu begründen und sie in die Lage zu versetzen, international konkurrenzfähig zu bleiben. Im Gespräch war unter anderem ein staatlich-privates Konsortium namens SEMATECH, das diese Forschungstätigkeit anregen und ausweiten sollte. In Erwägung wurden auch handelspolitische Beschränkungen gezogen. Dieser Vor-

schlag setzte sich schließlich durch. Japanische Anbieter unterschrieben eine freiwillige Selbstbeschränkung und ließen zu, daß die Erfüllung durch amerikanische Beamte kontrolliert wurde. Amerikanische Firmen erhielten einen Marktanteil von 20 % in Japan zugestanden. Umgekehrt verzichteten die Amerikaner auf Maßnahmen gegen japanische Hersteller.
Am 4. Juni 1991 wurde ein neues Abkommen für weitere fünf Jahre unterzeichnet, das wiederum ausländischen (nicht nur amerikanischen Unternehmen) einen Anteil von 20% am japanischen Markt zusichert. Vorgesehen ist, daß ausländische Halbleiterhersteller bereits in der Planung und Fertigungsphase von japanischen Unternehmen beteiligt werden. Darüber hinaus müssen japanische Unternehmen innerhalb von 14 Tagen über ihre Verkäufe und die dabei geltenden Preise Nachweise vorlegen; damit soll der Ablauf von Änderungsverfahren beschleunigt werden.
Im Gegenzug haben die Amerikaner die noch während des ersten Abkommens erhobenen Strafzölle von 165 Milliarden US-Dollar auf japanische Lieferungen aufgehoben. Diese Forderung war 1987 entstanden, als japanische Unternehmen von amerikanischen Behörden wegen Dumping-Praktiken angeklagt waren.
Zurückgezogen haben sich die Amerikaner aus der Marktbeobachtung ebenso wie die japanische Regierung; diese Aufgaben fallen künftig den japanischen Unternehmen zu.
Dieses Abkommen hat den Segen der amerikanischen Unternehmen gefunden, die in allen Phasen

der Verhandlungen beteiligt waren. Skeptisch zeigen sich jedoch Hardliner unter den amerikanischen Abgeordneten; sie zweifeln, ob die künftig von den japanischen Unternehmen durchgeführte Marktbeobachtung zu einer neutralen Prüfung der Sachverhalte führt und ob nicht durch Verschleierung amerikanische Unternehmen benachteiligt werden.
Den Betrieben in den beteiligten Ländern wird in jedem Fall erneut eine Schutzfrist eingeräumt, um für die Forschung, die Entwicklung und das Marketing neue Möglichkeiten zu nutzen. Die Lieferanten können sich eines festen Marktanteils im eigenen und jeweils anderen Land sicher sein und müssen nicht mehr fürchten, durch kurzfristige Eingriffe in den Chip-Markt Kunden zu verlieren.
Unausgesprochen blieb zunächst die Absicht amerikanischer und japanischer Unternehmer, mit der Marktaufteilung auch die Voraussetzungen dafür zu schaffen, den europäischen Markt zu versorgen und damit Pläne zu durchkreuzen, die den Aufbau einer Chip-Industrie in Europa vorsehen.
Derlei Befürchtungen machten dann schnell die Runde bei der europäischen Konkurrenz; auch die Beamten in der Kommission und die Regierungen in Mitgliedsländern wollten diese Absicht nicht mehr ausschließen und stellten Förderungsmittel für ein europäisches Konsortium bereit, das den amerikanisch-japanischen Konkurrenten Paroli hätte bieten können.
Daß diese Einschätzung nur zum Teil begründet ist, zeigt die insgesamt skeptische Beurteilung des amerikanisch-japanischen Chip-Abkommens in den USA.

Streit gab es bereits bei der Auslegung des Abkommens; den amerikanischen Lieferanten gelang es nicht, den anvisierten Anteil auch nur annähernd zu erreichen. Die Knappheit an Schaltelementen in den USA machte alle Bemühungen zunichte, den Anteil japanischer Lieferungen in die USA zu drosseln. Zwar versuchten zunächst die einheimischen Hersteller, den Bedarf zu decken, doch der Damm brach, als die Kapazitäten nicht mehr ausreichten, die Preise zu steigen drohten und japanische Unternehmen bessere Geräte anbieten konnten.
Ein weiteres Abwarten den Europäern zu raten, halten die europäischen Konkurrenten dennoch für gefährlich. Sie stimmen K. Seitz zu, der auf dem Chip-Markt eine zweigleisige und indirekte Strategie japanischer Unternehmen vermutet. Neben dem Export in die Gemeinschaft werden Kooperationen und Unternehmen in den USA dazu genutzt, um den Sprung nach Europa zu vollenden. Eine neue Industriepolitik, die europäische Unternehmen in die Lage versetzt, mit der Konkurrenz gleichzuziehen, folgt aus dieser Analyse als Empfehlung.
Vorhandene Hinweise von Unternehmen in Europa zeigen, daß sich auch ein anderer Weg anbietet: die Kooperation mit Japan bei der Entwicklung und Forschung. Damit erhält das bislang enge transatlantische Verhältnis auf Dauer Konkurrenz – eine Folge nicht zuletzt der japanisch-amerikanischen Kooperation.

5. Kapitel: Die transatlantischen Beziehungen in einer multipolaren Welt

A. Das transatlantische Verhältnis und Japan

Das rasche wirtschaftliche Wachstum Japans und – damit verbunden – der südostasiatischen Staaten mindert zwar nicht den Stellenwert der transatlantischen Beziehungen, läßt sie aus der Sicht der Gemeinschaft und der USA jedoch in einem neuen Licht erscheinen. Dabei vermischen sich gemeinsame Ängste und unterschiedliche Kooperationsstrategien, bedingt durch die abweichenden Interessen und die uneinheitlichen Beziehungen zu Japan.

Gemischte Bewunderung in Europa und Nordamerika

Japan verfügt über ein höheres Pro-Kopf-Einkommen mit 23.810 US-Dollar (1989) als die USA und alle EG-Mitgliedsländer. Südostasiatische Schwellenländer wie Hongkong und Singapur haben dieses Niveau noch nicht erreicht, schicken sich aber an, den Vorsprung aufzuholen und sich in die Spitzenposition vorzuarbeiten. Dies scheint möglich: Nach Berechnungen der Asian Development Bank war die Zuwachsrate des realen Brutto-Inlandsprodukts zwischen 1981 und 1990 in Japan doppelt so hoch wie in der EG oder in den USA.
Die südostasiatischen Schwellenländer kamen im

gleichen Zeitraum sogar auf eine fast dreimal so hohe Zuwachsrate.
Die Ursachen für diesen Erfolg werden in den Vereinigten Staaten von Amerika und in der Gemeinschaft weitgehend gleich beurteilt. Wesentlich für den Erfolg war die schnelle und konsequente Integration in die Weltwirtschaft: Japanische und südostasiatische Unternehmen haben ihre Produkte auf den Weltmarkt zugeschnitten, Möglichkeiten der Kostensenkung systematisch ausgenutzt und durch Marketing und kundengerechte Produktgestaltung die Zustimmung der Abnehmer gefunden.
Japanische Unternehmen und Betriebe aus südostasiatischen Schwellenländern zeigen zudem eine besondere Geschicklichkeit darin, kostensenkende und qualitätssteigernde Technologien und Herstellungsverfahren einzuführen und damit die Unternehmen in Westeuropa und in den Vereinigten Staaten von Amerika in gleicher Weise zu überholen. Japanische Unternehmen haben immer wieder mit den traditionellen Verfahren gebrochen und wenden derzeit als erste die Verfahren der »lean production« an. Die japanische Automobilindustrie – ein Beispiel unter vielen – hat den Einsatz von Arbeitskräften und die Lager für Vorprodukte und Zulieferungen halbiert und gleichzeitig mehr Waren in größerer Qualität angeboten, indem die Vorteile handwerklicher Fertigung mit denen von Fließbandverfahren verbunden wurden. Teams wurden zusammengesetzt aus Designern, Forschern, Technikern, Lageristen, Konstrukteuren und Verkäufern. In diesen Arbeitsgruppen wird ein Produkt von der Idee bis zum verkaufsfähi-

gen Enderzeugnis hergestellt. Das Team erhöht die Motivation und Identifikation und erlaubt die Übernahme der vollen Verantwortung. Zur Kostensenkung trägt bei, daß in diesen Prozeß auch die Zulieferer einbezogen werden.
Den Japanern kommt zugute, daß die Händler und in Europa sowie in den Vereinigten Staaten tätige Betriebe japanischer Herkunft darum bemüht sind, sich mit eigenen Zuliefernetzen im Gastland zu integrieren, um mögliche Handelshemmnisse zu umgehen. Die Stärke japanischer Lieferanten liegt zudem darin, daß sie sich lokale Märkte zum Ziel nehmen und Nutzen aus regionalen Zusammenschlüssen zu ziehen versuchen: Um Japan hat sich eine regionale Arbeitsteilung herausgebildet, in der zusätzliche Spezialisierungsvorteile vor allem von japanischen Unternehmen folgerichtig ausgenutzt werden. Frühzeitig haben japanische Unternehmen ihren Blick auf die Absatzmöglichkeiten in den USA gelenkt, und angesichts der fortschreitenden europäischen Integration ist auch das Interesse Japans an diesem Markt gewachsen.
An diesen Erfolgen ist nach allgemeiner Einschätzung die einzigartige Vermischung von Staat und Wirtschaft in Japan beteiligt, wenn sie auch nicht zwingend ursächlich ist. Mit Sicherheit beruht der Wettbewerbsvorsprung japanischer Unternehmen zum Teil darauf, daß Unternehmen und öffentliche Verwaltung sich gegenseitig unterrichten und bei Bedarf ihre Maßnahmen aufeinander abstimmen. Dies kommt beispielsweise der Marktforschung angesichts der Globalisierung der Absatzgebiete zugute; Nutzen

ziehen Unternehmen aus der politischen und wirtschaftlichen Unterstützung durch Exportförderungs- und Entwicklungsprogramme, die japanischen Unternehmen große Lieferanteile zusichern, oder aus dem politischen Schutz wirtschaftlicher Interessen des Landes in anderen Staaten. Der Staat, vertreten durch das MITI, wird gelegentlich auch zum unbequemen Partner der Unternehmen, wenn er sie zwingt, ihre betrieblichen Interessen der politischen Räson zu unterwerfen. So sind – außenpolitisch begründete – Handelsbeschränkungen für japanische Erzeugnisse nur mit Widerstreben von den Unternehmen akzeptiert worden. Wichtig ist auch für den japanischen Erfolg, daß der Kontakt zwischen den Unternehmen innerhalb einzelner Wirtschaftszweige eng ist und daß Kooperationen sehr viel eher – mit staatlichem Segen – zustandekommen als in Europa oder in den Vereinigten Staaten von Amerika.

Schwachstellen

Dem positiven Bild halten Unternehmen und Politiker jenseits und diesseits des Atlantiks einstimmig entgegen, daß Japans Vorpreschen allerdings auch einige Schwachstellen in seinem Wirtschaftssystem deutlich gemacht hat.
Relativiert wird zum einen der Eindruck von der unbegrenzten Dynamik der Unternehmen in Japan. Das amerikanischen Betrieben gegenüber freundlich eingestellte American Enterprise Institute sieht keinen Grund, von einer amerikanischen Unterlegenheit zu

sprechen. Nähme man die 29 wichtigsten Wirtschaftszweige Japans und der USA, so liegen die Amerikaner in 16 Branchen vor den Japanern, und auf diesen Gebieten sei der Abstand in den achtziger Jahren sogar noch gewachsen. Lediglich in 10 Sektoren lägen die Japaner gleichauf. Die Produktivität in Japan sei in drei Sektoren niedriger als in den USA, bei Transport und Kommunikation sogar nur halb so groß. Schlecht sei das Straßenwesen, wesentlich teurer und weniger kundenfreundlich die Eisenbahn. Die große Zahl der Japaner, die im Ausland studiert, belegt den geringen wissenschaftlichen Standard der Hochschulen. Vollends mittelalterlich erscheint den Amerikanern die japanische Landschaft, die – durch hohe Zölle geschützt und staatlich subventioniert – die Bevölkerung nicht ernähren kann. So gäbe es allein 125.000 Bauern im Bereich von Tokio, die mit hohen Kosten Minifelder bewirtschaften. Ein strenges Reisimportverbot – ein Dauerproblem in amerikanisch-japanischen Handelsgesprächen – schützt diesen Wirtschaftszweig zu Lasten der Konsumenten und Importeure.
Darüber hinaus halten amerikanische Unternehmen das mehrstufige Handelssystem für gefährlich. Die Vorschriften, mit denen größere Supermärkte gezwungen werden, ihre Verkaufsflächen klein zu halten, und der Schutz für den Kleinhandel sowie die strengen Zulassungsbestimmungen für die Tätigkeit im Groß- und Einzelhandel machen es Importeuren schwer, ohne allzu großen Aufwand einen weit gespannten Kundenkreis zu erreichen. Das Übergewicht privater Investitionen geht einher mit geringen

öffentlichen Investitionen: Die Möglichkeiten für ausländische Kfz-Hersteller, mit den in Japan begehrten Nobelkarossen einen großen Markt zu erschließen, sind begrenzt, weil kaum Aussicht besteht, die Geschwindigkeit dieser Fahrzeuge auszunutzen. Die hohen Mieten in den Großstädten – eine Folge der steuerfreien Landwirtschaft sogar in den Ballungszentren – zwingen die japanischen Familien, in für europäische oder amerikanische Verhältnisse unvorstellbar kleinen Wohnnungen zusammen leben zu müssen. In jüngster Zeit legen amerikanische Kritiker des japanischen Systems den Finger auf die verkrusteten politischen Strukturen, den aufgeblähten, nur schwach kontrollierten Finanzsektor, der von unrühmlichen Skandalen in zunehmend schneller Abfolge gekennzeichnet ist, und auf die überalterte Bevölkerungsstruktur.

Von europäischer Seite wird dies in gleicher Weise gesehen, in den Einschätzungen spielt ebenso wie in denen aus den Vereinigten Staaten der Zorn über die Abschottung des japanischen Marktes eine wichtige Rolle. Die europäischen Beobachter kritisieren ergänzend zu den amerikanischen Vorwürfen die staatliche japanische Industriepolitik und sehen in der weitreichenden Förderung von Forschung und Entwicklung ebenso wie in der Markterschließung ein wettbewerbhemmendes Element, das – wenn es nicht beseitigt werden kann – Gegenmaßnahmen erzwingt und damit eine Erosion des Welthandels zwangsläufig auslöst.

Derlei Anfechtungen erreichen den Adressaten – nach den öffentlichen Reaktionen in Japan zu beurteilen – kaum, und Regierungsvertreter sowie Unternehmen bemühen sich fast gar nicht, um in der Öffentlichkeit die amerikanischen oder europäischen Vorwürfe zu entkräften. Dabei ist der Ton gegenüber den USA gelegentlich aggressiver als gegenüber Europa. Jüngst machten japanische Unternehmen und Politiker gar amerikanischen Arbeitern den pauschalen Vorwurf, sie seien faul, leisteten wenig und hätten zuviel Ferien. Weniger aggressiv, aber in die gleiche Richtung zielt der Einwand: »Es gibt wenig, was die Japaner in den USA kaufen möchten, aber es gibt viel, was die Amerikaner von den Japanern kaufen wollen.« In dem lautstarken Argument droht allerdings die Einsicht unterzugehen, daß die Japaner durchaus recht haben, wenn sie die Schwächen der amerikanischen Unternehmen auf dem Weltmarkt auflisten oder die mangelnden und rückläufigen Standortvorteile in der Europäischen Gemeinschaft beklagen.

Ungleiche Betroffenheit

Von der wirtschaftlichen Dynamik Japans sind die Vereinigten Staaten von Amerika und Europa unterschiedlich betroffen. Die Einfuhren der USA machten 1990 insgesamt 516 Milliarden US-Dollar aus, davon kamen aus Japan 93 Milliarden US-Dollar. Für 1980 waren die Vergleichszahlen 256 Milliarden-US-Dollar und 32 Milliarden US-Dollar. Aus amerikanischer Sicht ist weniger das Volumen als die Steigerungsrate bedeutsam: Einer Anhebung des Volumens der ge-

samten amerikanischen Importe von rund 100% standen zwischen 1980 und 1990 Steigerungsraten für die Einfuhren aus Japan von knapp 200% gegenüber. Wesentlich geringer war der Zuwachs bei den amerikanischen Exporten nach Japan: 1990 erzielten die USA Gesamtexporte von 392 Milliarden US-Dollar, davon gingen rund 49 Milliarden US-Dollar nach Japan; für 1980 ermittelten die Statistiker 219 Milliarden US-Dollar und fast 21 Milliarden US-Dollar.
Im Vergleich mit den Beziehungen zwischen der Europäischen Gemeinschaft und Japan ist der bilaterale Handel zwischen USA und Japan weit vorangeschritten.
Der Umfang der Handelsbeziehungen zwischen der EG und den USA ist immer noch groß. Die Importe der EG aus den USA erreichten beispielsweise 1990 105 Milliarden US-Dollar und waren damit um 45 Milliarden US-Dollar höher als die vergleichbaren Werte für Japan. 1990 lauteten die Vergleichszahlen 66 Milliarden US-Dollar für die Bezüge aus den USA und 19 Milliarden US-Dollar aus Japan.
Daß die japanisch-amerikanischen Beziehungen zunehmend enger geworden sind, ist mit den Händen zu greifen; japanische Kraftfahrzeuge, elektronische Erzeugnisse haben ihren festen Platz in amerikanischen Haushalten. Umgekehrt – dies wird oft übersehen – haben Rüstungsgüter aus den USA ihren Einzug in Japan gehalten; japanische Konsumenten kaufen Baseball-Schläger, amerikanische Nahrungsmittel und Compact Discs amerikanischer Rockstars. Die Japan Society, die Asa Society, das Japan Center for International Exchange in den Vereinigten Staaten von Amerika stehen als Beispiel für das Bemühen der

Amerikaner, Japan und die südostasiatischen Gesellschafts- und Wertvorstellungen zu ergründen und amerikanischen Mitbürgern begreiflich zu machen. USA und Japan schließen auf unternehmerische strategische Allianzen.
Seitdem Japan und die USA ihre Wirtschaft zunehmend enger verzahnt haben, werden die japanischen Exporte von der amerikanischen Konjunkturentwicklung abhängig; Unternehmen in den Vereinigten Staaten sind entschlossen, ihre Marktstellung unter allen Umständen in Japan zu halten. Fachleute reden denn auch von einem neuen Boom für die amerikanischen Exporte in die südostasiatischen Länder angesichts der dort erwarteten wirtschaftlichen Entwicklung.
Ungleich ist auch die Verflechtung Japans mit den Vereinigten Staaten von Amerika und Westeuropa über Direktinvestitionen. Die japanischen Auslandsinvestitionen erreichten in den USA 1990 83 Milliarden US-Dollar, 1980 betrugen sie noch weniger als 64 Milliarden US-Dollar. Im Vergleich dazu sind die amerikanischen Direktinvestitionen von 6 Milliarden US-Dollar 1980 auf 21 Milliarden US-Dollar angestiegen. Die japanischen Kapitalanlagen in der Gemeinschaft – anhand von nationalen Daten berechnet – sind wesentlich niedriger: Nimmt man zum Beispiel Deutschland, Frankreich, Großbritannien und die Niederlande, errechnet sich für 1980 ein Betrag von rund 2 Milliarden US-Dollar und für 1991 von rund 40 Milliarden US-Dollar, auch in umgekehrter Richtung bleiben die Investitionen weitaus niedriger als die amerikanischen Kapitalanlagen in Japan.

Für die Direktinvestitionen zwischen Amerika und Europa gilt das gleiche wie für den Handel. Sie liegen immer noch höher als die japanischen Investitionen in der EG und in den USA: Die amerikanischen Direktinvestitonen in der Gemeinschaft erreichten schon 1980 64 Milliarden US-Dollar und 1990 229 Milliarden US-Dollar, in umgekehrter Richtung waren es 83 Milliarden US-Dollar bzw. 172 Milliarden US-Dollar.

Japan: für die USA ein Musterschüler?

Japans Nachkriegsbeziehungen zu den USA, zunächst als Schüler und Schützling, später als Verbündeter und heute als Wirtschaftspartner und -rivale, werfen auffallende Parallelen zu den Entwicklungen in Westeuropa auf. Der politische und kulturelle Einfluß der USA auf das fügsame Japan hat sogar die Bedeutung Amerikas bei der Entstehung der Bundesrepublik übertroffen. Japan galt und gilt noch als zuverlässigster Freund Amerikas. So sahen es 87% der befragten Amerikaner 1985.
Drei Viertel der Amerikaner glauben laut einer Umfrage von 1989, die Japaner seien fleißigere Arbeiter als die eigenen Landsleute. Was die Wirtschaftsstärke, den Erfolgshorizont, die Erziehung oder die Familienwerte betrifft, sehen die meisten Amerikaner die japanische Gesellschaft im voraus. Schon 1989 erkannten sie in der fernöstlichen Wirtschaftsmacht allerdings auch die allergrößte Gefahr für das eigene Land, während damals nur noch ein Viertel bis ein Drittel den historischen Hauptfeind,

die Sowjetunion, erwähnte. Eine Mehrheit der US-Bürger glaubt auch, Japan gehe in Handelsfragen mit den USA unfair um – eine Meinung, die auch 40% der Japaner teilen.

Japankritische Beobachter, die oft als Revisionisten bezeichnet werden, weil sie eine Änderung der bestehenden Politik verlangen, sind auf verschiedenen Wegen zum Schluß gekommen, es habe in der Tat wenig Sinn, mit den Japanern über Handelsfragen zu reden: entweder weil die Verhandlungspraktiken beider Seiten völlig verschieden seien, weil der relative Wahrheitsbegriff der Japaner es ihnen erlaube, feste Vereinbarungen nachher neu zu interpretieren, oder weil die Regierung nicht in der Lage sei, sich gegen die eigenwillige Bürokratie in den Ministerien durchzusetzen. Eine Lösung sehen die Revisionisten in der staatlichen Lenkung der Handelsbeziehungen – eine Strategie, die Washington seit den ersten Selbstbeschränkungsabkommen in den späten 50er Jahren bis zum heutigen Tage selektiv verfolgt. Die Durchsetzung von Abnahmegarantien für die einheimische Auto- und Mikrochipindustrie sind zwei der neuesten Beispiele.

Solche Handelsschwierigkeiten sind für eine wachsende Zahl von Amerikanern ein Beweis dafür, daß die Grundsätze ihrer konkurrenz- und konsumfreudigen Wirtschaftsordnung mit der kollektiven Arbeitsmoral und dem Harmoniebedürfnis der Japaner kaum in Einklang zu bringen seien. Diese fundamentale Inkompatibilität der beiden Gesellschaftssysteme manifestiere sich auch auf dem Gebiet der Außenbeziehungen. Wie der Golfkrieg zuletzt gezeigt habe, stehe der unzeitgemäße Provinzialismus der Japaner der Wahrnehmung internationaler Verantwortung im Wege. Das US-Außenministerium hat z. B. festgestellt, daß Japan bei Abstimmungen in den Vereinten Nationen häufiger mit den blockfreien Ländern abstimmt als mit den USA. Mancher US-Bürger fragt sich deshalb, ob das fernöstliche Inselreich vielleicht verfrüht in den Verein der westlichen Nationen aufgenommen worden ist.

Dem halten allerdings Fachleute auf beiden Seiten des Pazifiks entgegen, daß mit diesen Argumenten ein falsches Bild gezeichnet wird. Die Japaner hätten bereits westliche Werte und Normen verinnerlicht. Anders als bei den Beziehungen zu Europa sieht ein Großteil der US-Bevölkerung die Japaner als ihnen völlig fremdartig an, und diese Einstellung erweist sich als ein reelles Hindernis für die internationale Zusammenarbeit mit Japan.

Unter den Laien, die von Panik angesichts der japanischen Bedrohung ergriffen werden, kann unterschieden werden zwischen denen, für die die Welt einstürzt, seitdem die Führungsposition der eigenen Nation in Frage gestellt wird, und denen, die vor allem wirtschaftliche Argumente anführen. Diesem Personenkreis macht es Sorgen,

- daß sich Japans Anteil am Automobilmarkt auf 34% erhöht hat und einzelne Unternehmen aus dem Inselbereich erfolgreich amerikanische Hersteller von der Spitzenstellung auf dem Weltmarkt verdrängen,
- daß 80% der in den USA verkauften Spitzenelektronik von japanischen Lieferanten stammt,

- daß der Handelsüberschuß Japans mit den USA sich verfestigt und amerikanische Unternehmen sich schwertun, ihre Marktstellung in Japan zu behaupten,
- daß die Zahl der amerikanischen Banken unter den größten Instituten der Welt von 19 auf 5 gesunken ist und die der japanischen Banken von 11 auf 24 im gleichen Zeitraum gestiegen ist.

In die gleiche Richtung weisen die Beobachtungen, daß japanische Kapitalanleger sich an Filmstudios in Hollywood beteiligen, Immobilien in bevorzugter Lage wie das Rockefeller Center in New York oder in Erholungsgebieten wie im Yoshemite Park erwerben. Dabei wird allerdings übersehen, daß japanische Unternehmen den Kapitalbedarf amerikanischer Unternehmen decken (wie die Gemeinschaftsunternehmen in der Stahlindustrie), die Standortvorteile in den USA nutzen und die weltweiten Beziehungen zwischen Beschaffungs- und Absatzmärkten ausnutzen. Darüber hinaus können die japanischen Direktinvestitionen neue Technologien in amerikanischen Produktionsanlagen einsetzen und in begrenztem Umfang Arbeitsplätze schaffen.

Japan bashing

Doch wenige dieser Argumente finden Anklang und Aufmerksamkeit in den USA. Viele Amerikaner lassen ihrem Unmut über das Vordrängen der Japaner freien Lauf. Japan bashing (deutsch: auf Japan drein-

schlagen) ist vielen Amerikanern ein Anliegen geworden, vorzugsweise Politikern, die um ihre Wiederwahl bangen, oder Unternehmen, die oft genug von eigenen Fehlern ablenken wollen. Da wird nicht mit polemischen und patriotischen Appellen gegeizt (die bis hin zu Drohungen gehen können), die von der eigenen Regierung Einfuhrverbote fordern, um die Japaner »in die Knie« zu zwingen und den Markt zu öffnen. Um den öffentlichen Druck zu verstärken, führen Verbraucherorganisationen Kampagnen gegen japanische Produkte, verweigern Gemeinden den Kauf von japanischem Gerät, auch wenn amerikanische Produkte das Mehrfache kosten sollten, mit Rücksicht auf des Volkes Meinung.
Dem Wortgetöse entspricht in der Regel nicht der Erfolg: Schon in den sechziger Jahren klagten Senatoren über Druck, dem sie aus ihren Wahlkreisen ausgesetzt waren, Importe aus Japan zum Schutz amerikanischer Arbeitsplätze möglichst zu verbieten. Gleichzeitig waren dieselben Bürger jedoch nicht bereit, ihre Haltung bei den Einkäufen zu ändern, und so konnten bessere Importprodukte aus Japan ungehindert ihren Siegeszug fortsetzen. Die Handelszahlen belegen, daß trotz der aufgeheizten Debatte in den USA der japanische Vormarsch nicht gebremst werden konnte.

Zwischenstaatliche Verträge ohne Biß

Realistischere und ruhigere Gemüter hatten allen Grund, an der Wirksamkeit der Holzhammermethode des Japan Bashing zu zweifeln. Nur schwer konnten sich besonnenere Gemüter Gehör verschaffen, hatten sie doch keine Alternativen anzubieten, denen größere Erfolgsaussichten bei der Wahrung amerikanischer Interessen gegenüber Japan zuzuschreiben wären. Die weniger marktschreierische Handelspolitik hat die Probleme jedenfalls nicht gelöst, die sich aus dem Vordringen Japans und einzelner südostasiatischer Länder ergeben:

- Die Verhandlungen über die Marktöffnung Japans für ausgewählte Erzeugnisse (MOSS = Market Oriented Sector Selective Tables) haben keine greifbaren Ergebnisse gebracht.
- Seit 1989 mit Japan abgeschlossene bilaterale Abkommen haben die amerikanischen Einfuhren nach Japan nicht angehoben.
- Das japanisch-amerikanische Chipabkommen von 1986 räumte den amerikanischen Unternehmen einen Marktanteil von 20% ein und sah Schutzfristen für den amerikanischen Hersteller vor. Die Absichtserklärung ging ins Leere, geblieben ist ein langwieriger Streit über das Erreichen dieser Zahl.
- Auch die Structural Impediment Initiative hat die Erwartungen der Amerikaner enttäuscht: Ausgehandelt wurden zwar Zusagen der Japaner, die Zölle zu senken und andere Handelshemmnisse zu beseitigen. Darüber hinaus wurde zugesagt, die gesamtwirtschaftlichen Rahmenbedingungen so zu verändern, daß vermehrt japanische Kunden amerikanische Waren abnehmen: Die staatlichen Regulierungen sollten beseitigt werden, die Grundstückspreise

durch eine liberale Bodenpolitik gesenkt werden; Händler sollten motiviert werden, amerikanische Produkte in ihre Regale zu stellen und den Konsumenten nahezubringen. Im Gegenzug sagten die Vereinigten Staaten ebenfalls den Abbau von Hemmnissen zu. Für den Handel der USA mit Japan haben sich daraus aber keine nachhaltigen Impulse ergeben.

Vorwürfe an die USA

In der Tat haben die Vereinigten Staaten durchaus Veranlassung, auf allzu deutliche Drohgebärden zu verzichten. Die Liste der japanischen Beschwerden ist nicht minder lang als die der Amerikaner. Die Zulassung japanischer Lieferungen für den militärischen Bereich wird zugunsten amerikanischer Anbieter eng gehandhabt. Japanische Unternehmen mit Fertigungsstätten in den USA müssen für dort hergestellte Produkte Zoll bezahlen, es sei denn, der Nachweis gelingt, daß 50% der Wertschöpfung auf die Vereinigten Staaten entfällt. Dieser Beleg ist nahezu nicht zu erbringen. Dies mußte jüngst MAZDA erfahren: Die Zollbehörden – so klagte das Unternehmen 1992 – hätten die Rechtsvorschriften willkürlich und zu Lasten des ausländischen Unternehmens manipuliert.

EG: Moderate Töne statt Dreinschlagen

Anders als zwischen den USA und Japan besteht zwischen der Gemeinschaft und den Japanern ein weniger von lauten Tönen gekennzeichnetes Spannungsverhältnis. Anders als in den USA gibt es kein Japan bashing, dennoch verhehlen weder Vertreter der Kommission und der Regierungen der Mitgliedsländer noch Unternehmer und Repräsentanten der Gewerkschaften, daß das Verhältnis zu Japan durch radikale Schritte hin zur Marktöffnung in Fernost verbessert werden muß. Enge Kontakte werden genutzt, bei denen die stille Diplomatie für weniger Publizität sorgt, und bilaterale Regelungen sollen die Konflikte mit Japan entschärfen. Zunehmend wichtiger wird die europäische Industriepolitik: Mit gezielten staatlichen Hilfen wollen die Gemeinschaft und die Mitgliedsländer Branchen und Unternehmen fördern, die Wettbewerbsdefizite gegenüber Japan aufweisen oder die aufgrund japanischer Handelspraktiken benachteiligt werden.

Vielleicht liegt es an der lautlosen Diplomatie, daß die für die amerikanisch-japanischen Beziehungen typischen öffentlichen Ressentiments gar nicht erst aufkommen und in der Presse bestenfalls vereinzelt ihren Niederschlag finden. Der Verzicht auf das »Japan bashing« dürfte schon die Voraussetzungen für mehr Sachlichkeit in den Verhandlungen schaffen. In der Sache stehen sich Japaner und Europäer dennoch hart gegenüber; dies zeigen die Praktiken der EG gegenüber japanischen Importen und die massiven Vorwürfe der Japaner an die EG: Als Beleg werden die Selbstbeschränkungsabkommen zum Schutz der europäischen Kraftfahrzeugindustrie, der Streit um die Auslagerung der Produktion japanischer Fertigungsbetriebe (»Schraubenzieherfabri-

ken«) in die Gemeinschaft genannt, in dem die Japaner erst das Allgemeine Zoll- und Handelsabkommen bemühen mußte, bevor sie ihre Pläne in der Gemeinschaft verwirklichen konnten.
Auch in der Agrarpolitik geben beide Seiten genügend Stoff für Vorwürfe in die jeweils andere Richtung: Dem Verbot von Reisimporten und den hohen Marktbarrieren für die Lieferung verarbeiteter Nahrungsmittel aus der Gemeinschaft steht die ebenfalls handelsfeindliche Agrarpolitik der Gemeinschaft gegenüber.

USA und EG: gemeinsame Eskalation?

Daß der Ton zwischen Japan und der Gemeinschaft auf die Dauer härter wird, wird allgemein befürchtet. Denn die japanischen Unternehmen geben Tag für Tag mit Presseerklärungen und Investitionsentscheidungen zu erkennen, daß das Ziel des japanischen Vordringens in den USA der europäische Markt ist. K. Seitz hat in seinen von Japanern nicht widersprochenen Thesen über den japanischen Vormarsch in Nordamerika darauf hingeweisen, daß japanische Unternehmen die transatlantische Zusammenarbeit für sich nutzen wollen. Vor allem die Investitionen der Unternehmen in die amerikanische Elektronikindustrie sind gegen die europäische Konkurrenz gerichtet, die trotz industriepolitischer Förderung um ihre Existenz kämpft und sich dabei schwertut, Fabrikanlagen auszulasten und Arbeitsplätze langfristig zu sichern.

Derartige Überlegungen sollten unbedingt ernst genommen werden, zumal sich das Tagesgeschäft von Unternehmen und Regierungen in den USA und Europa immer noch auf das Näherliegende konzentriert. Noch stimmen die Partner zu beiden Seiten des Atlantiks darin überein, daß sie ein schwieriges Verhältnis mit Japan verbindet. Dabei sind von der Sache her die USA und EG Ankläger und Angeklagte gleichermaßen. EG und USA wissen zudem, daß Abkommen mit Japan ihrer eigenen Logik folgen: Den Absichtserklärungen der Japaner stehen oft keine echten Zusagen gegenüber, Abmachungen werden im nachhinein uminterpretiert; von der Zweckmäßigkeit der Verträge waren die Regierungsstellen mehr überzeugt als die Unternehmen.
Gleichwohl wollen die EG und die USA ernsthaft die Zusammenarbeit mit Japan fortsetzen und vertiefen; es bleibt ohnehin keine andere Wahl. Ständige bi- und multilaterale Kontakte zur Lösung der weltwirtschaftlichen Probleme zwischen der EG, den USA und Japan sind bereits ebenso selbstverständlich wie die von Globalisierung der Märkte und Internationalisierung der Forschung und Entwicklung bestimmten Impulse zu grenzüberschreitenden Unternehmenskooperationen. Dem würde es entsprechen, wenn politische Organe in den USA und in der EG den Schritt nachholen, der in vielen Unternehmen schon getan wurde: Entwickelt werden muß ein Management für die Beziehungen mit der aufstrebenden Macht in Südostasien. Die Politiker und Verwaltung in Europa und in den USA müssen mehr über Japan lernen, und es trifft sich gut, daß sich in Japan Stimmen

mehren, die von den Japanern mehr Kenntnisse fordern über das Leben, die Kultur und die Wirtschaft in Europa und den USA.
Japanische Unternehmen und Politiker sollten insbesondere die Chancen der Zusammenarbeit nutzen, die ihnen die Europäer anbieten, wenn sie dazu einladen, einen Beitrag zum Wiederaufbau in Osteuropa und in der ehemaligen Sowjetunion zu leisten. Umgekehrt sollten die Vereinigten Staaten von Amerika und Europa dabei helfen, die japanischen Vorstellungen des New Aid Konzepts zu verwirklichen, das verstärkte Investitionen in Südostasien zum Ziel hat (New Asian Industries Development Plan).
Viel wird zudem davon abhängen, ob Japan und die USA nach der wirtschaftlichen Abhängigkeit auch das politisch und kulturell Trennende überwinden. Die Feiern zum Anlaß des 50jährigen Jahrestages des japanischen Angriffs auf Pearl Harbour, mit dem der Zweite Weltkrieg im Pazifik eröffnet wurde, zeigten, daß alte Wunden nicht verheilt sind. Derlei Belastungen gibt es im transatlantischen Bündnis nicht.
Kann das politisch und kulturell Trennende zwischen Japan auf der einen Seite und den USA und Europa auf der anderen Seite nicht überbrückt werden, so sind für das transatlantische Verhältnis die Beziehungen zu Japan ungefährlich. Gelingt es, durch wirtschaftliche Kooperationen im Dreieck den Waren- und Dienstleistungsaustausch auszuweiten, so wird auf lange Sicht aber auch der Stellenwert des transatlantischen Bündnisses sinken und durch ein stabiles, auf Interessenausgleich ausgerichtetes Dreiecksverhältnis ersetzt.

B. Weltwirtschaftliche Regionalisierung und transatlantische Beziehungen

Der lebhafte Handel über den Atlantischen Ozean hinweg hat in der Vergangenheit wesentlich dazu beigetragen, die Weltwirtschaft vor einer Aufspaltung in regionale Blöcke zu bewahren. Das atlantische Kräftefeld hat auch den Handel anderer Weltregionen auf sich gezogen und so verhindert, daß etwa in Ostasien eine eigenständige, der übrigen Welt den Rücken kehrende Wirtschaftsregion entstand. Im Räderwerk der Weltwirtschaft bildete der Atlantik gleichsam die Nabe, von der aus Speichen in alle Himmelsrichtungen ausstrahlten, die ihrerseits nur peripher miteinander verbunden waren. (Der ehemalige Ostblock blieb von diesem weltwirtschaftlichen Beziehungsgeflecht freilich weitgehend ausgeschlossen.)

Transatlantikhandel im Abseits?

Seit einiger Zeit sind jedoch in der regionalen Struktur des Welthandels bedeutende Gewichtsverschiebungen festzustellen. Der transspezifische Handel zwischen Nordamerika, Ostasien und Australien/Neuseeland hat dem transatlantischen klar den Rang abgelaufen: Im Jahre 1981 übertraf der den nordpazifischen Ozean kreuzende Güterverkehr erstmals

den Warenaustausch über den Nordatlantik, und der Abstand zwischen diesen beiden Handelsströmen ist seither stetig gewachsen. Betrug er 1981 nur 1 Milliarde US-Dollar, so waren es 1991 bereits 75 Milliarden, nämlich 334 gegenüber 259 Milliarden US-Dollar (Importe plus Exporte).
Auch der Warenverkehr zwischen Westeuropa und der ostasiatisch-westpazifischen Region – der Dritte im Bunde der großen Welthandelsströme – hat inzwischen den Nordamerikahandel des alten Kontinents überflügelt. Im Jahre 1991 lag der eurasische Warenaustausch mit Im- und Exporten in Höhe von insgesamt 263 Milliarden Dollar um 4 Milliarden Dollar über dem transatlantischen Handel. Mitte der 80er Jahre hatte letzterer hingegen noch etwa 70 Milliarden Dollar mehr betragen als der Handel Westeuropas mit dem Fernen Osten.
Gleichzeitig wächst der Handel innerhalb der drei Kernregionen schneller als ihr Güteraustausch mit der übrigen Welt:

- Relativ gering ist die intraregionale Handelsverflechtung im asiatisch-pazifischen Wirtschaftsraum, bestehend aus Japan, Australien, Neuseeland, den »jungen« Industrieländern Hongkong, Südkorea und Taiwan sowie den sechs Mitgliedern der Assoziation südostasiatischer Staaten ASEAN (Brunei, Indonesien, Malaysia, Philippinen, Singapur, Thailand). Immerhin wickelten diese Länder aber im Jahre 1991 fast 40% ihres gesamten Außenhandels miteinander ab. Im Jahre 1970 hatte der Anteil des intraregionalen Handels hingegen erst 31 % und 1980 35% betragen.

• In Nordamerika expandierte der Handel zwischen den Ländern der Region – Kanada, USA und Mexiko – in den 70er Jahren schwächer als der Warenverkehr mit Drittländern, so daß der intraregionale Handelsanteil von 39% (1970) auf 33% (1980) schrumpfte. Bis 1991 stieg er jedoch wieder auf 39% Prozent an und erreichte damit ein ähnliches Niveau wie in Ostasien.

• Weitaus stärker regionalisiert ist der Handel Westeuropas. Die Handelsströme, die innerhalb der Europäischen Gemeinschaft (EG) und der Europäischen Freihandelsassoziation (EFTA) sowie zwischen diesen beiden Ländergruppen hin und her fließen, bestritten 1991 fast drei Viertel des gesamten Warenhandels der Region. Westeuropa hat damit seinen Selbstversorgungsgrad im internationalen Handel, der bereits in den Jahren 1970 und 1980 mit jeweils 63% sehr hoch war, weiter beträchtlich gesteigert.

Die Regionen driften aber nicht auseinander

Trotz der ausgeprägten Regionalisierungstendenzen im Außenhandel bleiben die drei Großregionen aber wirtschaftlich aufeinander angewiesen, und tatsächlich gibt es auch nur wenige Anhaltspunkte dafür, daß sie auseinanderdriften. Immerhin macht der Handel mit Drittländern in Nordamerika ebenso wie im asiatisch-pazifischen Raum noch drei Fünftel des gesamten Außenhandels dieser beiden Regionen aus. Der Löwenanteil entfällt dabei auf den interregionalen Handel zwischen ihnen und mit Westeuropa:

• Im Fernen Osten nimmt der transpazifische Güterverkehr nunmehr etwa zwei Fünftel des gesamten Drittlandhandels der Region ein, verglichen mit nur einem Drittel zu Beginn der 80er Jahre. Seit 1989 hat die Bedeutung dieses Warenstroms für die westlichen Pazifikanrainer aber relativ abgenommen, während ihr Handel mit Westeuropa entsprechend angewachsen ist. Mit einem kontinuierlichen Anstieg auf fast 30% des asiatisch-pazifischen Drittlandhandels bis 1991 – gegenüber wenig mehr als 20% im jahre 1980 – ist der Eurasienhandel besonders kräftig angeschwollen, stärker noch als der Warenaustausch innerhalb der asiatisch-pazifischen Region und schneller sogar als der Handel in Westeuropa (wobei die Dynamik des euroasiatischen Handels gleichermaßen aus Im- und Exporten resultiert). Dieses Ergebnis ist überraschend, bedenkt man die vielfach geäußerten Befürchtungen einer Vernachlässigung der fernöstlichen Märkte durch die Westeuropäer.

• In Nordamerika erreichte der Transpazifikhandel 1991 bereits deutlich mehr als 40% des Drittlandhandels dieser Region, gegenüber weniger als 30% im Jahre 1980. Er hat zeitweilig auch erheblich schneller zugenommen als der intraregionale Handel zwischen Kanada, den USA und Mexiko: Von 1980 bis 1987 stieg der transpazifische Handel im Verhältnis zum intraregionalen Handel in Nordamerika von 59 auf 77%, um bis 1991 wieder auf 68% abzusinken. Vor dieser Dynamik verblaßt der Güterverkehr Nordamerikas mit Westeuropa; sein Anteil am Drittlandhandel der Region stagniert bei etwa einem

Drittel, im Vergleich zum intrareginalen Handel in Nordamerika fällt er kräftig ab.

In Westeuropa blieb zwar 1991 nur noch wenig mehr als ein Viertel des gesamten Außenhandels für Drittländer übrig, doch werden diese Warenströme immer stärker vom Handel mit den beiden anderen Zentren der Weltwirtschaft dominiert. Dessen Anteil am gesamten Drittlandhandel Westeuropas betrug 1991 etwa 60%, im Jahre 1980 hatte er dagegen erst bei 35% gelegen. Ähnlich wie in Nordamerika aber ist das dynamische Element des westeuropäischen Drittlandhandels der Warenverkehr mit dem Fernen Osten, der – wie bereits erwähnt – sogar schneller als der innereuropäische Güteraustausch wächst. Hingegen expandieren die den Atlantik überquerenden Warenströme zwar ebenfalls kräftiger als der Handel Westeuropas mit Drittländern insgesamt, hinter der Dynamik des Handelswachstums innerhalb der europäischen Region bleibt diese Entwikkung aber seit 1985 deutlich zurück.
Ein einfaches Maß, an dem grob die Entfaltung der internationalen Arbeitsteilung innerhalb der Regionen und zwischen ihnen abgelesen werden kann, ist die Relation der Außenhandelsströme zum regionalen Sozialprodukt (BIP). Vergleichen wir zunächst das BIP-Wachstum mit der Entwicklung des Warenhandels innerhalb der drei Großregionen, so ergibt sich, daß überall der intraregionale Güteraustausch deutlich schneller angestiegen ist als das Sozialprodukt. Im Jahre 1990 entsprach die Summe aus intraregionalen Im- und Exporten in Westeuropa bereits einem

Drittel der gesamten Wirtschaftsleistung dieser Region, verglichen mit lediglich 23% im Jahre 1970. In Ostasien und Nordamerika lagen die entsprechenden Relationen mit 13 und 7% 1990 zwar wesentlich niedriger, gegenüber 1970 (mit 8 und 4%) sind sie aber erheblich angestiegen. In allen drei Regionen hat daher der Warenhandel zwischen den Ländern die Arbeitsteilung kräftig vorangetrieben und so Produktivität und Wohlstand gefördert.
Ähnliches gilt überwiegend auch für den Güterverkehr zwischen den Regionen. So ist etwa der euroasiatische Handel wesentlich schneller gewachsen als das Sozialprodukt in den beiden beteiligten Regionen: In Ostasien erhöhte sich die Relation dieses Warenstromes zum BIP der Region zwischen 1970 und 1990 von 4,5 auf 6,1%, in Westeuropa von 1,6 auf 3,5%. Der transpazifische Handel wiederum stieg in Ostasien von 8 auf 9% des regionalen BIP, in Nordamerika sogar von weniger als 2 auf mehr als 5%. Allein der Transatlantikhandel blieb hinter dem BIP-Wachstum zurück: In Westeuropa ging er leicht von 4,1 auf 3,9% des Sozialproduktes zurück, in Nordamerika stieg er von 1970 bis 1980 zunächst von 3 auf 5% an, um bis 1990 wieder auf 4% abzusinken.
Aus alledem ist zu folgern, daß der Handel zwischen Amerika und Europa eher ein retardierendes Element in der internationalen Arbeitsteilung darstellt. Fast scheint es, als zöge über dem Atlantik eine Götterdämmerung herauf, während auf der anderen Seite des Globus das von Staffan Burenstam-Lindner in einem Buch aus dem Jahre 1986 prophezeite »Pazifische Zeitalter« anbricht. Denkbar wäre in Zukunft

aber auch eine Renaissance der transatlantischen Wirtschaftsbeziehungen. Vieles wird davon abhängen, welche Richtung die regionalen Integrationsbestrebungen in Europa, Amerika und Asien einschlagen werden.

Neuer und alter Regionalismus

Ein gemeinsames Leitmotiv des Regionalismus ist die Steigerung der internationalen Wettbewerbsfähigkeit. Hierin vor allem unterscheidet sich der »neue« oder »zweite« Regionalismus der Gegenwart vom »alten« oder »ersten« der 60er Jahre. Damals unternahmen neben den europäischen Ländern vor allem Länder der Dritten Welt, insbesondere in Lateinamerika, den Versuch, durch regionale Integration ihre Binnenmärkte zu vergrößern. Die seinerzeit propagierte entwicklungspolitische Strategie der Importsubstitution sollte so aus der nationalen Sackgasse herausgeführt und auf eine regionale Ebene angehoben werden, um Größenvorteile der Produktion und eine bessere Arbeitsteilung erzielen zu können. Gegenüber Drittländern sollten aber hohe Schutzmauern bestehenbleiben. Anderenfalls, so fürchtete man, wäre der Industrialisierungsprozeß gefährdet und drohten die Entwicklungsländer in die Rolle von Rohstofflieferanten zurückzufallen.
Im Gegensatz zu dem nach innen gerichteten ersten Regionalismus wird der zweite Regionalismus von vornherein als ein »offener« aufgefaßt. Regionale Integration, so lautet die These für die Länder der

Dritten Welt, wird die wirtschaftliche Entwicklung nur dann nachhaltig fördern, wenn die Binnenmärkte auch für extraregionale Konkurrenten geöffnet werden; gleichzeitig gelte es, inländische Unternehmen von bürokratischen Fesseln zu befreien, damit sie sich im Wettbewerb bewähren können. Ein intensiver Wettbewerb wird als der beste Garant für internationale Konkurrenzfähigkeit angesehen, die ihrerseits den Zugang zum Weltmarkt und so ein »tragfähiges« Wirtschaftswachstum ermöglicht.

Auch die Integrationspolitik in den industrialisierten Regionen Nordamerikas, Westeuropas und Ostasiens zeichnet sich prinzipiell durch Offenheit gegenüber Drittländern aus, gleichzeitig bestehen aber in der »strategischen« Orientierung bedeutende Unterschiede zwischen den drei Kernregionen. Während die Integration in Europa ihren eigenen Gesetzen folgt, im wesentlichen unbeeindruckt von den Geschehnissen in anderen Teilen der Welt, und auf einen engen politischen Verbund der Staaten dieser Region zusteuert, erscheint die geplante nordamerikanische Freihandelszone eher wie ein Reflex auf veränderte weltwirtschaftliche Machtkonstellationen: Die von einer wirtschaftlichen Weltmacht zur Regionalmacht schrumpfenden USA stecken ihre Einflußsphäre ab und schaffen sich zugleich eine erweiterte Heimatbasis für den Sprung auf den Weltmarkt. In Ostasien wiederum schließen sich die Länder der Region zu einem lockeren Zweckbündnis zusammen, um für den Fall einer Desintegration der Weltwirtschaft vorzusorgen und – vor allem – zu verhindern, daß dieser Fall eintritt.

Ambivalenz des europäischen Binnenmarktes

Die Vision von einem europäischen Binnenmarkt, ähnlich dem großen Binnenmarkt der USA, entstand in den 80er Jahren vor dem tristen Hintergrund wirtschaftlicher Lähmungs- und Verkrustungserscheinungen auf dem alten Kontinent, die es zu überwinden galt. In einer verflochtenen Weltwirtschaft bedeutet interne Revitalisierung zugleich Verbesserung der externen Wettbewerbsfähigkeit, doch blieb die externe Dimension des europäischen Binnenmarktes zunächst weitgehend ausgeblendet. Im Drehbuch des Binnenmarktes, dem Weißbuch der Kommission aus dem Jahre 1985, wird sie nur an einer Stelle eher beiläufig erwähnt, und dort in einer Weise, die bei den Handelspartnern der Gemeinschaft aufhorchen und die Alarmglocken schrillen ließ. Die Rede war im Weißbuch von der »handelspolitischen Identität« der Gemeinschaft, die konsolidiert werden müsse, »damit anderen Handelspartnern nicht die Vorteile des größeren Gemeinschaftsmarktes geboten werden, ohne daß sie selbst Zugeständnisse machen«. Auf eine kurze Formel brachte es Jacques Delors, der Kommissionspräsident: »Der Binnenmarkt wird offen sein, aber er wird nicht verschenkt.« Und Willy de Clercq, seinerzeit in der EG-Kommission für die Außenbeziehungen der Gemeinschaft zuständig, sorgte für beträchtliche Aufregung, als er von den Handelspartnern substantielle Gegenleistungen für einen freien Zugang zum Binnenmarkt einforderte und im gleichen Atemzug erklärte: »Wir schaffen keinen einheitlichen Markt, um ihn anschließend an

hungrige Ausländer auszuhändigen.« Zu den erwarteten Gegenleistungen zählte etwa die Freiheit für europäische Banken, in Amerika ebenso wie im EG-Binnenmarkt überall ungehindert Filialen zu errichten und eine breite Palette von Finanzdienstleistungen anzubieten, vom Einlagen- über das Wertpapier- bis zum Immobiliengeschäft, ungeachtet entgegenstehender nationaler Vorschriften in den USA.
In Amerika machte daraufhin das Wortgemälde von der »Festung Europa« die Runde. Man fürchtete, in zukunftsträchtigen Bereichen vom europäischen Markt ausgeschlossen zu werden, zieh die Europäer des Normenprotektionismus durch diskriminierende Festlegung technischer Standards, verdächtigte sie gar, am Beispiel der europäische Produktionen begünstigenden Fernsehrichtlinie, des Kulturchauvinismus und erhob den Vorwurf der Investionserzwingung (»forced investment«) durch europäische Ursprungsregeln und Vorschriften über eine europäische Mindestwertschöpfung (»local content«), die angeblich Exportarbeitsplätze in amerikanischen Zulieferindustrien vernichteten. Die Festungsrhetorik machte indes bald einer sachlichen Verhandlungsatmosphäre Platz, in der es den Amerikanern gelang, dem Binnenmarktprogramm einige protektionistische Giftzähne zu ziehen.
Immer stärker wurden auch die Vorteile erkannt, die ein dynamischer europäischer Binnenmarkt für amerikanische Exporteure verspricht. Bereits im Jahr 1989 schrieben die USA erstmals seit langem wieder schwarze Zahlen im transatlantischen Handel (während das US-Handelsdefizit gegenüber Japan auf

hohem Niveau verharrte), und der amerikanische Exportüberschuß gegenüber der EG ist seither kräftig gewachsen, von 5,5 Milliarden Dollar im Jahre 1989 auf 24,4 Milliarden Dollar im Jahre 1991. Nach einer längeren Stagnationsphase sind auch die Direktinvestitionen amerikanischer Unternehmen in Europa wieder expandiert. Vom Gesamtbestand amerikanischer Direktinvestitionen in der Welt entfielen bereits mehr als 40% auf die EG, in der verarbeitenden Industrie sogar fast 50%. (Zum Vergleich: Kanada und die lateinamerikanischen Länder haben etwa ein Drittel der US-Direktinvestitionen aufgenommen, Japan und die ostasiatischen Schwellenländer nur ein Zehntel.) Dabei geht es den Investoren nicht so sehr darum, befürchtete Handelsschranken der EG zu überspringen, sondern auf wachsenden Märkten von kontinentaler Dimension präsent zu sein. Dieser Kapitalexport bedeutet für die USA daher auch nicht zugleich den Export von Arbeitsplätzen (»job export«), sondern dürfte eher den transatlantischen Handel beflügeln, da er die Ausfuhr von Teilen und Vorprodukten, Kapitalgütern und technischem Wissen nach sich zieht. Darüber hinaus profitieren die USA von den Gewinnüberweisungen der europäischen Tochtergesellschaften ihrer multinationalen Unternehmen.

Unbehagen bereitet den Amerikanern freilich die Politik der EG gegenüber ihren europäischen Nachbarn, insbesondere die »Anbindung« osteuropäischer Länder an die Gemeinschaft durch Assoziierungsverträge. Drei dieser »Europa-Abkommen« – die Verträge mit der ehemaligen CSFR, Polen und

Ungarn – wurden am 16. Dezember 1991 in Brüssel unterzeichnet und werden in ihrem handelspolitischen Teil bereits seit dem ersten März 1992 angewendet.
Dort ist vorgesehen, innerhalb von 10 Jahren eine Freihandelszone zwischen der EG und den drei östlichen Ländern zu schaffen, bei der letztere ihre handelspolitische Autonomie bewahren. Sie könnten daher gegenüber außereuropäischen Ländern hohe Schutzmauern errichten, während gegenüber der EG die Handelsschranken fallen. Genau dies wird von amerikanischer Seite befürchtet. Man verweist auf das Beispiel Polens, wo bereits heute mehr als die Hälfte aller US-Exporte von Industriegütern dem Wettbewerb zollfreier EG-Produkte ausgesetzt ist.
Beispielsweise erhebt Polen auf eine Reihe elektronischer Erzeugnisse aus den USA Wertzölle in Höhe von 20%, während vergleichbare EG-Waren seit dem 1. März 1992 zollfrei in das Land gelangen. Benachteiligungen für die amerikanische Exportwirtschaft werden auch darin erblickt, daß die Europa-Abkommen die Übernahme europäischer Industriestandards durch die Partnerländer beinhalten. Generell billigen die Amerikaner zwar, daß in Osteuropa der durch den Systemwandel verursachte ungeheure Anpassungsdruck auf Unternehmen und Arbeitnehmer durch handelspolitische Schutzmaßnahmen temporär gemildert wird; nicht akzeptiert wird jedoch, daß EG-Anbieter Privilegien erhalten und sich so wertvolle Startvorteile auf lukrativen Zukunftsmärkten verschaffen.

»Festung« Nordamerika?

Ähnliche Besorgnisse hegen indessen auch die Europäer im Hinblick auf die amerikanische »Süderweiterungs«-Pläne. Beschworen wird bereits das Gespenst einer neuen Monroe-Doktrin, die »Amerika für die Amerikaner« reserviert, indem europäische – und asiatische – Exporteure und Investoren von lateinamerikanischen Märkten ferngehalten werden. Furioser Auftakt zur Neuentdeckung des südlichen »Hinterlandes« der USA war das Nordamerikanische Freihandelsabkommen (NAFTA = North American Free Trade Agreement, nicht zu verwechseln mit der North Atlantic Free Trade Area, ein den Atlantik überspannendes Freihandelsprojekt der 60er Jahre, das nicht verwirklicht wurde und ebenfalls den Kurznamen NAFTA trug) zwischen den USA, Kanada und Mexiko, das im August des Kolumbus-Jahres 1992 paraphiert wurde und erstmals Länder der Ersten und Dritten Welt in einem Integrationsbündnis zusammenführt. Innerhalb von höchstens 15 Jahren sollen die Handelsschranken zwischen den drei Ländern verschwinden; die Dienstleistungsmärkte sollen geöffnet, der Kapital- und Technologietransfer von Fesseln befreit und die Kooperation zwischen Unternehmen der Region gefördert werden; für Streitfälle sind Schlichtungsverfahren vorgesehen, die zu einer schnellen Klärung führen sollen.
Trotz starker Bedenken seitens der Gewerkschaften, von Umwelt- und Verbraucherschutzverbänden wird das NAFTA in den USA überwiegend positiv, ja begeistert aufgenommen. So war im Wall Street Jour-

nal, einer eher nüchternen Wirtschaftszeitung, am 17. August 1992 zu lesen, daß »die Paraphierung des NAFTA ... Amerika im globalen Wettbewerbsspiel wieder in die Offensive (führt), während die europäischen und asiatischen Träume von der Schaffung ähnlicher Blöcke an den Klippen historischer Rivalitäten und Feindschaften zerschellen«. Amerika, so heißt es, habe mit Mexiko soeben ein gesundes Kind adoptiert, wohingegen die asiatische Einheit sich als Scheinschwangerschaft und die europäische als Totgeburt erweise. Das Ergebnis der NAFTA-Verhandlungen wird als »ein Sieg« für Amerika und den Freihandel gefeiert, da das neue Abkommen den Handel zwischen den USA, Kanada und Mexiko ausdehne, ohne neue Barrieren zu errichten.
Konkret verspricht man sich vom NAFTA kräftige Impulse für amerikanische Direktinvestitionen in Mexiko sowie komplementäre Aufträge für Zulieferindustrien, Technologieanbieter und Investitionsgüterhersteller in den USA. Mexiko erscheint in mancher Darstellung wie eine riesige Schraubenzieherfabrik für US-Unternehmer, die ihre Vorleistungen aus dem Norden beziehen und ihre Produkte im gesamten NAFTA-Gebiet – und darüber hinaus – verkaufen. Schwerer haben es indes Investoren aus Drittländern. Denn freien Zugang zu den NAFTA-Märkten erhält nur, wer einen hohen Anteil seiner gesamten Wertschöpfung in der Region selbst erstellt. In der Automobilindustrie etwa wird grünes Licht erst dann erteilt, wenn 62,5% der Teile eines Autos aus der NAFTA-Region stammen. Dieser »local content« liegt deutlich über den 50%, die im bilateralen Freihan-

delsabkommen zwischen den USA und Kanada – dem Vorläufer des NAFTA – verlangt werden. Durch die Erhöhung des »local content« sind die in Kanada mit Blickrichtung US-Markt niedergelassenen Automobilhersteller aus Übersee daher erheblich schlechtergestellt als die kanadischen Töchter der US-Automobilkonzerne. Wieviel handelspolitischen Zündstoff solche Regelungen enthalten, hat zuletzt der erbitterte Streit um den »local content« der in Kanada montierten und in die USA exportierten Honda-Autos gezeigt. Während die Firma Honda einen »local content« errechnete, der weit über 50% lag, gelangte der US-Zollausschuß zu einem niedrigeren Anteil als 50% und entschied deshalb, die kanadischen Honda-Autos wie japanische Produkte zu behandeln und entsprechend zu verzollen. Für europäische und japanische Automobilunternehmen, die in Mexiko produzieren, bedeutet die neue Regel, daß sie ihre Beschaffungspolitik ändern müssen, wenn sie nicht im Wettbewerb zurückfallen wollen. So müssen etwa Volkswagen de Mexico und Nissan Mexicana Zulieferungen aus Deutschland und Japan durch den Einkauf von Teilen aus dem NAFTA-Raum ersetzen, um die 62,5-%-Vorschrift zu erfüllen. Folglich findet bei Vorprodukten eine Umlenkung der internationalen Handelsströme von Westeuropa und Ostasien nach Nordamerika statt.

Die Automobilindustrie ist auch ein anschauliches Beispiel für die zu erwartende Handelsumlenkung bei Endprodukten. So wird durch das NAFTA der mexikanische Zoll auf Pkws und Kleintransporter, die

aus den USA oder Kanada kommen, zunächst von 20 auf 10% gesenkt und innerhalb von 5 Jahren ganz abgebaut. Gleichzeitig wird die Koppelung von Im- und Exporten in Mexiko gelockert. Gegenwärtig dürfen die in Mexiko niedergelassenen ausländischen Automobilhersteller nur importieren, wenn sie gleichzeitig exportieren und ihr Export dem Werte nach doppelt so hoch wie der Import liegt. Mit Inkrafttreten des NAFTA wird diese Relation von 1:2 sofort auf 1:0,8 erhöht. Innerhalb von 10 Jahren soll sie stufenweise auf 1:0,55 heraufgesetzt werden, bevor völlige Außenhandelsfreiheit einkehrt. Für die amerikanischen Autoproduzenten öffnet sich ein großer und wachstumsträchtiger Markt, hingegen müssen die europäischen und japanischen Hersteller weiterhin relativ hohe Zölle auf die zur Ergänzung ihres mexikanischen Produktionsprogrammes importierten Fahrzeuge entrichten.
Während auf dem mexikanischen Markt eine Umlenkung der Handelsströme zugunsten der USA – und Kanadas – auch europäische Anbieter empfindlich treffen könnte, wären sie von einer Handelsumlenkung auf dem US-Markt – und in Kanada – zugunsten Mexikos vermutlich weniger tangiert, da die Exportstrukturen allzu verschieden sind. Schrumpfende Marktanteile und verminderte Absatzchancen müssen hier vor allem Exporteure aus anderen Ländern Lateinamerikas und aus Ostasien befürchten.
Für Lateinamerika sind die Vereinigten Staaten mit Abstand der Exportmarkt Nr. 1. Auf sie entfällt mehr als die Hälfte aller lateinamerikanischen Ausfuhren,

und ihnen verdankt Lateinamerika etwa 80% seines Exportwachstums in den 80er Jahren. Immer mehr lateinamerikanische Länder suchen deshalb Anschluß an das NAFTA oder streben eigene Freihandelsabkommen mit den USA an, entweder einzeln oder in Gruppen wie etwa der Vierergruppe des Mercosur, bestehend aus Argentinien, Brasilien, Paraguay und Uruguay. Sie versprechen sich hiervon überdies einen »sicheren Hafen« für den Fall, daß in Nordamerika der Protektionismus wieder aufblüht und die multilaterale Welthandelsordnung zerfällt. Die USA haben diesen Vorstellungen mit der Initiative »Enterprise for the Americas« von Juni 1990 entsprochen, die vom damaligen Präsidenten George Bush zwei Wochen nach Beginn der ersten NAFTA-Sondierungen verkündet wurde. Das Ziel lautet, eine Zone freien Handels und freier Investitionen »von Alaska bis Feuerland« zu schaffen, die lateinamerikanischen Länder beim Abbau ihrer drückenden Auslandsschuldenlast zu unterstützen und den Prozeß der »marktwirtschaftlichen Erneuerung« in Lateinamerika abzusichern. Die Realisierung dieser großen amerikanischen Freihandelszone dürfte sich freilich bis weit in das nächste Jahrzehnt hinein erstrecken. Sowohl in den Vereinigten Staaten als auch in Lateinamerika müssen zahlreiche Hürden überwunden werden, ehe das Ziel eines »Amerikanischen Wirtschaftsraumes« erreicht wird. Schon wegen der Heterogenität der Länder ist mit langen Fristen zu rechnen, wesentlich längeren als bei der Schaffung des Europäischen Wirtschaftsraumes (EWR) aus EG und EFTA. Realistischer erscheint es, das »Unternehmen Amerika« mit der Integration Osteuropas in den EWR zu vergleichen.

Defensiv- und Vorwärtsstrategie in Ostasien

Die stärksten Befürchtungen wegen NAFTA werden von ostasiatischer Seite geäußert, insbesondere von den jungen Industrieländern Ostasiens, deren Exportstrukturen der mexikanischen ähneln. So entfielen im Jahre 1991 nahezu 40% der mexikanischen Ausfuhren in die USA auf Kraftfahrzeuge und Kfz-Teile; auf die gleichen Kategorien verteilten sich mehr als die Hälfte der malaysischen und ein knappes Drittel der südkoreanischen US-Exporte. Viele asiatischen Exporteure sind in hohem Maße vom US-Markt abhängig und fürchten, in Zukunft von mexikanischen Produzenten und in Mexiko produzierenden US-Unternehmen ausmanövriert zu werden. In der Tat könnte Mexiko mit Hilfe der amerikanischen Technologie, verbunden mit einem niedrigen Lohnniveau und einem relativ hohen Ausbildungsstand der Arbeiterschaft zu einem kostengünstigen Produktionsstandort von hoher internationaler Wettbewerbsfähigkeit werden. Denkbar wäre etwa, um erneut das Beispiel des Automobilsektors zu nennen, daß die Großen Drei der US-Automobilindustrie – General Motors, Ford und Chrysler – ihre Produktion in Nordamerika NAFTA-weit reorganisieren und dabei die Kleinwagenfertigung in Mexiko konzentrieren. Würde zudem, wie von Detroit gefordert, der US-Zoll für Automobile aus Drittländern von derzeit

2,5 auf 10% angehoben (und damit an das EG-Niveau angeglichen), so fielen Mexiko bedeutende zusätzliche Wettbewerbsvorteile zu, und der Automobilexport Ostasiens könnte einen kräftigen Dämpfer erfahren. Insgesamt, so hat eine Studie der Universität von Hawai ergeben, könnten 4% des asiatischen Handels mit Nordamerika durch NAFTA verlorengehen.
Die NAFTA könnte daher Ansporn zur Gründung eines asiatischen Wirtschaftsklubs sein, der sich gleichermaßen als Refugium für eventuell vom Weltmarkt verdrängte Länder dieser Region – durch Förderung der intraregionalen Verflechtung – und Interessengemeinschaft zur Bekämpfung von Abschließungstendenzen in anderen Weltregionen versteht. Für einen »Schulterschluß« der ostasiatischen Länder macht sich seit einiger Zeit vor allem der malaysische Premier Mahathir Mohamad stark. Angesichts der Stagnation in der multilateralen Uruguay-Runde, so etwa auf dem Gebiet des für Ostasien besonders wichtigen Antidumping, propagierte er zunächst die Idee einer East Asian Economic Grouping (EAEG), die später in den Vorschlag eines weniger straff organisierten, eher als »pressure group« aufzufassenden East Asian Economic Caucus (EAEC) umgewandelt wurde. Entscheidend ist, daß dem EAEC neben den vier »Tigern« (Hongkong, Singapur, Südkorea, Taiwan), den Mitgliedsländern der ASEAN (neben Singapur noch Indonesien, Malaysia, Thailand, die Philippinen und das Sultanat Brunei) und den Staaten Indochinas (Vietnam, Laos, Kambodscha und Birma) auch Japan und China angehören

sollen. Heftigen Protest hiergegen haben die USA angemeldet, werde doch so »ein Graben durch den Pazifik« gezogen. Anstöße für den intraregionalen Handel und intraregionale Investitionen in Ostasien werden auch von einer Freihandelszone zwischen den ASEAN-Ländern (AFTA = Asean Free Trade Area) erwartet, die innerhalb der nächsten 15 Jahre, beginnend am 1. Januar 1993, verwirklicht werden soll.

Signalisiert all dies ein Ende des Booms im Transpazifikhandel? Ein solches Urteil wäre vorschnell, denn zum einen sind neben der Handelskammer auch politische Klammern über den Pazifik hinweg entstanden. Zu nennen wären insbesondere APEC (Asia Pacific Economic Cooperation Group) und PECC (Pacific Economic Cooperation Council), die beide ein Forum für vertiefte transpazifische Wirtschaftskooperation in lockerer Form darstellen, an dem sich auch Australien und Neuseeland sowie – mit wachsender Tendenz – lateinamerikanische Länder beteiligen. Zum anderen zeigen sich die USA interessiert, bilaterale Freihandelsabkommen auch mit asiatisch-pazifischen Ländern abzuschließen. An erster Stelle werden Australien, Neuseeland, Taiwan, Singapur und Hongkong genannt, während Japan und Südkorea wegen zahlreicher nichttarifärer Handelshindernisse vorerst hintanstehen. Überdies ist es den USA in einer Reihe von Fällen bereits gelungen, mit dem Knüppel von Vergeltungsdrohungen nationale Märkte in Ostasien für amerikanische Exporteure und Investoren zu öffnen, und auch die US-Initiative zur Überwindung struktureller Hindernisse in Japan könnte Wirkung zeigen. Umgekehrt könnte NAFTA, indem

es das Wachstum in Nordamerika stimuliert, auch die Importnachfrage anregen und so Handelsumlenkungseffekte überspielen; dies käme asiatischen ebenso wie europäischen Anbietern zugute. Das Wachstumspotential des transpazifischen Handels dürfte deshalb auch in Zukunft beträchtlich sein.
Ähnliches gilt auch für den euroasiatischen Handel. Dieser Handelsstrom dürfte einerseits ebenso wie der Transatlantikhandel an der Sogwirkung des europäischen Binnenmarktes partizipieren; allerdings könnten handelspolitische Kontroversen, insbesondere Antidumpingmaßnahmen der EG, hier ein bremsendes Element bilden. Andererseits dürften auch europäische Unternehmen von einer weiteren Öffnung asiatischer Märkte und einer unverminderten Nachfrageexpansion in der Region profitieren, wo sie einen erheblichen Rückstand gegenüber Konkurrenten aus Nordamerika aufzuholen haben.
Somit ergibt sich insgesamt, daß die neuerlichen weltwirtschaftlichen Regionalisierungstendenzen grundsätzlich nicht im Widerspruch zu einer Intensivierung der interregionalen Arbeitsteilung stehen. Sie fördern eher die Handels-, Investitions- und Technologieverflechtung zwischen den Kernregionen der Weltwirtschaft und könnten auch zur Revitalisierung der transatlantischen Wirtschaftsbeziehungen beitragen. Gleichzeitig führen sie zur »Anbindung« peripherer Regionen an die Zentren. Damit die Randregionen nicht in ungebührliche Abhängigkeit von den Wachstumspolen in Nordamerika, Westeuropa und Ostasien geraten, ist es aber notwendig, sie in ein multilaterales Regelwerk und Institutionengefüge einzubinden.

C. Die Zukunft der transatlantischen Beziehungen: Kooperation auf der Grundlage gemeinsamer wirtschaftlicher Interessen

An der Schwelle zum nächsten Jahrtausend präsentieren sich die transatlantischen Beziehungen in einem veränderten Zustand. Die traditionelle Wertegemeinschaft – für fast vier Jahrhunderte charakteristisch – wird nicht mehr von der Nachkriegszeit und dem Ost-West-Konflikt geprägt. Wirtschaftliche Beziehungen treten in den Vordergrund. Zur Meßlatte für die transatlantischen Beziehungen werden die Erfolge bei der Sicherung von Wohlstand, Beschäftigung und sozialem Fortschritt. Die Wertegemeinschaft hat eine neue Dimension erhalten. Die Erstarkung Europas – gefördert durch amerikanische Hilfe in den fünfziger Jahren und durch den Schutz amerikanischer Großmachtpolitik, aber auch ein Ergebnis der europäischen Integration und eines konsequenten Wirtschaftswachtums – sowie weltpolitische und weltwirtschaftliche Veränderungen – z. T. von den europäischen Regierungen gegen amerikanische Zweifel durchgesetzt – haben eine neue Phase der transatlantischen Partnerschaft begründet. Während Europa sich selbstbewußt nicht mehr mit der Rolle des Juniorpartners zufriedengibt, tragen die Vereinigten Staaten von Amerika schwer an der Bürde einer Großmacht und suchen nach Wegen, die

Lasten auf andere Schultern zu verteilen, ohne ganz auf die Aura und den Machtanspruch verzichten zu wollen, der sich aus der von ihnen beanspruchten traditionellen Rolle ableitet. Mit der Wahl von Bill Clinton ist ein Präsident gewählt worden, der den zweiten Weltkrieg und den Wiederaufbau Europas mit Hilfe des Marshallplans als Geschichte empfindet und der seine ersten politischen Erfahrungen in der ureigenen und sehr spezifischen inneramerikanischen Auseinandersetzung über den amerikanischen Truppeneinsatz in Vietnam gesammelt hat. In Europa ist eine Politikergeneration herangewachsen, die sich sehr wohl der Bedeutung der transatlantischen Kooperation bewußt ist, aber auch nicht zögert, den Schulterschluß mit Japan, den osteuropäischen Staaten oder wirtschaftlich starken Entwicklungsländern in gleicher Weise zu suchen. Damit ist die alte Wertegemeinschaft zwar nicht aufgekündigt, wird aber anders verstanden als bisher.

Die neue Lage schafft gleichwohl gute Voraussetzungen, um die enge Zusammenarbeit fortzusetzen und Streitigkeiten zu beschränken. Frei von den herkömmlichen Konflikten über die Sicherheitspolitik oder über die wirtschaftliche Kooperation mit Osteuropa können die USA und Europa ihre Ressourcen einsetzen. Damit werden Mittel frei, um das eigene Haus in Ordnung zu bringen und um die von großen Teilen der Bevölkerung gewünschten Reformen umzusetzen. Angesichts der gegenseitigen engen Verflechtung der amerikanischen und der europäischen Volkswirtschaften ziehen daraus letztendlich alle Beteiligten Gewinn.

Die Beziehungen zwischen gleich starken Partnern wie der EG und den USA können allerdings auch erhebliche Risiken in sich bergen. Der enge Zusammenhalt – bedingt durch Abhängigkeit und Unterordnung – wird brüchig, der bislang gerade in Zeiten tiefgreifender Konflikte den transatlantischen Dialog zusammenhielt. In Zukunft dürfte es den Amerikanern und Europäern leichter fallen, die bislang geübte Solidarität aufzukündigen und sich neue Partner zu suchen, zumal wenn sie – wie Japan oder die südostasiatischen Schwellenländer – ein durchaus attraktives Wirtschaftspotential aufweisen. Gleichwohl sollten derartige Befürchtungen nicht überbewertet werden, denn sowohl Europa als auch die Vereinigten Staaten von Amerika fühlen sich nicht allein durch die Wertegemeinschaft miteinander verbunden. Die Partner zu beiden Seiten des Atlantiks wissen sehr wohl, daß die neuen Wirtschaftsmächte Konflikte mit den USA und der EG nicht scheuen und daß die transatlantische Allianz auch Schutz bietet, durch einen Schulterschluß allzu aggressive Forderungen abzuwehren.
Dem gewandelten Verständnis von der Wertegemeinschaft und der in einer tripolaren Welt verbindenden Interessenlage entspricht es, wenn künftig durch den transatlantischen Dialog eine wirksame internationale Wirtschaftspolitik begründet wird, die sich an der wirtschaftlichen Leistungsfähigkeit der einzelnen Staaten ausrichtet. Dies wird die weitere Liberalisierung des Handels mit Gütern und Dienstleistungen, des Kapitalverkehrs und des Austauschs von gewerblichen Schutzrechten erleichtern. Ein der-

artiges Vorgehen erweist sich als nützlich bei den Bemühungen zur Stabilisierung der Weltkonjunktur und bei der Durchsetzung marktwirtschaftlicher Grundsätze. Die USA und Europa tun auch deshalb gut daran, ihre Ressourcen nicht mehr für Wirtschaftskriege gegeneinander einzusetzen, an deren Ende es nur Besiegte geben kann. Denn gleichzeitig suchen die krisengeschüttelten Volkswirtschaften in den Entwicklungsländern und die reformwilligen Staaten in Osteuropa um Wirtschaftshilfe und Investitionen in den »reichen« Ländern des Westens nach. Groß ist die Erwartung in den ärmeren Staaten, daß die Kapital- und Technologieexporte der USA und aus Europa aus dem wirtschaftlichen Desaster herausführen werden.

Die Voraussetzungen für eine transatlantische Zusammenarbeit sind besser als allgemein erwartet, denn in den multilateralen Organisationen ziehen Europa und Amerika schon lange an einem Strang, auch wenn auf der transatlantischen Ebene nicht alles zum besten stand. Die Europäische Gemeinschaft und die Vereinigten Staaten von Amerika haben immer wieder auf die Einhaltung und Fortentwicklung der Grundsätze des Allgemeinen Zoll- und Handelsabkommens (GATT) gedrängt. Im Internationalen Währungsfonds haben diese Länder der Stabilitäts- und Wachstumspolitik Vorrang zugewiesen und strikte Disziplin in der nationalen Wirtschaftspolitik gefordert. Die Sonderziehungsrechte sind ein europäisch-amerikanisches Gemeinschaftsprodukt ebenso wie die Strukturanpassungsprogramme für hochverschuldete Länder. Wenig beachtet wird, daß

Europa und die USA in der Organisation für wirtschaftliche Zusammenarbeit und Entwicklung (OECD) und ihrer Vorgängerin der OEEC (Organisation für europäische wirtschaftliche Zusammenarbeit) schon seit dem zweiten Weltkrieg in einem engen Zusammenwirken den Wiederaufbau der Weltwirtschaft nach dem zweiten Weltkrieg bewerkstelligt haben und in Krisenzeiten in diesem Gremium die Voraussetzungen für die Wiedergewinnung von Stabilität und Wachstum schaffen konnten. Die europäisch-amerikanische Zusammenarbeit bewährte sich bei den Weltwirtschaftsgipfeln in der Formulierung von gemeinsam anerkannten und allseits praktizierten Grundsätzen zur Reform der nationalen Volkswirtschaften ebenso wie bei der Durchsetzung von marktwirtschaftlichen und stabilitätssichernden Grundsätzen für die Weltwirtschaft. Energieknappheit, Kapitalmangel oder Umweltprobleme können als gute Beispiele zitiert werden. Europäisch-amerikanische Zusammenarbeit kann sich in der Siebenergruppe (Gruppe der bedeutendsten Industrieländer, bestehend aus USA, Japan, Deutschland, Frankreich, Italien, Großbritannien und Kanada) und in der Zehnergruppe (Gruppe der zehn wichtigsten Industrieländer, bestehend aus USA, Deutschland, Japan, Frankreich, Großbritannien, Italien, Kanada, Niederlande, Belgien und Schweden) bewähren. Diese Gremien profilierten sich zu zentralen Entscheidungsträgern, als die Spannungen innerhalb des Weltwährungssystems zu eskalieren drohten, und leisten heute einen wesentlichen Beitrag auch zur Lösung anderer drängender Probleme.

Unterhalb dieser Zusammenarbeit kann sich eine inoffizielle Abstimmung zwischen den Regierungen und Notenbanken vollziehen, gleichzeitig dienen und dienten diese Gremien dazu, gemeinsame Positionen gegenüber den Entwicklungsländern festzulegen wie in den siebziger Jahren bei der Abwehr der von den Industrieländern als planwirtschaftlich verworfenen Neuen Weltwirtschaftsordnung.
In der Zukunft gibt es neben den wirtschaftlichen Herausforderungen zusätzliche Aufgaben, die eine Zusammenarbeit zweckmäßig erscheinen lassen. Neue Instrumente werden – wie Umweltschutz, Drogenhandel und Migration zeigen – erforderlich, und dann zeigt sich, ob Europa und die USA die Möglichkeiten ausschöpfen, die der transatlantische Dialog bietet. Als Testfall wird sich der Wiederaufbau der Volkswirtschaft in Osteuropa erweisen, der nicht ohne die amerikanische Mitwirkung möglich sein wird. Umgekehrt müssen die Europäer ihre Kooperationsbereitschaft beweisen angesichts der von Amerika geforderten finanziellen Beteiligung an den Kosten für die weltweite Friedenssicherung.
Zum Testfall für die Stabilität der transatlantischen Beziehungen wird zudem die weitere Angleichung der Wirtschaftspolitiken in den Vereinigten Staaten und Europa. Vorangeschritten ist die Gemeinschaft, als sie mit der Schaffung des Binnenmarktes den Wettbewerb verstärkte, die früher weitreichenden Kontrollen im Dienstleistungsverkehr und im öffentlichen Auftragswesen verminderte und für den gemeinschaftsweiten Wettbewerb öffnete. In umgekehrter Richtung zeichnet sich nach den amerikani-

schen Wahlen 1992 ein Umdenken ab, wenn der siegreiche Präsident Reformen des Erziehungswesens und des Gesundheitswesens für vordringlich erklärt und dabei auf bislang in den USA umstrittene Vorbilder aus Europa und Japan hinweist.

In Abwandlung einer weit verbreiteten Redewendung läßt sich festhalten: Die transatlantische Zusammenarbeit ist immer noch besser, als viele Schwarzseher es an die Wand malen. Die Veränderungen in den letzten Jahren sind allerdings nicht immer leicht vollzogen worden, Kompromisse konnten erst nach langem Tauziehen erzielt werden. Angesichts der Tragweite der Bedeutung der transatlantischen Beziehungen ist es gefährlich, deren Stabilität allzu stark zu belasten, wollen Europa und die USA nicht die Vorteile verlieren, die sie bisher daraus ziehen konnten, und wollen sie ihrer internationalen Verantwortung in einer weltwirtschaftlich zunehmend schwierigeren Lage gerecht werden.